Hermann Panier

Neudeck

Die Flüchtlinge kommen

Rupert Neudeck

Die Flüchtlinge kommen

Warum sich unsere Asylpolitik ändern muss

Diederichs

Bibliografische Information der Deutschen Bibliothek:
Die Deutsche Bibliothek verzeichnet diese Publikation in der Deutschen Nationalbibliografie; detaillierte bibliografische Daten sind im Internet unter http://dnb.ddb.de abrufbar.

Redaktion: Sibylle Auer, München
Umschlaggestaltung: Eisele Grafikdesign, München, unter Verwendung von Motiven von Martin Zenker, Halle (R. Neudeck) und Ferdinando Scianna/Magnum Photos
Produktion: Ortrud Müller
Satz: EDV-Fotosatz Huber / Verlagsservice G. Pfeifer, Germering
Druck und Bindung: GGP Media GmbH, Pößneck
Printed in Germany 2005

ISBN 3-7205-2573-2

Inhalt

Einleitung

Im Jahr 2004 und zu Beginn des Jahres 2005 gab es in Europa fast jeden Monat einen neuen, brennend heißen Vorfall – ich erinnere nur an den Ehrenmord an der Türkin Hatun Sürücü in Berlin, die grausame Ermordung des Filmemachers Theo van Gogh in den Niederlanden und die Visa-Affäre um ukrainische Reiseschutzpässe –, alles Ereignisse, die mit den Themen des vorliegenden Buches zusammenhängen: Asylpolitik, Flüchtlingsproblematik, Fremdenfeindlichkeit, Ausländerintegration, Migrationsdruck. Im Juli 2004 erregte zudem eine Seenotrettungsaktion weltweite Aufmerksamkeit, die ebenfalls auf die im Buch angesprochenen Probleme hinweist: Ein von der Organisation »Cap Anamur« gekauftes Schiff versuchte im Mittelmeer, durch die Aufnahme von Flüchtlingen aus Afrika die Aufmerksamkeit auf das Problem der Habenichtse und Schmuddelkinder schwarzer Hautfarbe zu lenken, die zu hunderten, zu tausenden, demnächst vielleicht zu zigtausenden nach Europa »einfallen« wie Diebe in der Nacht. Sie konfrontieren uns unausweichlich mit dem Problem der mangelnden Gerechtigkeit in der Welt, und wir werden sie weder durch Behördenakte noch durch Militär oder durch eine geballte europäische Taskforce auf Dauer zum Schweigen bringen und in ihren Ländern ruhig stellen können.

Wohin man blickt – überall das gleiche Thema: Die Welt ist nicht im Lot. Die Ungerechtigkeit hat nicht ab-, sie hat zugenommen, die materiellen und seelischen Entbehrungen der Hälfte der Menschheit sind gewachsen. Die modernen Medien bringen mit Soapoperas und glitzernder Luxusreklame Traumwelten noch auf den kleinsten Bildschirm in die Slums von Nairobi, in die Favelas von Rio de Janeiro, in die Medinas von Rabat und Kairo, in die ärmlichste Hütte in Jakarta. Und die Menschen dort sind nicht mehr bereit, sich mit der Erkenntnis zu begnügen, dass eine göttliche Vorsehung die Welt so eingeteilt habe. Die Ärmsten der Armen ziehen dorthin, wo sie glauben, dass es besser sei: *Ubi bene, ibi patria*, sagten schon die Römer – wo es uns gut geht, da ist unser Vaterland. Sie nehmen lange Wege und Entbehrungen in Kauf, um in die Länder Mittel- und Westeuropas und nach Skandinavien zu kommen, in die USA, nach Kanada, nach Australien und in die Republik Südafrika.

Der große Marsch hat längst begonnen. Die Flüchtlinge kommen, und weder Mauern noch Grenzzäune werden die Habenichtse auf Dauer abhalten können. Wer von ihnen clever und intelligent, findig und listig genug ist, schafft es irgendwann.

In den folgenden Kapiteln beschreibe ich den Paradigmenwechsel, der Deutschland und Europa in Bezug auf Flüchtlinge, Asylanten und Migranten erfasst hat. Wir können diese Themen künftig nicht mehr nur unter den Gesichtspunkten von Hilfe und Asyl betrachten; der vernünftige Umgang mit der Einwanderung ist eine ökonomische Notwendigkeit und entscheidend für unsere Zukunft.

Es sind jedoch weder Düsterkeit noch schlechte Prognosen für Europa angesagt, sondern Zuversicht: Der Kontinent hat eine begeisternde und anfeuernde Erfolgsgeschichte. Freiheit, Institutionen, Kultur – von woher bekommt die uns bekannte Welt Anregungen, wenn nicht aus dem »alten« Kontinent? Ein eindimensional denkender amerikanischer Verteidigungsminister sollte uns da nicht Bange machen. Die Gesellschaften Europas sind trotz aller Probleme, die man schonungslos aufzeigen muss, starke Gesellschaften. Die Staaten sind Rechtsstaaten und Sozialstaaten, wie es sie auf der ganzen Welt so kein zweites Mal gibt.

Gewaltige Aufgaben stehen uns bevor. Europa kann – trotz des Neins der Briten und der Niederländer zum Verfassungsentwurf – zu *einem* großen, mächtigen »Land« werden, in dem nicht nur die Wirtschaft weiter wächst, sondern sich auch die Kultur und die Zivilisationsleistungen der Menschheit begegnen könnten. Nicht Amerika, die USA, ist der Kontinent der Zukunft. Der Kontinent, der die größten Herausforderungen akzeptiert und zu immer neuen Ufern, sich selbst immer in Frage stellend und Rückschläge hinnehmend, vorstößt, ist dieses – unser – Europa.

Dieses Buch habe ich in dem Wissen um die vergangenen 26 Jahre geschrieben: Am 1. Februar 1979 erblickte ich das Licht der Welt als politisch bewusster Bürger. Das war der Tag, als mir

André Glucksmann in dem Pariser Café »Boule d'Or« vom Elend der ertrinkenden vietnamesischen Bootsflüchtlinge erzählte und davon, dass die französischen Freunde, auch die der alten Linken wie Jean-Paul Sartre und Bernard Kouchner, dabei waren, ein Schiff zu chartern, um diese Menschen zu retten.

Wir leben heute viel weniger isoliert als zu Zeiten Johann Wolfgang von Goethes, auch als zu Zeiten meines Mentors, Ratgebers und Freundes Heinrich Böll. Deshalb möchte ich beschreiben, wie ich mir die Gegenwart und die Zukunft vorstelle: mit dem Grundgesetz und dem alten Asylartikel; mit dem neuen, gar nicht perfekten Einwanderungsgesetz, das die Hasenfüße im Parlament immer noch Zuwanderungsgesetz nennen; mit den Millionen von Mitbürgern, denen nur noch ganz wenig fehlt, um vollwertige deutsche Staatsbürger zu werden; mit der alten, abgewrackten Entwicklungspolitik; mit den bedrohlichen Entwicklungen in Afrika, dem Kontinent, mit dem wir Europäer eng verbunden sind, obwohl wir es nicht so recht wahrhaben wollen; und mit dem Ausblick auf unsere eigene Gesellschaft, die mit einer stark wachsenden Zahl an älteren Mitbürgern auskommen muss – darunter auch ich –, die sehr viel mehr Rücksichtnahme verlangen als in jeder früheren Gesellschaft mit einer normalen Alterspyramide.

Ex oriente lux, ex occidente luxus – aus dem Osten kommt das Licht, aus dem Westen der Luxus. Dieser Aphorismus meines Lieblingsschriftstellers Stanislaw Jerzy Lec soll uns Ansporn sein: Versuchen wir, eine menschfreundliche Gesellschaft zu sein. Versuchen wir, Probleme nicht zu verdecken, aber freundlich darüber zu reden. Produktiv und praktisch, nicht akademisch und metaphysisch.

Am 25. März 1807 genau um zwölf Uhr mittags, als der britische König George III. das Gesetz unterschrieb, welches den Sklavenhandel im gesamten britischen Empire verbot, stellte William Wilberforce, der Anführer der Bewegung für die Abschaffung der Sklaverei, seinem Vetter Henry Thornton die welthistorische Frage: »*Well Henry, what shall we abolish next?*« – »Und was schaffen wir als Nächstes ab?« Die Antwort ist zu Anfang des 21. Jahrhunderts eindeutig: die gewaltige Ungerechtigkeit, die Kluft zwischen den reichen Nationen und den Milliarden von Habenichtsen und Schmuddelkindern in der Dritten Welt.

»Dann retten Sie nicht zu viele!«

So gibt es eine Schlafkrankheit der Seele, bei der die Hauptgefahr ist, dass man sie nicht kommen fühlt; darum müsst ihr auf euch achten; und wie ihr die geringste Gleichgültigkeit an euch merkt und gewahr werdet, wie ein gewisser Ernst, eine Sehnsucht, eine Begeisterungsfähigkeit in euch abnimmt, dann müsst ihr über euch erschrecken und euch klar werden, dass das davon kommt, dass eure Seele Schaden gelitten.

Aus den *Straßburger Predigten* von Albert Schweitzer

Was die Visa-Affäre für uns bedeutet

Für unsere Frage, wie die deutsche Gesellschaft künftig mit Flüchtlingen und Migranten umgehen soll, und wie viele Flüchtlinge und Einwanderer sie verkraften kann, hat die Visa-Affäre eine unglaublich wichtige Bedeutung: Sie beweist, dass man das Tor in einem oder zwei fremden Ländern ganz weit aufmachen kann – und keiner merkt es. Die Affäre umfasst die existenziell wichtigen Fragen jeder Einreise- und Migrationspolitik und zeigt noch einmal in aller Deutlichkeit, dass es inzwischen nicht mehr rein um den Begriff des Asyls geht, sondern dass wir uns grundsätzlich über das Thema Einwanderung und Zuwanderung Gedanken machen müssen.

Der ganz große Fehler war Außenminister Joschka Fischer in den Sitzungen des Visa-Untersuchungsausschusses Ende April und Anfang Mai 2005 nicht nachzuweisen. Viel hängt allerdings auch vom Ausgang einer ganzen Reihe von Prozessen wegen Schleusertums und der Erschleichung von Touristenvisa ab, die zurzeit an verschiedenen Gerichten in Deutschland laufen.

Da hat es ein amtierender Außenminister zugelassen, dass hunderttausende von Menschen über die Botschaft in Kiew nach

Deutschland einreisen durften – nein, nicht nur nach Deutschland, sondern in die dreizehn Staaten Europas, die zum Schengenabkommen gehören. Andere Botschaften und Länder kommen tröpfchenweise hinzu: Minsk und Moskau, aber auch Bangkok und Algier.

All das, was über Jahrzehnte streng reglementiert war, wurde im Jahr 2000 möglich, aber bis heute hat niemand die Frage beantworten können, *wie* es möglich werden konnte. Jeder, der sich bisher auf journalistischem oder humanitärem Feld getummelt und dabei immer wieder auch mit konsularischen Fragen an deutschen Botschaften zu tun hatte, weiß, wie schwer es ist, ein Schengen-Visum zu bekommen.

Scheibchenweise kam einiges heraus. Da ist zum einen die Frage der politischen Verantwortlichkeit: Wenn das Auswärtige Amt auf eine Zeitungsveröffentlichung hin erklärt, der Minister habe sich bisher nicht dazu geäußert, »wann er was gewusst habe«, dann ist das ein in sich selbst verkeiltes doppeltes Armutszeugnis. »Man kann Bismarck auch überbismarcken«, sagte Wladimir Iljitsch Lenin zu einer solch trickreichen Haltung. Ein Minister muss immer alles wissen, das ist die Arbeitsgrundlage der ministeriellen Fachressortverantwortung. Wenn er dies ignoriert, dann gibt er nicht nur diese Grundlage auf, nein: Im Grunde gibt er sein Amt und sich selbst auf.

Es sei bekannt, so das Auswärtige Amt weiter, dass Joschka Fischer auf seiner Reise nach Kiew am 23. Juni 2000 auch in der Botschaft Station gemacht habe. Bei seinem Besuch dort sei es um Sach- und Personalausstattung gegangen, weniger um den Visa-Missbrauch. Dabei hatte der Minister die Massen vor der Kiewer Botschaft mit eigenen Augen gesehen, die Lage aber völlig falsch eingeschätzt: »Meine Güte – sind die alle meinetwegen gekommen?«, soll er laut *Spiegel* gefragt haben.

Das journalistisch Interessante an der Visa-Affäre ist die Tatsache, *wann* alles herauskam: nämlich um Jahre zu spät. Der *Spiegel* konnte dem Kanzlerherausforderer Edmund Stoiber noch am 5. Februar 2005 vorwerfen, er hätte den amtierenden Kanzler im Wahlkampf 2002 bloßstellen können, wenn er damals um die Affäre gewusst hätte. Doch die Opposition hatte nicht wirklich Lust, diese Geschichte bis zum Letzten für sich auszunutzen.

Im September 2002 treffen die beiden Herausforderer – Bundeskanzler Gerhard Schröder und Kanzlerkandidat Edmund Stoiber – zum zweiten Fernsehduell zusammen. Es sind noch zwei Wochen bis zur Bundestagswahl, aber Edmund Stoiber ist über den Visaskandal nicht informiert, obwohl sich die Sache inzwischen bis Bayern und zu seinem Innenminister Günther Beckstein herumgesprochen haben müsste. Immerhin hatten die CDU-Innenminister von Baden-Württemberg und Niedersachsen sich bereits in Briefen an den Außenminister gewandt und gewarnt. Aber Stoiber bringt das Gespräch auf islamistische Terroristen, die in Deutschland eine sichere Heimat gefunden hätten.

Schröder verweist zu diesem Thema mit der ganzen geübten ritualisierten Redner-Souveränität auf das Sicherheitspaket, das der Bundestag verabschiedet habe. *Wenn* Stoiber ein guter Debattenredner wäre, *wenn* er über seinen Parteinachrichtendienst vom Visamissbrauch gehört hätte, *wenn* die Kölner CDU ihm von dem Prozess des Kölner Oberstaatsanwalts Egbert Bülles erzählt hätte, der schon im Februar 2002 gegen den deutsch-ukrainischen Schleuser Anatoli Barg und gegen Beamte des Innenministeriums wegen des Verdachts auf Bestechlichkeit ermittelte – wie hätte er dann reagiert? Schröder erklärt weiter, die Behörden seien bald so weit, dass sie Fingerabdrücke von Ausländern nehmen könnten, die aus »problematischen Ländern« nach Deutschland kommen wollten. Stoiber widerspricht nicht.

Man stelle sich vor, Stoiber hätte ganz cool gefragt, was denn »problematische Länder« seien? Und ob die Ukraine, Russland, Weißrussland und Moldawien auch dazugehörten? Was, wenn Schröder das verneint oder bejaht hätte? Hätte Stoiber dann ein paar Bilder von den 2500 Menschen aus der Jackentasche gezogen, die da in der Kiewer Botschaft im Zweiminutentakt das Schengen-Visum bekamen? Und wenn er den warnenden Brief der Visastellenleiterin Klara Hoppmann und die Eingabe von Botschafter Dietmar Stüdemann in Händen gehabt und zitiert hätte, hätte Kanzler Gerhard Schröder dann die Wahl noch gewonnen? Aber auch nach den ersten langen Sitzungen des Visa-Untersuchungsausschusses erfuhr die Öffentlichkeit nicht, ob der Bundeskanzler vor dem Erscheinen des *Spiegel*-Artikels wirklich etwas von der Affäre gewusst hat.

Am 8. Februar 2002 meldete die Visastellenleiterin nach Berlin, dass die Botschaft von Antragstellern geradezu überrollt werde. Sie warnte vor einem Kollaps und davor, dass der Anteil an schwarzen Schafen jedes bislang bekannte Maß übersteige. Klara Hoppmann bat in dem Schreiben um die Erlaubnis, zusätzliche Dokumente bei der Antragsprüfung heranziehen zu dürfen, zum Beispiel einen Beleg dafür, dass der Tourist über ein regelmäßiges Einkommen verfüge. Die wackere Frau Hoppmann bekam in dieser dramatischen Situation erst nach drei Wochen eine Antwort, und die war eindeutig: Ihre Bedenken seien »nicht durch entsprechende Statistiken gestützt«. Kein Grund also zu einer Änderung des Verfahrens.

Wenige Tage später, am 4. März 2002, schaltete sich Botschafter Dietmar Stüdemann selbst ein, hierarchisch natürlich eine ungleich gewichtigere Stimme. »Zustände vor den Toren der Visastelle der Botschaft Kiew drohen angesichts des täglichen Ansturms zu eskalieren«, kabelte er ins Auswärtige Amt am Werderschen Markt. Er erwähnte bewusst »mafiose Strukturen«, die sich auf der Straße vor der Botschaft herausgebildet hätten, und appellierte an das Amt und seine Spitze, die Zahl der Reiseschutzpässe zu limitieren.

Einen Tag später bekam der gute Botschafter eine kalte Dusche: der Bitte könne nicht entsprochen werden. Die Begründung beweist eindeutig, dass man den Zustand vor der Botschaft nicht aus Vernunft oder aus Kameralismus, sondern aus rein ideologischen Gründen aufrechterhalten wollte: »Eine restriktive Visapolitik würde dazu führen, dass die Abgewiesenen versuchen, auf ungesetzlichen Wegen nach Deutschland zu kommen.« Der *Spiegel* kommentiert nicht ohne Grund genüsslich, man müsse die Gesetzesübertretung akzeptieren, um den Gesetzesbruch zu verhindern. Dass der Außenminister dieses der Welt vorgeführt hat, könnte in der Spieltheorie lustig sein. In der Realität der politischen Auseinandersetzung ist es außerordentlich töricht. Man muss schon mit der Gesellschaft zusammen einen solch schwierigen Prozess durchleben, kann nicht einfach von ihr verlangen, mal eben ein paar hunderttausend Menschen mit offenen Armen aufzunehmen, wie das zum Beispiel Günter Grass tut, wenn er öffentlich behauptet, dass Deutschland der Zuzug von einer Million Roma und Sinti sehr gut täte.

Joschka Fischer war bislang bestimmt kein schlechter Außenminister. Aber er hat ein Manko: Er hat aus meiner Sicht keine Emotionen. Die Tschetschenen, die in jahrelangem Krieg vernichtet werden, interessieren ihn nicht wirklich. Auch das Morden im Regenwald des Kongo interessiert ihn nicht. Humanitären Fragen gegenüber ist er taub. Deshalb ist er Hilfsorganisationen keine große Hilfe, denn für solche Fragen muss man Herz haben und nicht nur Verstand.

Ich halte das, was in Kiew passiert ist, für verantwortungslos. Wenn es stimmt, dass die Visabewilligungen im Zweiminutentakt ausgegeben wurden, wenn es stimmt, dass die Mehrzahl der Visumempfänger von Deutschland aus weitergezogen ist, wenn es stimmt, dass der Minister am 23. Juni 2000 in der Kiewer Botschaft die langen Schlangen der Antragsteller gesehen hat, dann muss er dafür die Verantwortung übernehmen und darf sie nicht seinem Stellvertreter Ludger Volmer zuschieben, der für Fischer und die Grünen das Bauernopfer spielen darf.

Die Tatsache, dass die Visa-Affäre erst nach fünf Jahren ans Licht kommt, zeigt eines mit großer Klarheit: In Europa lebt noch eine viel größere Zahl von illegal hier arbeitenden Menschen als bisher angenommen. Wie groß die Dunkelziffer ist, weiß niemand. Und das Spannende an diesem Prozess ist, dass ein Amt der »Haupttäter« ist. Ob das im Sinne der betroffenen Menschen war? Ob es den Prostitutionskandidatinnen besser geht, wenn sie ein Visum von den Botschaften in Kiew oder Minsk im Pass haben, wie öffentlich behauptet wurde? Das wäre noch zu prüfen. Denn gleichzeitig erfahren wir, dass sich die Zuhälter darum natürlich überhaupt nicht kümmern. Sie nehmen ihren Opfern nämlich gleich zu Beginn der vertraglichen Sklaventätigkeit Pässe und Ausweispapiere ab.

Zaudernde Retter

Erst seit dem am 4. Juli 2001 veröffentlichten Bericht der Süssmuth-Kommission, die von Otto Schily im September 2000 den Auftrag erhalten hatte, Asyl und Zuwanderung in Deutschland zu untersuchen, sind wir wirklich im Bilde: Deutschland war schon seit Gründung der Bundesrepublik ein Einwanderungsland, auch wenn das Wort – wie viele weitere Begriffe in Deutschland nach dem Zweiten Weltkrieg – verpönt war.

Manche Politiker wollen auch heute noch aus politischer Korrektheit das Wort »Einwanderer« nicht in den Mund nehmen und in ihre Parteiprogramme schreiben. Man nennt das niedliche Ding, das die faktisch bestehende illegale Zuwanderung möglichst in legale Bahnen lenken soll, also »Zuwanderungsgesetz«, die Menschen, die eingewandert sind, heißen »Zuwanderer«, als ob es eine polit-ontologische Unterscheidung gäbe zwischen einem Ein- und einem Zuwanderer! Vielleicht werden wir in ein paar Jahren endlich in der Lage sein, das einfache und normale Wort »Einwanderer« in unseren Wortschatz aufzunehmen und den künstlichen »Zuwanderer« zu streichen – wem wandert denn jemand zu?

Es gibt kaum ein Land, das Abwanderung und Einwanderung in dem Ausmaß erlebt hat und noch erlebt, wie die Bundesrepublik Deutschland. Um zu dieser Erkenntnis zu gelangen, hätte man die Süssmuth-Kommission gar nicht bilden müssen, denn die Zahlen waren ja alle bekannt. Zwischen 1959 und 1998 kamen fast dreißig Millionen Menschen nach Deutschland und ließen sich für kürzere oder längere Zeit oder für immer hier nieder. Im gleichen Zeitraum zogen aber auch 21 Millionen Menschen wieder aus Deutschland fort. Der »Saldo« für Deutschland betrug demnach rund neun Millionen Zuwanderer in vier Jahrzehnten.

Um die Bedeutung dieser Zahl richtig einschätzen zu können, muss man sich klar machen, dass die Bundesrepublik fast die ganze Zeit durch den Eisernen Vorhang und durch die Mauer vor der alten klassisch-traditionellen Ost-West-Wanderung geschützt war. Mehr Durchlässigkeit gab es im vorrevolutionären Zarenreich Richtung Frankreich, das schon immer eines der freundlichsten Aufnahmeländer war und sich zu Recht darauf etwas einbildet, und in die Schweiz. Es war in Zürich, wo Lenin seine Revolutionspläne ausheckte. Auch die ruhmreiche und dennoch vergebliche polnische Migration hatte bis in die letzten Jahre vor dem Fall der Mauer ihr Zentrum in Frankreich.

Seit dem Mauerfall liegt Deutschland nicht mehr nur in der Mitte Europas, sondern in der Mitte der Welt: Alle wollen nach

Deutschland. Aber warum? Sicherlich wegen der wirtschaftlichen Prosperität, wegen der Sicherheit, dass man hier nie ganz unter die Räder kommen kann – es wird immer irgendeine Kirchengemeinde oder eine Bahnhofsmission geben, die für den abgerissenen Flüchtling aus Papua-Neuguinea oder dem Kongo sorgt und dies gerne tut, da sie damit wieder mal ein Leben gerettet hat.

In den neunziger Jahren stieg die Einwanderungsquote stark an, was auf zunehmende Skepsis im Land stieß. Vierzig Jahre waren die Bundesbürger darauf eingestellt, dass von den Millionen von politisch verfolgten Menschen zigtausende, ja hunderttausende den Weg in unsere immer reicher werdende Bundesrepublik suchten und fanden.

Auf eine vertrackte Art hielten wir uns schon wieder für einzigartig. Einmal als demokratische Westdeutsche mit Hallstein-Doktrin und Alleinvertretungsanspruch, mit Politikern wie Konrad Adenauer, Ludwig Erhard, Willy Brandt, Kurt Georg Kiesinger, Helmut Schmidt und Helmut Kohl an der Spitze. Und nach dem furchtbaren Debakel von Auschwitz nahmen wir die Welt in den Arm, wollten im Grunde alle bei uns im Land haben, die mühselig und beladen waren. Dass das nicht geht, wurde uns erst vierzig Jahre später klar, und dann auch noch sehr langsam.

Überall auf der Welt leben Menschen in verzweifelter Not. Aber nur in unseren demokratischen und rechtsstaatlichen Gesellschaften wird Hilfe und Rettung richtiggehend organisiert, haben Hilfe und Rettung oberste Priorität. Das sind die wirklichen Errungenschaften der Moderne: Ganze Stadt- und Wohngebiete werden so konzipiert, dass die Feuerwehr im Ernstfall gleich mit dem Löschwagen zum Brandherd vorstoßen kann. Und wehe, man versperrt mal für drei Stunden mit dem Auto eine Feuerwehrzufahrt – es wird sofort abgeschleppt.

Wir gründen Kirchen, Organisationen wie die Rettungsflugwacht oder die Deutsche Lebensrettungsgesellschaft (DLRG), die mit Booten die Küsten der großen Flüsse abfährt und nach Schiffbrüchigen sucht; wenn überhaupt, finden sie dort Selbstmörder oder solche, die versucht haben, ihrem Leben ein Ende zu setzen.

Aber wenn es wirklich darauf ankommt, Menschen herauszuholen, dann sind weder Staaten noch Einzelpersonen bereit, ins

Wasser zu springen – im eigentlichen wie im übertragenen Sinn. Es könnte ja gefährlich sein. Die Güte und Menschenfreundlichkeit, die uns als Christen aufgegeben ist, unsere Rechtsprechung, die uns zur Hilfeleistung verpflichtet, das ist alles rasch dahin und weggeschmolzen, wenn wir wirklich von einer Brücke in den Fluss springen müssten, um einen Ertrinkenden zu retten. Albert Camus beschreibt in *Der Fall* dieses Phänomen sehr drastisch: »Ich hatte schon etwa fünfzig Meter zurückgelegt, als ich das Aufklatschen eines Körpers auf dem Wasser hörte. Ich blieb jäh stehen, wandte mich jedoch nicht um. Gleichzeitig vernahm ich einen mehrfach wiederholten Schrei, der flussabwärts trieb. … Ich wollte laufen und rührte mich nicht. Ich sagte mir, dass Eile Not tat und fühlte, wie eine unwiderstehliche Schwäche meinen Körper überfiel. … Regungslos lauschte ich immer noch. Dann entfernte ich mich zögernden Schrittes. Ich benachrichtigte niemand.«

Die Menschen, die unsere Hilfe brauchen, heute und in Zukunft, sind Legion. Es sind die 6000 Kinder unter fünf Jahren, die jeden Tag in Hütten und Slums, in den Dörfern und Städten der Dritten Welt einfach sterben und verzweifelte Mütter zurücklassen. Es sind außerdem offiziell 24 000 – andere sprechen von 26 000 – Erwachsene weltweit, die täglich an Hunger, Durst, Entbehrung und Erschöpfung zugrunde gehen, weil die Menschheit nicht dafür sorgt, dass sie genügend zu essen bekommen. Dass das eine hochgerechnete Zahl ist, erkennt das kundige Auge an den drei Nullen am Ende. Sie wird halb hochgerechnet, halb ausgedacht, um zu zeigen: Da geht etwas Entsetzliches vor, aber es bleibt dennoch abstrakt. Solche Zahlen werden erfunden, um eine Abwehrwand aufzubauen, einen stabilen Schutzschild, an dem politische Reden abprallen, die niemals zu Tränen rühren dürfen. Denn es sind natürlich heute, an dem Tag, an dem Sie dieses Buch lesen, 24 539 Menschen, Erwachsene von Feuerland bis nach Sumatra, oder eben 23 915, die sterben.

Wir müssten auch den Millionen von Aids-Infizierten helfen, die dem Tode geweiht sind. Aber was tun wir? Wir helfen erst mal uns selbst. Das ist zunächst ein ganz natürlicher Impuls. Aber wo Menschen auf der Flucht und in Not sind, *müssen* wir sie aufnehmen, auch wenn das Boot angeblich voll ist, und manchmal auch einfach Plätze schaffen in unserer Luxuswelt, die noch nicht unseren Wohn- und Wohlstandsbedingungen angepasst sind. Es ist eine Schande, wie viele Klöster und Kirchen, Pfarrhäuser und Gemeindehäuser in Deutschland leer stehen. Manche werden unter der Woche abgeschlossen und nur einmal zu einem schlecht besuchten Gottesdienst am Sonntag geöffnet. Warum macht die Kirche nicht etwas, das sie von nicht genutztem Besitz befreien würde? Warum öffnet sie diese Häuser und Klöster nicht für Asylbewerber? Selbst auf die Gefahr hin, dass es ihr dann wie der gefallenen Nonne Viridiana in dem gleichnamigen Film von Luis Buñuel geht, die Arme, Kranke, Fußlahme und Bucklige in ihr Herrenhaus eingeladen hat und erfahren muss, wie ihre Schützlinge ihr Mitleid aufs Übelste ausnutzen.

Und mindestens genauso wichtig ist es, dass wir diejenigen aufnehmen, die unter die Räuber gefallen sind und innerlich und äußerlich dabei sind zu verbluten wegen der Wunden, die man ihnen zugefügt hat. Und wegen der inneren Demütigungen und Verletzungen, denen sie ausgesetzt waren.

Anfang der achtziger Jahre war ich ein Experte für das Thema: Ist das Boot nun halb voll, ganz voll oder vielleicht halb leer? Schließlich hatte ich im Jahr 1980 in dieses angeblich volle Boot Bundesrepublik genau 9507 Bootsflüchtlinge geholt – und sie passten alle noch hinein. Diese Menschen wären sonst ertrunken oder von Haien zerfleischt worden. Dafür hatten die Mitbürgerinnen und Mitbürger in Deutschland große Sympathie und Verständnis. Und heute sind Städte und Gemeinden froh und zufrieden: Aus den Boatpeople von damals sind wertvolle Bürger der Bundesrepublik geworden.

Das Boot war also damals offiziell voll. Aber es gab durchaus Ausländerfreunde, die beweisen wollten: »Wenn wir uns anstrengen, dann finden wir noch Plätze.« Solches geschah beispielsweise im Oktober 1981 im Kabinett des damaligen niedersächsischen Ministerpräsidenten Ernst Albrecht. Wieder hatten wir mit der »Cap Anamur« etwa dreihundert vietnamesische Bootsflüchtlinge nach Deutschland gebracht. Ernst Albrecht gab bekannt, dass er als erster Ministerpräsident das Unternehmen »Cap Anamur« zu der Rettungsaktion beglückwünscht habe. Und er habe für das Bundesland Niedersachsen gleich hundert Boatpeople aufgenommen. Innenminister Egbert Möcklinghoff bekam direkt den Auftrag, die Zuteilung auf die Gemeinden und Bezirke zu organisieren. Daraufhin schob der seinem Chef einen Zettel über den langen Kabinettstisch zu, auf dem stand: »Wir haben keine Plätze mehr!« Albrecht notierte: »Dann schaffen Sie welche!«, und schob den Zettel postwendend dem Innenminister zurück.

Übrigens bekamen wir für die Rettung der Vietnamesen damals keine anerkennenden Briefe, geschweige denn Orden. Der Orden kam erst, als wir schon gezwungen waren, das Rettungsunternehmen abzublasen. 1982 sollte ich mich zur Ehrung in der Staatskanzlei in Düsseldorf einfinden, dankte aber vielmals und forderte stattdessen für das deutsch-französische Gemeinschaftsunternehmen, das wir mit Bernard Kouchner für 1984 planten, einige Aufnahmeplätze. Wir fanden, das sei eine bessere Auszeichnung als jeder Orden.

Heute, im Jahr 2005, müssen wir feststellen: Das Boot Europa ist halb leer. Unsere Gesellschaft schrumpft. Europas Anteil an der Weltbevölkerung wird von heute 13 auf nur noch fünf Prozent im Jahr 2050 sinken. Der Anteil Afrikas wird im gleichen Zeitraum von jetzt zwölf auf 24 Prozent steigen. Zwischen 1995 und 2004 ist die Gesamtbevölkerung Europas jedes Jahr um zwei Millionen geschrumpft. Die Zahl der Menschen in den Entwicklungsländern nahm hingegen pro Jahr um 75 Millionen zu. Können wir da noch behaupten, dass das Boot Europa voll sei?

Um uns überhaupt über die nächsten fünfzig Jahre zu bringen, müsste entweder ein Ruck durch die junge Generation gehen, der sich aber nirgends ankündigt. Oder wir müssen dazu übergehen, bewusst Menschen aus anderen Ländern aufzunehmen. Das sollten dann aber nicht mehr nur Asylbewerber und Flüchtlinge, sondern echte Migranten sein, also Zuwanderer, die wir gezielt auswählen.

Politisch Verfolgte genießen Asylrecht

Wenn jemand zu ertrinken droht, kann man ihm einen Rettungsanker zuwerfen und ihn auch physisch an Bord ziehen, denn »politisch Verfolgte genießen Asylrecht«, so steht es im alten, durchgängig gültigen, lediglich 1993 zu Artikel 16 a erweiterten Asyl-Passus im Grundgesetz. Es muss nur ein Schiff in der Nähe sein, das unter deutscher Flagge fährt. Lebensrettung ist immer etwas Konkretes. Man muss die Menschen, die in Not sind, berühren, ihnen die Hand reichen. Das ist es, was deutsche Anwälte, Ärzte und Krankenpfleger einmal selbst erfahren sollten, sonst kommen manche vielleicht auf die Idee, ein Anwalts- oder Gerichtsbescheid oder die Überweisung an einen Facharzt sei bereits die Lebensrettung.

Unendlich vielen Menschen muss jetzt, heute, in dem Moment, da Sie, lieber Leser, diese Zeilen lesen, geholfen werden, weil sie auf dem Wege von Nasran nach Grosny, von Ramallah nach Jenin, von Banda Aceh nach Meulabor, von Jerusalem nach Jericho oder von Mexiko nach Chiapas in Lebensgefahr geraten sind. Sie liegen da, kurz vor dem Verröcheln, und sind auch durch einen behördlichen oder gerichtlichen Bescheid oder durch das Zücken des Rezeptblocks nicht mehr zu retten. Sie sind nur dadurch zu retten, dass ich, der Mitmensch, den Verletzten aufhebe, ihn auf den Rücksitz meines Autos lege, in Kauf nehme, dass auf die schöne Polstergarnitur Blut, viel Blut tropft, aus dem Erste-Hilfe-Kasten Pflaster und Verbandsstoff nehme, die Wunden verbinde und ihn dann in Sicherheit bringe, in ein Hotel, ein Krankenhaus oder womöglich zu mir nach Hause. Ich helfe ihm so, seinen Verfolgern zu entkommen.

Es hat sich in deutschsprachigen Landen eingebürgert, bei dem Begriff »Fluchthelfer« die Stirn zu runzeln und die Nase zu rümpfen – als ob die Existenz des Fluchthelfers irgendwie anrüchig sei. Wir müssen uns jedoch angewöhnen und lernen, dass Fluchthelfer eine angesehene Tätigkeit ist.

Das gilt auch für politische Fälle. Ein DDR-Bürger wollte 1987 vor den unerträglichen Umständen in Kambodscha fliehen. Damals herrschte noch der Kalte Krieg, der – unvorstellbar für die Nachgeborenen – die Welt in zwei Hälften teilte und diese hermetisch voneinander abschottete. Ost stand gegen West, der Westen mit der Metropole und dem Nervenzentrum Washington, der Ostblock mit dem unangefochtenen Zentrum Moskau. Kambodscha gehörte zum Ostblock, zum Comecon-Lager, in dem sich die sozialistischen Länder verbunden hatten.

Der DDR-Bürger bat mich darum, für den Fall, dass ihm mit der Air France die Flucht aus Ho-Chi-Minh-Stadt gelingen sollte, die deutsche Botschaft aufzufordern, ihn am Flughafen in Bangkok in Empfang zu nehmen und ihn nach Westdeutschland auszufliegen.

Es war der Kinderchirurg Johannes Meixner, der Leiter eines Teams von Medizinern und Agraringenieuren aus der DDR in Phnom Penh, das in der zum Ostblock gehörigen damaligen Volksrepublik Kambodscha den sozialistischen Bruderdienst leistete. Er wohnte damals mit seinem großen Team in einer typischen Splendid Isolation, denn Kambodscha mit seiner korrupten und laschen Führung und den bestechlichen Flughafenbeamten war ein ideales Sprungbrett für – wie es damals hieß – Republikflüchtlinge. Meixner war so einer. Wir erfüllten ihm den Wunsch. Die deutsche Botschaft in Bangkok holte ihn auf Anweisung des Auswärtigen Amtes heraus und brachte ihn auf einem sicheren Wege nach Westdeutschland.

Dann war Johannes Meixner da, mit einer einzigen Aktentasche. Er brauchte eine Unterkunft. Was taten wir, die Familie Neudeck? Wir nahmen ihn auf, für vier Monate. Aber das gelingt nicht durch Überweisungsschein und Papierkram. Man muss es tun, man muss es manchmal auch ohne Versicherung tun. Dagegen steht allerdings unsere angeborene Feigheit. Wir sind durch Herkunft, Veranlagung und durch das Gewohnheitsrecht unserer Sozial- und Tarifverordnung feige.

»Politisch Verfolgte genießen Asylrecht.« An diesen vier bedeutungsschwangeren, glasklaren und eindeutigen Worten lässt sich nichts rütteln, nichts drehen, nichts interpretieren. Sie dröhnen wie schwere Glockenschläge. Da steht nicht: »politische Verfolgte aus Europa«, da steht nicht: »solange die Aufnahmeplätze reichen«. Dieser Artikel kann juristisch nicht begrenzt und eingeschränkt werden. Aber es gab immer wieder das Problem, dass der Staat oder die Staatengemeinschaft genau dies versuchten. In Deutschland gilt dennoch bis heute: Verfolgt werden kann ein Mensch nur durch den Staat. Wenn jemand in Sizilien oder Neapel von der Camorra oder der Mafia verfolgt wird, fällt er nicht unter unser Asylrecht – es hilft nichts.

So universal der Asyl-Artikel auch ist, eines war realpolitisch immer klar: Nicht alle Verfolgten können in der Bundesrepublik Unterschlupf finden. Das weiß auch Bundeskanzler Gerhard

Schröder, das weiß der Philosoph Jürgen Habermas, das wissen die Leser dieses Buches. Deshalb hat man lange versucht, das Problem durch juristische und Verfahrensmätzchen zu kaschieren.

Wir waren lange Zeit, bis 1989, hinter der Mauer in Deckung. Die meisten politisch Verfolgten waren ja auf der anderen Seite eingesperrt. Alle KSZE-Konferenzen, Gipfelgespräche und Mühen von amnesty international hatten es nicht vermocht, sie aus den Gefängnissen und Verliesen freizubekommen.

Wenn es eine Gruppe einmal schaffte, unter Lebensgefahr dem Großgefängnis Ostblock zu entfliehen, begann schon das Problem: Der Asyl-Artikel schmückte uns immer nur so lange, wie es »nicht so viele« wurden. Dieser mir bis heute unvergessliche Ausspruch stammt von dem damaligen Staatssekretär im Auswärtigen Amt, Peter Hermes. Ich hatte ihn am 30. Juli 1979 in seinem Büro aufgesucht, das sich damals noch in einem langen großen Kasten in Bonn direkt am Rhein befand. Auf meine Schilderung, wie viele Menschen, Bootsflüchtlinge, die »Cap Anamur« aufnehmen könne, reagierte er mit langem Schweigen und dann mit dem Satz: »Retten Sie nicht so viele, Herr Neudeck. Das gibt Ärger!«

So ist es immer wieder. Sind es zu viele, die bei uns Zuflucht suchen, gibt es Ärger. Und dann geht es dem Asyl-Artikel juristisch trickreich an den Kragen. Der ehemalige Bundestagsabgeordnete und Herausgeber Freimut Duve hat es uns in einem Beitrag in der *ZEIT* 1993 ins Stammbuch geschrieben, und wir könnten es alle wissen: »Der erstmalige und wohl einmalige Impuls, den Menschheitsbegriff der Aufklärung nicht nur deklamatorisch zu verstehen, sondern als einklagbares Recht für alle Menschen in die Verfassung der Deutschen zu schreiben, war in Wahrheit seit Beginn ein vielfach gebrochenes Angebot. Seine Strahlkraft hat schon früh unter dem Reise-Njet des kommunistischen Lagers gelitten.«

Solange es um Asyl geht, geht es immer auch um Begrenzung. Bei der Einwanderung, die für Europa ja wohl in den nächsten Jahren und Jahrzehnten notwendig sein wird, geht es dagegen um die Definition und Bestimmung der Nationalitäten und Berufsgruppen, die das Land braucht. Es ist also ein ganz neuer Vorgang.

Der Asyl-Artikel musste in seiner praktischen Wirkung immer schon eingedämmt werden. Wenn ein einzelner Flüchtling aus einem exotischen Land – sagen wir Papua-Neuguinea – kommt und politische Verfolgung, ergo Asyl geltend macht, dann wird er kaum Schwierigkeiten haben, es zu bekommen. Kommen aber zehntausende auf dem Landweg, über das Wasser oder per Flugzeug – Ghanaer, Tamilen aus Sri Lanka, Kurden aus dem Nordirak –, dann stehen in unserem Bewusstsein immer schon weitere zehntausende bereit und warten darauf, ebenfalls an die Fleischtöpfe der Bundesrepublik zu gelangen. Und so beginnen wieder die asylrechtlichen Tricks der Abwehr und der Ablehnung.

Es geschieht das, was schon die von Willy Brandt sozialdemokratisch geführte Regierung bei der DDR-Führung angemahnt hatte: Egon Bahr höchstpersönlich reiste damals zu Erich Honecker und zu Außenminister Oskar Fischer nach Berlin, um dafür zu sorgen, dass sie das Schlupfloch Berlin-Schönhausen für die – wie das Evangelium sie nennt – »Mühseligen und Beladenen« stopften.

Und das *waren* politisch Verfolgte, der Asyl-Artikel hätte auf sie zugetroffen. Aber es ging schon damals in der Bundesrepublik Deutschland um Begrenzung. Einzelne durften gerne gerettet werden, das wurde sogar gefeiert, aber zu viele: nein danke!

Es gibt viele, die eine grenzenlose Öffnung der Türen einfordern, die aber selbst niemals einen dieser Verfolgten in ihren eigenen Wänden, in ihrem Wochenendhaus oder ihrer Finca auf Mallorca akzeptieren würden. Günter Grass hat 1992 in den Münchner Kammerspielen die Sätze skandiert, die so viele meiner journalistischen Kollegen mit beifälligem Getöse aufgenommen haben: »Lasst sie kommen!« Auch in Ihr Haus, Günter Grass? »Lasst sie kommen und bleiben. Sie fehlen uns. Lasst eine halbe Million und mehr Roma und Sinti unter uns Deutschen sein; wir haben sie bitter nötig. Hört endlich auf, ihr harten Deutschen, die Zigeuner auf eingefahrener Spur abzuschieben.« Wer großspurig als Intellektueller so etwas sagt, der hat von Politik und der Wirklichkeit wenig Ahnung.

Wir haben einmal 18 Monate lang einen kleinen vietnamesischen Pflegesohn namens Phong bei uns zu Hause betreut und mit unseren drei Kindern spielen, leben und schlafen lassen. Er stammte von der zweiten Fahrt der »Cap Anamur« im Jahr 1985.

Unsere Kinder hatten sich sehnlichst einen vietnamesischen Bruder gewünscht. Aber mit der Aufnahme von Kindern oder Erwachsenen in eine Familie beginnt immer auch still und leise ein kleiner Adoptionsvorgang. Das ist mit sehr viel Arbeit verbunden, und man muss sehr vorsichtig und feinfühlig sein. Deshalb kann ich meinen Danziger Landsmann Günter Grass bei einer solchen Forderung nur von ferne bewundern. Er ist nicht von dieser Welt, aber er muss ja auch nichts tun, um die Vernünftigkeit einer solchen Aktion zu belegen. Es reicht die dichterisch-intellektuelle Empathie und das Pathos.

Die neue Aufgabe heißt Migration

Wir leben in Deutschland immer schon mit Ausländern. Wir brauchen sie, sonst würde unsere Wirtschaft zusammenbrechen. Als der Sozialdemokrat und langjährige Ministerpräsident von Nordrhein-Westfalen, Heinz Kühn, 1979 ein Memorandum vorlegte, das er als »Beauftragter der Bundesregierung für die Integration der ausländischen Arbeitnehmer und ihrer Familienangehörigen« verfasst hatte, wollte er damit einen Politikwechsel einleiten. Denn damals schon sah er die Gefahren auf die deutsche Gesellschaft zukommen, die in dem praktizierten »Laisser-faire/Laisser-aller« lagen. Die Entwicklung der Gastarbeiter zum Einwanderer, so Kühns Warnung, sei unumkehrbar. In Deutschland, das Kühn damals schon als Einwanderungsland bezeichnete, lag der Ausländeranteil zu der Zeit in Köln bereits bei 14,5 Prozent, in Düsseldorf bei 13,84, in Duisburg bei 13 und in Hagen bei 10,6 Prozent.

Ich habe seinerzeit die Aufstellung einer sehr gewitzten Ausländerbeauftragten in Düsseldorf bekommen, nach der in dieser Großstadt in manchen Bereichen des Berufs- und Verwaltungslebens alles zusammenbrechen würde, wenn, ja wenn die Ausländer alle abgeschoben würden. Man stelle sich nur mal vor, diese 13,84 Prozent wären alle »ausgeschafft«, wie das unsere Schweizer Nachbarn so plastisch ausdrücken. Der Personen-, Güter- und Postverkehr, also Bereiche, in denen alles von Pünktlichkeit abhängt, würde nur noch sehr eingeschränkt funktionieren. Das würde besonders für die Deutsche Bahn gelten. Mehr als ein Viertel des gesamten Nahverkehrs wäre infolge der Ausweisung der Ausländer lahm gelegt.

Noch stärker würde sich der Wegzug der Ausländer in einem weiteren uns Deutschen wichtigen Bereich niederschlagen: in der Gastronomie. Müssten wir mit unserer deutschen oder der bürgerlichen Küche auskommen, wir würden uns ganz schön umsehen. Wenn wir nicht mehr Döner und Pizza, weder Falafel noch Chinesisch, Indisch oder Vietnamesisch essen könnten, nicht auszudenken! Denn im Hotel- und Gaststättenbereich sind 26 Prozent aller Beschäftigten Ausländer.

Die »längste Theke der Welt«, derer sich Düsseldorf wegen seiner Altstadtkneipen rühmt, würde gar nicht mehr stehen, gäbe es keine Ausländer. Es gäbe auch keine 1,8 Millionen Übernachtungen mehr in Düsseldorf, weil niemand die Hotelzimmer in Ordnung halten würde.

Und welch ein Graus – wie wäre es um die Sauberkeit in der nordrhein-westfälischen Landeshauptstadt von Stund an bestellt? Sie wäre hochgradig gefährdet, in Büros, Hochhäusern, Ämtern, Kaufhäusern, auf Plätzen, Wegen und Straßen. Denn die Reinemachefrauen, die Zugehfrauen, die Raumpfleger sind überwiegend Ausländer.

Aber wir werden die Realisierung des Gedankenspiels von Düsseldorf weder in dieser noch in irgendeiner anderen Stadt Deutschlands, Österreichs und der Schweiz je erleben. Dagegen spricht schon unser ureigenes Interesse.

Nicht nur Düsseldorf hat viel von der Arbeit der dort lebenden Ausländer – das Gleiche gilt auch für die Familien der hier Arbeitenden, denn die Ausländer leisten eine besonders effektive Art von Entwicklungshilfe für ihre Heimatländer: Sie überweisen von dem hier Verdienten und Ersparten so viel an ihre Familien in Afrika, Asien oder Lateinamerika, dass der Batzen Geld, der dadurch für diese Länder zusammenkommt, drei Mal so hoch ist wie die offizielle Entwicklungshilfe. Die Migranten haben im Jahr 2001 die gewaltige Summe von 176 Milliarden Euro in ihre Herkunftsländer geschickt. Der Vergleich zu den 56,7 Milliarden Euro an offizieller deutscher Entwicklungshilfe fällt da beschämend aus.

Manche Politiker, Kirchenlobbyisten und Demografen, mit denen ich mich sonst gut verstehe bei der Arbeit für Ausländer, behaupten, wir bräuchten 150 000 bis 200 000 Ausländer pro Jahr. Ich kann dem nicht zustimmen. Solange unsere Wirtschaft so vor sich hin krebst, dass wir 5,3 Millionen Arbeitslose haben, würde es in Deutschland einen Aufstand geben, wenn 200 000 arbeitslose junge Afrikaner, gemischt mit jungen Kurden, Albanern und Tamilen ins Land geholt würden.

Ich könnte mir aber ein kleines Kontingent aus Ländern, zu denen wir gute Beziehungen unterhalten und deren Vertreter sich hier zu Lande schon gut bewähren, vorstellen. Also vielleicht 20 000 Vietnamesen und 20 000 Afghanen. Keine große Quote würde ich im Moment für Afrikaner machen, weil uns das in die Irre führt. Es muss den afrikanischen Ländern erst klar gemacht werden, dass *wir* darüber bestimmen, wen wir aufnehmen.

Vor ein paar Jahren sah ich das noch anders, da war ich fürs Klotzen. Aber damals glaubte ich auch noch dem Bundeskanzler und der SPD, dass es gelingen würde, die Arbeitslosigkeit stark einzudämmen. Damals war auch ich der Ansicht, dass wir die Einwanderer bräuchten, und zwar nicht in kleinen Dosen, sondern auf Dauer in größeren Zahlen. Also nicht nur wie bei dem zaghaften Versuch, die Greencard für Fachkräfte aus dem Informations- und Kommunikationsbereich einzuführen und damit das Zulassungsverfahren zum deutschen Arbeitsmarkt für hoch qualifizierte Arbeitskräfte in diesem Bereich zu vereinfachen. Bis Juni 2003 gab es jedoch gerade mal 14 566 Greencard-Interessenten. Schon im Bericht der Zuwanderungskommission heißt es, die Attraktivität des Programms sei niedrig, denn es sichere keinen Daueraufenthalt in Deutschland, wie das andere Länder, beispielsweise die Vereinigten Staaten von Amerika, anböten.

Drei Große unserer Gesellschaft – Marion Gräfin Dönhoff, Wolfgang Thierse, Helmut Schmidt – haben 1992 in einem Manifest erklärt, was ich über zwölf Jahre später mit großer Zustimmung zitieren muss: »Ein solcher Zustrom von Menschen [200 000 pro Jahr, d.V.] bedarf insbesondere wegen einer tendenziell schrumpfenden und alternden Bevölkerung gründlicher sozialpsychologischer und organisatorischer Vorbereitung und nüchterner Auseinandersetzung mit den voraussichtlichen Folgen.«

Ich glaube nicht, dass wir das der Bevölkerung bei der Unsicherheit über die soziale und wirtschaftliche Verfassung Deutschlands und bei der derzeitigen hohen Arbeitslosigkeit antun dürfen. Meiner Meinung nach können wir nur ein Zehntel der avisierten 200 000 auswählen und bei uns auf Zeit oder dauerhaft aufnehmen. Alles andere sind gefährliche Spiele, die ins Auge gehen können.

Ich komme auf diese Zahl, weil das Statistische Bundesamt in Wiesbaden im Jahr 2003 offiziell mitgeteilt hat, dass die Zahl der deutschen Wohn- oder Schlafbevölkerung immer noch nicht sinke. Die Zahl der »echten« Deutschen – ja. Aber nicht die Zahl der Gesamtbevölkerung in der Bundesrepublik. Dank des so genannten Zuwanderungsüberschusses, so schreibt der Reporter der *ZEIT*, Michael Schwelien, in seinem 2004 erschienenen Buch *Das Boot ist voll*, blieb die Bevölkerung in Deutschland nahezu konstant. Im Jahr 2002 wanderten mehr Menschen in die Bundesrepublik ein als aus: 219 000. In der gleichen Zeit starben 122 000 Menschen mehr als geboren wurden. So wuchs die Bevölkerung um 0,1 Prozent auf 82 537 000.

Seien wir doch ehrlich: Eine uneingeschränkte Zuwanderung nach Deutschland ist illusorisch. Wenn wir grundsätzlich für Zuwanderung sind, dann müssen wir wissen, *wen* wir ins Land holen, auch wenn das einen schmerzlichen Auswahlprozess bedeutet, der vom eigentlichen Asylgedanken wegführt. Wir müssen Völker, Länder, Berufsgruppen definieren, Gebildete den Analphabeten vorziehen und vernünftige Zuwanderungsquoten festlegen. Wir müssen also beispielsweise die gut ausgebildeten Türken aus der kemalistisch geprägten Westtürkei ins Land holen und nicht die im traditionellen Ritus verhafteten Bauern aus Anatolien.

Der Asylgedanke der ersten fünfzig Jahre der Geschichte der Bundesrepublik war trügerisch: Er gab uns das Gefühl, überall auf der Welt, wo es Probleme gab mit Verfolgung, mit Vertreibung, mit Hunger, mit ritueller Beschneidung und Vergewaltigung, gefragt zu sein. Diesen großspurigen Anspruch konnten wir nur deshalb aufrechterhalten, weil wir wussten: Die können sowieso nicht alle zu uns kommen.

Die Erfahrung mit der ersten großen Gruppe von Gastarbeitern, den später dann 2,6 Millionen in Deutschland lebenden

Türken, sollte uns eine Lehre sein. Eine Gesellschaft muss dazu bereit sein, sonst kommt eine Integration nicht zu Stande. Aber es war damals überhaupt nicht vorgesehen, die Gastarbeiter zu integrieren, und deshalb ist die Eingliederung dieser großen Gruppe von Migranten bis heute nicht gelungen. Es ist aber wichtig, dass in Deutschland darüber gesprochen wird. Denn die heftige Politikdebatte um die Kriterien der Aufnahme der Türkei in die EU hat in Deutschland auch damit zu tun, dass der Eingliederungsprozess dieser großen Gruppe von Ausländern so relativ schlecht gelaufen ist.

Völkerwanderung rund ums Mittelmeer

Der eigentliche demografische Schock wird uns erst in den Jahren zwischen 2010 und 2020 ereilen, wie Frank Schirrmacher in seinem verdammt ehrlichen Buch *Das Methusalem-Komplott* erklärt. »Die Generation der zwischen 1960 und 1970 Geborenen wird dann erst in ihre persönliche Alterskrise kommen.« Erst dann wird mit aller Macht deutlich werden, dass wir es im öffentlichen Leben fast nur noch mit Rentnern und Pensionären zu tun haben. Was wird das bedeuten für so etwas Alltägliches wie Führerscheine? Kann jeder, bis er ein Tattergreis ist, mit dem Auto zum täglichen Shopping in die Innenstadt fahren? Soll er das noch dürfen? Können wir uns die Menge an Altersheimen leisten, die notwendig sein wird, um all die Alten aufzunehmen, wenn es keine Familien mehr gibt, die sich um sie kümmern, wie das noch bei unseren Eltern und Großeltern der Fall war? Und was ist, wenn die Generation in die Altersheime kommt, die überhaupt niemanden mehr hat, der sich um sie kümmert?

Dann werden die Betreiber dieser Altersheime noch froh darüber sein, mildtätige und freundliche Krankenschwestern und Altenpfleger aus Korea und aus Tansania, aus Kenia und aus Mosambik zu haben. Wir sollten uns immer wieder vor Augen führen, dass all das in nur zehn bis zwanzig Jahren pralle Realität werden wird. Vielleicht kommt es ja wieder zu einem Umschwung, vielleicht werden wir doch wieder zu einer kinderfreundlichen und kinderreichen Gesellschaft. Bestimmt kommt irgendwann auch wieder eine Generation, die die Gesellschaft ganz umkrempeln wird, wie 1968 – und ich glaube, diese neue Generation ist schon geboren.

Während ich diese Zeilen schreibe, machen sich an verschiedenen Orten rund ums Mittelmeer wieder Menschen auf den Weg: in Marokko bei Tanger und Ceuta, in Libyen vor Bengazi, in Algerien, in Tunesien, aber auch an der Adria, an der Küste Albaniens bei Durrës und in der geheimnisvollen Bucht von Kotor an der Küste von Montenegro sowie an der Küste Thrakiens in der Türkei. Sie haben vorher mit zitternden Händen große Summen an ihre »Schlepper«, die Agenten und Attachés der Schiffseigner bezahlt, um sich an einem festgelegten Tag oder in der Nacht an einem Strand zu sammeln, gemeinsam in Booten das Hoheitsgebiet ihres Heimatlands zu verlassen und in internationale Gewässer zu gelangen.

In der Schweiz hat man jetzt einen Berg ausgeguckt, auf dem man die Unerwünschten, die es trotz aller Hürden bis ins Land der Eidgenossen geschafft haben, sammelt. Am Jaunpass, 1508 Meter über dem Meeresspiegel, sitzen sie fest, die Asylbewerber aus Nigeria, Afghanistan, Mazedonien, Russland und Weißrussland, die kein Asyl bekommen. Bei den Schweizer Behörden heißen diese Menschen *sans papiers* – »ohne Papiere«. Man will und man wird sie »ausschaffen«, also abschieben.

Das Lager heißt »Minimalzentrum (MZ) Jaunpass«, es ist ein ehemaliger Militärbunker. Wer hier landet, hat die Schweiz gegen sich. »Es ist die Endstation nach oft jahrelangen Versteckspielen. Tiefpunkt hoffnungsloser Flüchtlingsbiografien. … Viele haben hier ihre Pässe zerstört, ihre Herkunft vergessen, ihre Namen verändert. Sie haben versucht, ihre verkorksten Lebenswege noch verkorkster zu machen, damit sie sie endlich hineinlassen in einen Asylantrag. Sie haben ihre Spuren verwischt, damit man sie nicht in Drittländer zurückschicken kann«, schreibt Karin Steinberger in der *Süddeutschen Zeitung* vom 9. September 2004.

»Entlastungsprogramm EP 03« heißt die behördliche Maßnahme, mit der man diese namen- und vaterlandslosen Gesellen loswerden will. Das Minimalzentrum ist das Lager für die Unkooperativen, diejenigen, die nicht bereit sind zuzugeben, dass sie in der Schweiz nichts zu suchen haben und nicht freiwillig zurückkehren in ihr Land, zu ihren Familien, die sie vor Monaten oder

Jahren verlassen haben, um in der Schweiz oder in Mitteleuropa Geld zu verdienen.

Auf dem Jaunpass stellt man Menschen, junge Menschen, physisch und psychisch, emotional und intellektuell regelrecht ruhig, wie in einem Gefängnis. Aber Gefängnisinsassen können immerhin die Tage, Wochen, Monate und Jahre bis zur Entlassung zählen. Auf dem Jaunpass kann das niemand. Man will die Jungen, die hier mit ihren falschen Identitäten sitzen, dazu zwingen zu sagen, wo genau sie herkommen. Und dann werden sie schleunigst dorthin abgeschoben.

Die Verantwortliche in der ordentlichen Schweiz heißt Dora Andres. Sie ist Polizei- und Militärdirektorin im Kanton Bern, eine Frau der schweizerisch klaren und langsamen Worte. Das Lager Jaunpass und das »Entlastungsprogramm EP 03« waren ihre Idee. Bis dato hatte die Schweizer Regierung für die Illegalen bezahlt – Wohnung, Essen, Kleidung. »Die lachen doch über uns«, erklärt Dora Andres. »Jetzt werden alle aus ihren Wohnungen geworfen und kommen auf den Jaunpass. Wir arbeiten darauf hin, dass diese Leute zur Besinnung kommen.« Der Jaunpass gibt ein klares Signal: »Ihr seid hier nicht erwünscht.«

Wenn alles so läuft, wie Dora Andres sich das vorstellt, dann werden sie irgendwann ihre Identität preisgeben. So wie es der Mazedonier im Lager schon getan hat. Er hat vom Jaunpass aus zu Hause in Skopje angerufen und erzählt, dass in der Schweiz alles ganz anders ist als 1994, als sein Vater dort war. Viel schwieriger. Da hat der Vater die erlösenden Worte gesprochen: »Junge, komm heim!« Das will er auch. Aber die Mitarbeiter der mazedonischen Botschaft sind alle im Urlaub. Also wartet er. Aber die anderen können gar nicht anrufen, weil ihre Familie oder ihre Angehörigen in der Heimat kein Telefon haben. Oder sie trauen sich nicht anzurufen, weil ihre Familie ihnen die illegale Reise bezahlt hat, damit sie Geld verdienen und es nach Hause schicken.

Es gibt jedoch auch ganz andere Zentren, in denen die Menschen wirklich erwünscht sind. In Münster in Westfalen beispielsweise bemühen sich Gemeinde und Stadtrat, die zugewiesenen legalen, halblegalen oder illegalen Flüchtlinge so gut aufzunehmen, dass ihnen die Menschenwürde nicht genommen wird.

Wir haben uns an einem regnerischen Nachmittag im November 2004 gemeinsam mit dem zuständigen lokalen Bundestagsabgeordneten Ruprecht Polenz in dieser Asyl-Wohnsiedlung umgesehen, für die ein eigener Dezernent zuständig ist. Auch das gibt es also: große Bemühungen, Menschen das Leben zu erleichtern und ihnen den Rest von Würde zu erhalten, ohne den sie wahrscheinlich zugrunde gehen würden.

Die Illegalen leben in Deutschland nicht in einem Lager wie am Schweizer Jaunpass, sondern normalerweise mitten unter uns – aber doch nicht menschenwürdig. Die Zahl der Illegalen in Deutschland wird auf 500 000 bis eine Million Menschen geschätzt. Unbestritten sei, so der Bericht von Rita Süssmuths Zuwanderungskommission, dass Deutschland einem enormen illegalen Migrationsdruck ausgesetzt sei. Der Illegale erleide schwerwiegende Nachteile, indem er ausgebeutet und um seinen Lohn geprellt werde. Weiter heißt es in dem Bericht: »Klagt der Illegale den vorenthaltenen Lohn ein, läuft er Gefahr, dass sein illegaler Aufenthalt entdeckt wird. Bei Erkrankungen ist es für einen Illegalen noch prekärer. Er kann natürlich nicht für die entstehenden Kosten selbst aufkommen.« Schwierig sei die Lage für Illegale auch bei schweren Erkrankungen, da sie nicht riskieren könnten, abgeschoben zu werden – was aber der Fall wäre, würden sie sich um Unterstützung einer Behörde bemühen. Schüler und Lehrer sollten nicht verpflichtet sein, den Behörden ausländische Schüler zu melden, die sich illegal in Deutschland aufhalten. Das sollte in die Verwaltungsvorschriften zum Ausländergesetz. Und: »Wer ausschließlich aus humanitären Gründen Ausländern zur Seite steht, die sich illegal in Deutschland aufhalten, darf nicht wegen dieser Hilfeleistung einer Strafverfolgung ausgesetzt sein.«

Auffangen oder zurückschicken?

Neben einer deutlich verbesserten Entwicklungshilfe ist es sehr wichtig, dass wir etwas tun für die vielen tausend Menschen, die sich auf den Weg nach Europa machen. Der *pull factor* Europa ist ja nicht zu leugnen und glänzt herüber an die Gestade Nordafrikas. Flüchtlinge oder Migranten sammeln sich an der Küste zu zigtausenden, vielleicht werden es bald noch mehr. Vor diesem Hintergrund begann Innenminister Otto Schily im Jahr 2004 eine Debatte über die Einrichtung so genannter Auffangzentren in nordafrikanischen Ländern, um diese Menschenmassen nicht alle aufs Meer zu locken.

Solche Auffangzentren müsste es geben, da stimme ich Otto Schily zu. Aber ob die fraglichen nordafrikanischen Staaten diese Zentren haben wollen, hängt, wie mir Otto Schily bei einem Gespräch in seinem Ministerbüro über den Dächern von Berlin erklärte, davon ab, dass man den betroffenen Staaten Kontingente auf Zeit zur Verfügung stellt. Italien habe mit dem Mittelmeeranrainer Tunesien nur deshalb ein Rückführungsabkommen abschließen können, weil es 40 000 Tunesier zur Arbeit auf Zeit eingeladen habe. Es wird also nicht ohne eine Kontingentierung von Migranten, von Arbeitern auf Zeit gehen. Auch die EU müsste solche Kontingente bereitstellen.

In einem Interview sagte der Bundesinnenminister auf die Frage von Heribert Prantl, dem Leiter des Ressorts Innenpolitik der *Süddeutschen Zeitung,* am 2. August 2004, dass Menschen, die aus Seenot gerettet würden, in ihre Herkunftsländer zurück müssten – es sei denn, sie könnten sich auf Fluchtgründe nach der Genfer Flüchtlingskonvention berufen. »Ich finde auch nichts moralisch Anstößiges daran, Menschen an der illegalen Einreise nach Europa zu hindern und in ihr Heimatland zurückzuführen.«

Anstößig finde *ich* daran allerdings vieles: Zum Beispiel, dass sich jemand wie Schily gar keine Vorstellung davon macht, in welch heruntergekommene Länder er die Menschen zurückschickt. Oder zurückschicken will. Da gibt es oft nur noch klägliche Überreste von Verwaltung und Staat, von Regierung und Behörden. Die Menschen müssen sich mit allerletzter Kraft durchschlagen. Die am Flughafen von Kinshasa, Luanda, Nairobi oder Entebbe ausgespuckten Rückkehrer werden sich in der Heimat auch noch verleugnen lassen müssen, weil sie ihr Gesicht vor den Angehörigen verloren haben.

Und wie soll sich jemand, der »ordentlich« von einem Frachter aus einem Schlauchboot gerettet wurde, auf die Genfer Flüchtlingskonvention berufen können, derzufolge er als Flüchtling Schutz braucht und nicht in das Land zurückgeschickt werden kann, in dem er bedroht wird? Die Mehrzahl der Menschen ist dankbar, gerettet zu werden. Sollen denn die Schiffseigner die Fluchtgründe selbst prüfen, um den Flüchtling in den nächsten Hafen mitnehmen zu können?

»Nein«, antwortet Otto Schily auf diese Frage des Münchner Journalisten. Gerade deshalb stelle sich ja die Frage, wo und von welcher Institution diese Prüfung vorgenommen werden kann. Im Einzelfall könne sie vielleicht in einem aufnahmebereiten EU-Mitgliedsstaat stattfinden. »Im Regelfall sollten die aus Seenot Geretteten zunächst in das Land gebracht werden, von dem aus sie sich auf das Mittelmeer begeben haben.«

Das ist pure Illusion. Aber der Minister will damit zumindest klar machen: 18 Millionen Afrikaner sind nach Schätzungen von Klaus Töpfer, dem Leiter des UN-Umweltprogramms UNEP in Nairobi, auf dem Marsch nach Europa. Kann Europa sie überhaupt aufnehmen?

Europa muss sich dringend etwas anderes einfallen lassen. Hier ist eine Menge von Menschen im Anrollen, die der Hunger nach Geld, nach Anerkennung durch Arbeit, nach Bildung und nach finanzieller Unterstützung für die Familie in der Heimat nach Europa treibt. Es geht jetzt nicht mehr nur darum, die Probleme der Menschen, die auf der Flucht sind, im Herkunftsland zu lösen. Das ist ja auch mit den bisherigen Mitteln und Modalitäten nicht gelungen: Wir haben fast vierzig Jahre Zeit und viel Geld gehabt, um das zu versuchen.

Noch einmal fragt Heribert Prantl, warum der Bundesinnenminister nicht erlauben will, dass die Fluchtgründe im nächstgelegenen EU-Land geprüft werden. Darauf antwortet Schily, die Tatsache, dass sich Menschen Schleuserbanden anvertrauten oder mit seeuntüchtigen Booten versuchten, das Mittelmeer zu überqueren und sich auf diese Weise in Lebensgefahr begäben, begründe noch keinen »automatischen Anspruch auf Einreise in die Europäische Union«. Würden wir diese Einreise grundsätzlich zulassen, so die Argumentation des Ministers, hätte das zur Folge, dass sich nur noch mehr Menschen auf dem Mittelmeer in Lebensgefahr brächten.

Das klingt so geschmiert, dass kaum jemand Zweifel an dieser Aussage haben wird. Ich aber *habe* starke Zweifel. Das mit den Schleuserbanden kommt für meinen Geschmack immer zu schnell. Nicht nur deshalb, weil ich auch mit der »Cap Anamur« ein Schleuser war – zumindest in den Augen der alten DDR. Sondern auch, weil man sich die Verhältnisse an den Küsten Nordafrikas und an der Adria klar machen muss: Jeder, der dort ein Boot hat und Geld machen will, ist ein potenzieller Schleuser. Für Menschen, die keine Alternative haben, sind diese Leute meist die einzige Chance, aus dem Land zu kommen.

Otto Schily sagt: »Menschen vertrauen sich Schleuserbanden an.« Das ist falsch: Die Menschen *vertrauen* den Schleusern nicht. Sie würden sich viel lieber einer deutschen Kommission anvertrauen, die zu ihnen in ihr Heimatland kommt, um vor Ort gezielt eine gewisse Anzahl von Menschen auszusuchen, die nach Deutschland einreisen dürfen, aber nach einer festgesetzten Zeit wieder zurückkehren müssen.

Beim Vorwurf des Schleusertums müssten wir Deutsche uns an die eigene Nase fassen: Wo waren denn die Schleuser, die die Juden an der Nord- und Ostsee noch in letzter Minute aus dem Land geschafft hätten? Schleuser und Schlepper, die bei Nacht und Nebel Juden aus Lübeck, Hamburg, Kiel, Stralsund, Gdingen, Hela und Pillau herausgeholt hätten – wo waren sie? Wie gerne würden wir das, wenigstens das, unseren Kindern und Kindeskindern erzählen können ... Selbst kriminelle Schleuser wären heute wahrscheinlich in Yad Vashem als Gerechte unter den Völkern verewigt. Aber es gab sie nicht.

Was lernen wir daraus? Wir müssen bereit sein, auch auf solche Weise Leben zu retten. Wir müssen diese Art von Hilfe anbieten, die für die betroffenen Menschen manchmal fast religiöse Dimensionen hat. Die vietnamesischen Bootsflüchtlinge erzählten uns das oft. Sie trieben hilflos auf dem Südchinesischen Meer, halb verdurstet, mit salzverkrusteten Gesichtern, ohne Nahrung, dem Wind, den Wellen und den Piratenschiffen der Thais ausgesetzt, mit offenen Wunden, weil sie sich in dem furchtbar engen Boot ohne Dach nicht gegen die sengende Sonne schützen konnten. Viele dicke Kähne fuhren achtlos an ihnen vorbei. Und dann kam ein großes weißes Schiff. Es kam näher, es drehte nicht ab. Jemand rief ihnen auf Vietnamesisch über Megafon zu: »Keine Angst, dies ist ein Schiff der Bundesrepublik Deutschland, das eigens dafür da ist, euch an Bord zu nehmen! Fahrt bitte langsam an den Bug, damit wir euch mit der Plattform hochziehen können!« Das sei für sie, die meist Buddhisten waren, wie eine religiöse Wiedergeburt gewesen. Sie alle hatten nach endlosen Tagen und Nächten auf dem Ozean bereits mit dem Leben abgeschlossen. Und dann kam das Schiff.

Ein ganzes Buch könnte ich darüber schreiben, wie schwierig es ist, ein Unternehmen wie die »Cap Anamur« durchzusetzen, und wer einem bei dem Versuch, das zu tun, alles Knüppel zwischen die Beine wirft. Wer ein Schiff mit 5345 Bruttoregistertonnen zur Rettung von Bootsflüchtlingen aus Seenot einsetzen will, muss jede Menge innere, äußere, begründete und unsinnige Widerstände überwinden, und zwar von fast allen großen wichtigen humanitären Organisationen, von den Kirchen – selbst den christlichen – und den Medien. Aber auch die Parteien, die Germanische Lloyd, die Seeberufsgenossenschaften, die eigene Regierung – alle legen einem solchen Unternehmen Steine in den Weg. Das sind die anstrengendsten Phasen einer solchen Arbeit, man braucht fast übermenschliche Sturheit und Kraft, um sie durchzustehen.

Aber man muss es tun, auch wenn es eine wochen- und monatelange Durststrecke bedeutet. Die »Cap Anamur« nahm am 27. September 1979 die ersten Flüchtlinge auf; sie waren von einem anderen Schiff, der »Anders Maersk«, gerettet worden, aber nur, nachdem wir zugesagt hatten, mit der »Cap Anamur« an die angegebene Position zu kommen und die Menschen zu übernehmen. Das gab einen großen Skandal in Bonn: Im Referat 301, zuständig für humanitäre Fragen, hieß es im Auftrag des Ministers, wir retteten illegal, gegen deutsches Seerecht – man darf nämlich niemanden mehr aufnehmen, der schon auf einer Schiffsplanke gelandet ist. Am 8. Februar 1980 konnten wir dann die ersten 32 Flüchtlinge direkt aus ihren sinkenden Booten retten.

Am Beispiel der Episode um die »Anders Maersk« sehen wir, dass sich die meisten Menschen leider immer noch so verhalten, wie das Albert Camus in *Der Fall* beschrieben hat: »So erzählen Sie mir doch bitte, was Ihnen eines Tages am Ufer der Seine widerfahren ist und wie Sie es fertig gebracht haben, Ihr Leben nie aufs Spiel zu setzen. Sprechen Sie selbst die Worte aus, die seit Jahren nicht aufgehört haben, in meinen Nächten zu widerhallen, und die ich letztlich durch Ihren Mund sprechen will: ›O Mädchen, stürze dich nochmals ins Wasser, damit ich ein zweites Mal Gelegenheit habe, uns beide zu retten!‹ Ein zweites Mal, ha! Welch ein Leichtsinn! Stellen sie sich vor, man nähme uns beim Wort! Dann müssten wir ja springen! Brr, das Wasser ist so kalt! Aber keine Bange! Jetzt ist es zu spät, es wird immer zu spät sein. Zum Glück!‹«

Verdammte der Erde, Verdammte der Meere

Dass ein Kommunist, der in Argentinien gefoltert, verfolgt wird und möglicherweise gerettet werden kann, dass zwischen dem und irgendjemand, der im Chinesischen Meer zu ertrinken droht, existenziell kein Unterschied besteht, das gemeinsam zu erkennen wünsche ich mir, wenn ich mich, ohne mich zu genieren oder mich gar diffamiert zu fühlen, wie manche Leute das versuchen, mit diesen Damen und Herren gemeinsam für diese Flüchtlinge einsetze.

Heinrich Böll am 7. September 1979
im *Kritischen Tagebuch* des Westdeutschen Rundfunks

Deutschland ist weltoffener, als wir denken

Wir Deutschen haben immer noch kein normales Verhältnis zu uns selbst. Auch nicht zu dem, was uns gelingt, was wir mit Erfolg und guten Ergebnissen durchgeführt haben. Wenn wir im Ausland für unsere Leistungen gelobt werden, schauen wir eher betreten drein. Bei meinen ersten Besuchen in Nordkorea hatte ich mit anderen Kollegen von deutschen Organisationen dieses unwiederbringliche Erlebnis. Die Funktionäre erklärten uns, wie schwierig das Verhältnis zu der grausamen ehemaligen Kolonial- und Besatzungsmacht Japan sei. Die japanische Regierung habe sich noch zu keiner einzigen Entschuldigung herabgelassen. Wenn man sich doch in Tokio ein Beispiel nehmen würde an den Deutschen und der Bundesrepublik Deutschland! Sie hätten in Bezug auf die kritische Aufarbeitung der eigenen Vergangenheit Erstaunliches geleistet.

Das ist der Moment, in dem wir Deutschen, zumal wenn wir ideologisch vielleicht noch der Achtundsechzigerbewegung angehören, uns anschauen und uns sagen: »Die Nordkoreaner verstehen davon nichts. In Wirklichkeit haben wir diese Aufgaben sehr schlecht bewältigt, man sieht es ja heute an den Diskussionen über unsere Erinnerungspolitik.«

Und so geht es in anderen Bereichen auch. Wenn wir etwas Positives und gar Lobendes über unseren Staat und unsere Gesellschaft hören, sträuben sich uns die Nackenhaare, und wir meinen, wir müssten das erst einmal heftig dementieren. Aber es ist wahr: Deutschland *hat* eine enorme Kraft. Und vor allem hat es die Kraft gehabt, zwei staatliche Institutionen auszubilden, die mit zu den größten Errungenschaften der Neuzeit gehören: den Rechtsstaat und den Sozialstaat. Im neuen Staat, den wir Deutschen nach der Befreiung vom Albtraum der Naziherrschaft aufgebaut haben, geht es uns besser als irgendeiner unserer Vorgängergenerationen.

Wenn ich nach einer Auslandsreise zum Flughafenschalter und an die Passkontrolle in Frankfurt, Düsseldorf oder Köln komme, bin ich jedes Mal ganz erleichtert: Jetzt muss ich mich nicht mehr verstellen. Wenn ich dagegen beispielsweise in Israel am Flughafenschalter in Tel Aviv stehe, muss ich immer so tun, als hätte ich meine Zeit als Tourist bei einer jüdischen Familie verbracht. Ich darf nicht verraten, dass ich in Wirklichkeit bei einer Palästinenserfamilie in Beit Sahour bei Bethlehem war. Wenn ich das sagen würde, dann würden die Leute vom Geheimdienst beginnen, alle Adressen zu überprüfen, und sie würden genau wissen wollen, wo ich überall gewesen bin und wo ich geschlafen habe. Das Ganze kann dann bis zu zwei Stunden dauern.

Wir haben zu unseren Leistungen kein Verhältnis, sondern haben uns zu wehleidigen Miesmachern entwickelt. Dass wir aber im Umgang miteinander und mit Ausländern schon längst weiter sind, als es uns die politischen Auguren und Umfrageinstitute zugestehen, hat uns der Doyen der Bevölkerungswissenschaftler, der Bielefelder Professor Herwig Birg, erläutert. Seine wissenschaftlichen Ergebnisse sind so aktuell, dass die *Frankfurter Allgemeine Zeitung* ihn in ihren Ausgaben von Ende Februar und Anfang März 2005 mit zehn »Grundkursen Demographie« zu Wort kommen ließ. Herwig Birg verdeutlicht uns etwas, was uns immer noch nicht in den Kopf will und auch zur Hochzeit der Auseinandersetzungen um den Asyl-Artikel im Grundgesetz nicht klar war: In Deutschland übersteigt seit langem die Zahl der Zuwanderungen – egal, ob von Asylanten, Gastarbeitern oder Einwanderern – pro Jahr die der Geburten.

»Stärker als in anderen Industriestaaten werden in Deutschland fehlende Geburten durch Einwanderungen ersetzt«, schreibt Herwig Birg. »Schon vor dem Zusammenbruch des Ostblocks und der anschließenden starken Zuwanderung nahm Deutschland deutlich mehr Zuwanderer auf als vergleichbare Länder. Auf 100 000 Einwohner bezogen, betrug die jährliche Zahl der Zuwanderungen z.B. in den Achtzigerjahren des vorigen Jahrhunderts in den USA – 245; in Kanada – 479; in Australien – 694 und in Deutschland (= alte Länder) 1022.«

Das bedeutet auch: »Desinformation und Desinteresse haben zu einem falschen Selbstbild geführt: Deutschland ist weltoffener als andere Länder.«

In diesen Jahren, in denen wir mehr Zuwanderer – die damals noch nicht so heißen durften – aufnahmen, als öffentlich bekannt war, zermarterten wir uns die politischen Köpfe und streuten uns Asche auf die Häupter. Denn die Väter und Mütter des Grundgesetzes hatten uns aufgetragen, Buße zu tun für die Verbrechen des Nationalsozialismus und des Holocaust, indem wir einzigartig würden mit unserem Grundgesetz, und indem wir möglichst jeden Mühseligen und Beladenen in unserem Land aufnahmen. Wir wollten wirklich sühnen und unsere Kollektivscham abbauen, wie es der erste Bundespräsident Theodor Heuss meisterlich und überzeugend ausgedrückt hat.

Damals taten wir immer so, als ob wir diese Großzügigkeit gar nicht durchhielten. Wir maßen uns an den vier Worten des Artikels 16 und stellten andauernd fest, dass wir nicht so gut waren wie andere Länder. *Kein Asyl bei den Deutschen* lautet der Titel eines Büchleins von Heiko Kauffmann, heute Vorstandsmitglied der Menschenrechtsorganisation Pro Asyl, aus dem Jahr 1986. Kauffmann begründet diese Selbstkasteiung auf eine für die damalige Zeit typische Art: Wir seien gar nicht Weltmeister in der Aufnahme von Flüchtlingen und Asylsuchenden, erklärt er und kann sich gar nicht genug darüber echauffieren. Selbst in Westeuropa stehe die Bundesrepublik nicht an vorderster Stelle. Die Deutschen nähmen gerade mal vier Flüchtlinge pro 100 000 auf:

»Nach Zahlen des Hohen Flüchtlingskommissars kommen auf jeweils tausend Einwohner z.B. im Sudan 41,7 Flüchtlinge, in Pakistan 39, in Somalia 14,15 Flüchtlinge.«

Dass die genannten Länder mit diesen Flüchtlingen wenig zu tun hatten und dass sie in der Regel vom UNHCR, dem Hohen Flüchtlingskommissar und Flüchtlingshilfswerk der Vereinten Nationen, versorgt wurden – macht nichts, es ging damals nur darum klarzustellen: Wir Deutschen sind schlecht, und wahrscheinlich sind wir noch schlechter als Somalia, der Sudan und Pakistan. Auch die Tatsache, dass diese Länder schon formell gar nicht in der Lage waren, Flüchtlinge aufzunehmen, spielte keine Rolle. Im Jahr 1994, nach dem Völkermord in Ruanda, nahm die Demokratische Republik Kongo, die damals noch Zaire hieß, über 2,5 Millionen Flüchtlinge aus Ruanda auf, hatte aber keinerlei organisatorische oder finanzielle Belastung mit diesen Menschen: Zaire musste nichts für die Versorgung zahlen, es musste keine Notunterkünfte bereitstellen, nicht die Verwaltung des Elends übernehmen. Im Gegenteil: Die völlig marode Armee des Präsidenten-Diktators Mobutu Sese Seko konnte sich noch ordentlich Gelder aus den Hilfsmitteln der internationalen Staatengemeinschaft herausklauben. Sie bekam den Auftrag, die Lager zu bewachen, auch um die Interahamwe, die Völkermordmiliz der Hutus, und die ruandischen Soldaten von den Zivilisten zu isolieren. Genau das Gegenteil geschah: Die alten *génocidaires*, die Völkermörder, übernahmen das Ruder, verkauften überschüssige UNO-Rationen an die Zivilbevölkerung und kauften sich dafür Waffen.

Einen Ertrinkenden frage ich nicht nach seiner politischen Einstellung

Am 7. September 1979 saß ich mit Heinrich Böll in einem Studio des Westdeutschen Rundfunks am Kölner Wallraffplatz unter dem Mikrofon. Es gab damals noch so wunderbare Hörfunksendungen, die zwanzig Minuten dauerten und einem einzigen Thema gewidmet waren. Wir sprachen an diesem Tag über die Verdammten der Meere, über die Bootsflüchtlinge aus dem seit 1975 kommunistischen und vereinigten Vietnam. Es ging auch um die Frage, warum gut beleumundete Menschen in Deutschland nicht selbstverständlich bei der Aufgabe, diese Menschen vor dem Ertrinken zu retten, mitmachten.

»Ich finde, dass bei all diesen Überlegungen, Auseinandersetzungen, Kontroversen vergessen wird, dass es sich um Ertrinkende handelt, im buchstäblichen Sinne, ... und sich keiner, aber wirklich keiner anmaßen darf zu sagen, der muss ertrinken, der soll ertrinken, der nicht«, erklärte Böll. »Jemand, der am Ertrinken oder vom Ertrinken bedroht ist, den frage ich nicht nach seiner politischen Einstellung, auch nicht nach seiner sozialen Herkunft, auch nicht dann, wenn er gerettet ist.«

Böll befürchtete, dass die selbstverständliche Menschlichkeit bei allen ideologischen Auseinandersetzungen verloren gehen könnte, und führte als Beispiel für uralte Menschlichkeit die französische Initiative um das Schiff »Ile de Lumière« an, die 1979 die verschiedensten Leute vereinte und dazu brachte, einfach etwas zu tun: nämlich Bootsflüchtlinge zu retten und nicht zu fragen, ob sie aus dem kommunistischen Lager kamen. »Sie haben dieses Schiff finanziert und eine Aktion zustande gebracht, die alle vereint hat, sogar alte politische Gegner.«

Im weiteren Verlauf der Sendung sprach Böll auch über den Satz des in Schweden lebenden Schriftstellers Peter Weiss: »Um das Leben von 50 000 Menschen zu schützen, müssen einige, von denen eine Gefahr für die Nation ausgeht, in Verwahrung gehalten werden.« Ich wandte ein, dass mich diese Formulierung – »in Verwahrung gehalten werden«, irritiere, weil man sich ja vorstellen könnte, was das bedeute. Böll entgegnete: »In Verwahrung genommen heißt: eingesperrt werden. Ich finde diesen Satz auch nicht erfreulich, weil ich zu viel Anmaßung dahinter entdecke, und zwar die Anmaßung, dass ich feststelle, die müssen eingesperrt werden.«

Wir sprachen dann noch über die Besonderheit des Problems von Ertrinkenden: Viel Rassismus spielte dabei mit, denn die neue kommunistische Regierung des vereinigten Vietnam ging auch frontal gegen die chinesisch-vietnamesische Händlergesellschaft in dem Saigoner Stadteil Chinatown Cholon vor.

Es gebe auch in der Sowjetunion, die sich seit über sechzig Jahren als sozialistischer Staat definiere, eine starke rassistische Komponente, meinte Böll, und fuhr dann fort: »Ich denke, wir sollten wirklich zurückdenken an die vielen Flüchtlinge und Vertriebenen, die der Zweite Weltkrieg verursacht hat, der ja, wenn man den zweiten als Fortsetzung des ersten nimmt, auch ein dreißigjähriger Krieg war.« Der Zweite Weltkrieg, so Böll, habe »nicht nur vertriebene Deutsche, auch vertriebene Polen und ermordete Juden, die seit Jahrhunderten in unseren Ländern in Westeuropa gelebt haben«, hervorgebracht. Wir sollten uns angesichts des Elends der Flüchtlinge aus dem Zweiten Weltkrieg fragen, »ob man wirklich auf Grund von sehr entfernten ideologisch abstrakten Überlegungen sich anmaßen darf zu sagen: Du bist ein Flüchtling – du nicht. Das ist mir völlig unbegreiflich.«

Es sei ihm völlig unverständlich, meinte Böll, wie man in das Flüchtlingsproblem Klassenmomente hineinbringen könne. »Auch ein Bürgerlicher, auch ein Unternehmer, sogar ein Millionär, der vom Ertrinken bedroht ist, sollte gerettet werden. Und ich sollte ihn nicht fragen: Was bist du für einer? Denn zunächst muss das Leben erhalten werden.«

Das ist das Erbe und eine herausragende Eigenschaft der demokratischen und freien Gesellschaften Europas: Eine nichtstaatliche und nicht staatlich finanzierte Bürgerinitiative kann entstehen, ohne dass dafür eine Erlaubnis notwendig wäre. Man kann einfach losfahren und Ertrinkende retten, im wörtlichen und im übertragenen Sinn.

Der Ertrinkende ist ein eindrucksvolles Bild, es kann nicht in der Abstraktion verschwinden: das Wasser des Ozeans, das über den Kopf dessen hinwegspült, der da hilflos gegen die Fluten ankämpft; das Verlorensein in den endlosen Wassermassen; der allerletzte Widerstand mit den allerletzten Kräften; das Ausschöpfen der letzten Kraftreserven. Dann das Scheitern, das Nicht-mehr-Weiterschwimmen, das langsame Wasserschlucken und Ohnmächtigwerden, das Untergehen, das erschöpfte schnelle Ertrinken – das alles können wir in seiner physischen Unerträglichkeit nachvollziehen.

In den Jahren zwischen 1979 und 1986, in denen die »Cap Anamur«-Rettungsschiffe operierten, hat es immer wieder tausende, ja hunderttausende von Menschen gegeben, die aus allen südlichen Häfen und Flussarmen des Mekong in Vietnam die Flucht über das Wasser versuchten. Es waren *les damnés de la mer*, »die Verdammten der Meere«, wie man sie in Frankreich damals nannte, in Anlehnung an *Les damnés de la terre* (*Die Verdammten dieser Erde*), das Hauptwerk des algerischen Psychoanalytikers und Revolutionärs Frantz Fanon, das Sartre mit einem glühenden Vorwort 1961 herausgebracht hatte. Im Südchinesischen Meer wurde das Drama nach meinen Erfahrungen mit der »Cap Anamur« noch vergrößert, weil es dort Piraten und Haifische gab, die denjenigen, die noch nicht ertrunken waren, den Garaus machten.

Freimut Duve, damals schon einer der wenigen Humanitären im Bundestag, schrieb in bewegenden Worten in meinem Buch *Wie helfen wir Asien?* über diese Menschen, die »übers Meer treiben. Menschen, die für die Nuss-Schalen, in denen sie treiben, teuer haben bezahlen müssen – alle mit Geld, fast die Hälfte mit ihrem Leben. Sie kommen in Europa und den USA auf den Flugplätzen an. Sie versuchen, in zerbrechlichen Schiffen in Japan oder Hongkong an Land zu gehen. Manche Politiker empfangen sie mit viel Presse und Kameras, andere wehren sich verzweifelt gegen ihre Aufnahme. Die vietnamesische Regierung treibt internationalen Menschenhandel, weil sie ihre politisch brisanteste Minderheit, die chinesische, nicht anders loswerden zu können glaubt. Es ist einträglicher als Kulakenmord, es ist ordentlicher (bei der Ausreise) als das osteuropäische Flüchtlingschaos von ehedem.«

Wie man bei der Frage der Rettung von Menschen in allerletzter Minute und in allerletzter Instanz sämtliche politischen lieb gewordenen Vorurteile über Bord werfen muss, hat uns Freimut Duve damals auch gesagt: »Die Verdammten dieser Schiffe sind in der Regel keine überzeugten Sozialisten. Sie wären in ihrer skeptischen Haltung der ›neuen Ordnung‹ gegenüber ein schwer zu bewältigendes Problem. Aber hier liegt doch der zentrale Punkt: Sozialismus baut sich nicht auf gegen Minderheiten oder bei Vertreibung von Minderheiten. Demokratischer Sozialismus kann sich nur mit den Bürgern, nicht gegen die Bürger entwickeln.«

Die aus dem kommunistischen Block fliehenden Menschen fanden bei uns in der Bundesrepublik ein offenes Tor und wurden willkommen geheißen. Das galt jedoch nicht in der gleichen Weise für die Flüchtlinge aus einem kapitalistischen Land, wie zum Beispiel aus Chile.

Viele von uns, da sprach Freimut Duve für meine Studentengeneration, hatten ja Ho Chi Minh, den Präsidenten der vietnamesischen Kommunisten, für die Hoffnung der Verdammten der Erde gehalten. Nun aber, so Duve, »fährt Ho Chi Minh als mahnender Klabautermann auf jedem der Unglücksschiffe mit, auf denen die Verdammten der Meere verkommen. Minderheitenvertreibung ist ein Verbrechen. Auch dann, wenn es zynisch, ordentlich und sauber nach allen Regeln der internationalen Grenzabfertigung vollzogen wird.«

Die Brutalität, mit der beispielsweise Malaysia die Flüchtlinge aus Vietnam wieder ins Meer zurückstieß, darf nicht mit der Armut des Landes entschuldigt werden. Und die Härte, mit der sich Japan damals seiner internationalen Verantwortung entzog, darf ebenfalls nicht verziehen werden: Japan, das reichste Land in der Region, beteiligte sich weder an der Rettung der Bootsflüchtlinge noch an deren Aufnahme.

Wir Europäer haben mit unseren Idealen so viel Schindluder getrieben, dass viele andere Nationen und Staaten misstrauisch geworden sind, zu Recht. Aber umso mehr müssen die Demokraten in Deutschland und in Europa für die Flüchtlinge Partei ergreifen. Ihr Schicksal ist das Menetekel eines grundlegend falschen Weges zum Glück und zum Fortschritt. Wer sozialen Fortschritt erzwingt mit Menschenopfern, zu Lande und zu Wasser, verliert unsere Solidarität. Die Motive eines Flüchtlings, die Frage, ob er in seinem Herkunftsland verfolgt wird, ob ihm Gefahr droht ins Gefängnis geworfen, gefoltert oder gar exekutiert zu werden, dürfen dann nicht mehr eine so große Rolle spielen.

Diesen Menschen müssen wir helfen, selbst wenn wir daran aus politischen Gründen gehindert werden sollten – zum einen, damit sie ihre Heimatländer gar nicht erst verlassen müssen, aber auch dann, wenn sie uns in flagranti als Flüchtlinge begegnen.

Europas Aufgabe heißt Großzügigkeit

Nach dem Zusammenbruch der bisherigen Politikordnung Ende 1989 hat die Welt einen Sprung gemacht hin zur Einen Welt, zum globalen Weltdorf. Die Verhältnisse sind grundlegend anders geworden. Spätere Historiker und Geschichtsphilosophen werden den 9. November 1989 als den großen Epochensprung, als die Markierung einer neuen »Achsenzeit« im Sinne der Geschichtsphilosophie von Karl Jaspers einstufen.

Es gibt heute innerhalb Europas zwei verschiedene Arten von offenen Grenzen: Schengen-Grenzen und Nicht-Schengen-Grenzen, aber EU-Grenzen. Bisher war die deutsche Ostgrenze die Ostgrenze Europas. Der 1. Mai 2004, der Tag der EU-Osterweiterung, war ein weiterer Epochensprung, denn die Grenzen Europas wurden damit bis zur Ukraine verschoben. Eine polnische Familie kann jetzt theoretisch eine in Polen arbeitende ukrainische Reinemachefrau beschäftigen und bezahlen. Wenn auch noch der Beitrittskandidat Rumänien in die europäische Staatengemeinschaft aufgenommen wird, dann reicht Europa bis zum Schwarzen Meer. Und je weiter sich Europa in die letzten Winkel des Kontinents ausdehnt, desto besser.

Und wenn, wie wir Europäer alle mit Bewunderung erlebt haben, die Menschen in der Ukraine im Jahr 2004 in einer gewaltlosen Revolution einen neuen, demokratisch legitimierten Präsidenten Wiktor Juschtschenko durchsetzen konnten, dann wird auch dieses Land bald seine Eingemeindung in den begehrten Klub der freien Staaten dieser Welt anfordern und einklagen. Die neue Regierung ist, auch mit Unterstützung der öffentlichen Meinung in vielen Ländern, bereits dabei, sich für eine Vollmitgliedschaft anzubieten, nach dem Motto: »Was die Türkei kann, kann die Ukraine schon längst.«

Doch wir schirmen uns zugleich nach Osten und Süden heftig ab. Überall werden jetzt die nationalen Armeen an die Grenzen geschickt, um zu verhindern, dass die Freizügigkeit allzu freizügig verstanden wird, im Sinne der Einladung an so viele, ihr Glück dort zu suchen, wo Wohlstand und ein Rechts- und Sozialstaat zu finden sind. Das Glück – das ist das europäische Erbteil und die Grundkonstante der Menschenrechte – möchte man natürlich jedem Menschen als sein ureigenstes Recht zugestehen: »*The pursuit of happiness*« heißt es als Verheißung aller Demokraten und Demokratien in der US-amerikanischen Verfassung.

Stellen wir uns mit Zuversicht diesen Aufgaben, dann werden wir in den nächsten Jahrzehnten eine glückliche Menschheit erleben. Angst und Sorge, Furcht und Schrecken, Hunger und Massensterben können dann rasch und umfassend abgebaut werden. Großzügigkeit bleibt uns Europäern dabei immer aufgegeben.

Allerdings hat der schon länger unterschwellig und seit dem 11. September 2001 offen agierende internationale Terrorismus solche glücklichen Zeiten erst einmal in sehr weite Ferne gerückt. Der Terror schafft schon innerhalb unserer Gemeinwesen einen solchen Wust an Sicherheitsmaßnahmen, Kontrollen, Sicherheitsdiensten, Detektoren und Körper- und Leibesvisitationen, dass ich mich immer wieder wundere, dass Menschen und Bürger eines freien Landes bereit sind, das mitzumachen.

Für die Durchlässigkeit der Grenzen, für die Freizügigkeit, die Flucht und die Aufnahme von Flüchtlingen schafft das schlechtere Voraussetzungen denn je. Dass wir uns schleichend immer mehr gefallen lassen, wurde mir bei der Präsentation des Buches *Die fremde Braut* von Necla Kelek am 25. Februar 2005 im Willy-Brandt-Haus, der SPD-Parteizentrale in Berlin, deutlich. Der Verlag hatte auch Bundesinnenminister Otto Schily eingeladen. Dieser wurde von seinen markanten Bodyguards begleitet – sie sehen aus wie die »Langen Kerls« in der Garde von Preußenkönig Friedrich Wilhelm I. Vor dem Eingang zum Willy-Brandt-Haus stand zudem ein Krankenwagen bereit, für den Fall eines Anschlags auf den Minister.

Nach dem versuchten Bombenattentat auf dem Dresdener Hauptbahnhof am 6. Juni 2003 mussten wir schon befürchten, dass wir ganz schnell ähnliche Leibesvisitationen für die ICEs bekommen würden, wie sie an Flughäfen Vorschrift sind. Aber bisher hat sich die Politik nicht getraut, eine solche Verordnung durchzusetzen. Nein, in die Züge steigen wir immer noch ohne vorherigen Sicherheitscheck. Mit großer Erleichterung nehme ich das immer wieder zur Kenntnis.

Europa verteidigt seine Grenzen mit allem, was es an Waffen, Soldaten, Taskforces und Polizei aufzubieten hat, damit wir den

Kontinent für uns haben, damit die Habenichtse nicht in zu großer Zahl zu uns kommen, und damit wir unseren Luxus und unseren Wohlstand bewahren können – getreu dem alten Aphorismus des Philosophen Stanislaw Jerzy Lec: »Ex oriente lux, ex occidente luxus.«

Im Mittelmeer patrouillieren Marineboote der mächtigen Anrainerstaaten Frankreich, Italien und Spanien, um Flüchtlinge abzufangen, die die Festung Europa stürmen wollen. Die Österreicher haben große Teile ihrer Armee an die Ostgrenze verlegt, wo man den unaufhaltsamen Strom von Rumänen, aber auch von Georgiern, Tadschiken, Kasachen, Armeniern, Aserbeidschanern und Kurden via Rumänien erwartet, die alle ihr Heil und ihr persönliches Glück im Westen suchen. Die Tschechische Republik hat seit Januar 1993 eine hermetische Schließung ihrer Grenze nach Rumänien proklamiert und versucht, dies auch durchzuhalten.

Früher – vor dem Zweiten Weltkrieg oder zwischen den beiden Weltkriegen – wollten alle nach Amerika. Das hat sich grundlegend gewandelt: Die Mehrzahl derer, die heute ihre Heimatländer in Afrika und Asien verlassen, wollen über Italien, Spanien, Österreich und Polen nach Österreich, Deutschland oder in die Schweiz. Die Vereinigten Staaten sind heutzutage vor allem Ziel von Einwanderern aus Lateinamerika. In der Karibik versucht die US-Marine zudem, den Zustrom von Kubanern und Haitianern zu unterbinden, die sich in kleinen Nussschalen auf den Weg in die USA machen.

Europa schottet sich ab. Das ist legitim, denn wir wollen die Ordnung aufrechterhalten, die uns das Leben und Zusammenleben in unseren Ländern auf Dauer weiter möglich macht und uns die Garantien des Rechts- und Sozialstaats erhält. Denn nur aus der Kraft einer erfolgreichen Gesellschaft können so viele Aktivitäten zu Gunsten von Menschen in Not, gegen Hunger und niedrige Lebenserwartung entwickelt und durchgehalten werden. Ich möchte meinen Mitbürgern kein schlechtes Gewissen oder Schuldbewusstsein einimpfen: Wir haben die Zustände in Nordkorea, in Simbabwe oder im Westsudan nicht verursacht, wir sind auch nicht verantwortlich dafür. Aber die meisten von uns sind aus freien Stücken, wie der barmherzige Samariter, bereit und in der Lage zu helfen. Ich halte das für den größten Ruhmestitel einer freien Gesellschaft. Wir sollten daher den Zuwanderungsdruck nach Mitteleuropa mit einer gewissen Gelassenheit, vielleicht auch mit einem gelassenen Stolz registrieren. Es gibt kein Land, das mit seinem Rechts- und Sozialstaat eine solche Vollkommenheit erreicht hat, wie das der wiedervereinigten Bundesrepublik Deutschland gelungen ist.

Verschiede Arten zu ertrinken

Der Ertrinkende ist seit dem Beginn des Völker- und Menschenrechts, seit Hugo Grotius, das Urbild des Menschen, der sich in akuter Lebensgefahr befindet und dem deshalb auch unabhängig von seinen sonstigen Lebensumständen geholfen werden muss. SOS ist eines der ganz wenigen Signale, die überall auf der Welt, von Grönland bis Feuerland, von Alaska bis zu den Kurilen, von den Falklandinseln bis nach Madagaskar verstanden werden. Man braucht die drei Buchstaben nur auf ein Betttuch oder auf sonst etwas zu schreiben, und andere sind verpflichtet zu helfen.

Warum ist das gerade auf dem Meer eine solch klare rechtliche und moralische Verpflichtung? Ganz einfach: weil man den Hilfsbedürftigen auf dem Wasser nie abstrakt sehen kann. Doch zu den Ertrinkenden gehören im übertragenen Sinne auch diejenigen, die auf festem Grund und Boden in höchster Lebensgefahr sind durch Vertreibung, durch Nahrungsmangel, durch Vergewaltigung, wie in Darfur im Westsudan, aber auch die geschätzt mehr als 300 000 Opfer der Tsunamikatastrophe vom 26. Dezember 2004. Sie wurden von der Flutwelle gegen Wände, zu Boden oder auf Hindernisse geschleudert, so dass sie elendiglich ertranken – irgendwo zwischen Wasser, Küste und Festland.

Um bei potenziellen Helfern das gleiche Mitgefühl, die gleichen Bilder hervorzurufen, wie es Ertrinkende bewirken, braucht man immer ein Einzelschicksal, einen Namen, einen Ort – und selbst dann bleiben Leiden und Not häufig eher abstrakt. Sterben auf festem Grund und Boden ist für unser Empfinden nicht so ungewöhnlich wie Sterben im Ozean. Und dann gibt es auch noch die Ertrinkenden aus der Luft, die mit Flugzeugen ankommen und nicht wissen, dass es in Deutschland eine Flughafenregelung gibt. Sie »ertrinken« nach ihrer Entdeckung buchstäblich im Transitbereich des Flughafens; ihre einzige Chance ist die, dass sie wieder irgendwohin zurück abgeschoben werden.

Das Land, das uns in Europa am spontansten an die Bootsflüchtlinge erinnern musste, war das von der knochenharten Diktatur Enver Hodschas so heftig gebeutelte Albanien. Nach dem Tod des Diktators im Jahr 1985 und dem Zusammenbruch der alten Weltordnung wurden die wirtschaftlichen Unterschiede zu Europas Kernlanden hier ganz besonders virulent. Die ungeheuren wirtschaftlichen und politischen Umbrüche setzten eine nicht vorhersehbare Flut von Menschen frei, die nach 1989 aus Albanien herauswollten. Es waren so viele, dass die Regierung in Tirana es mit der Angst zu tun bekam. Sie konnte sich ihrer Bevölkerung nach Hodschas geschichtslosem Tyrannenregime und der Zerschlagung der Religionen und Traditionen nicht mehr sicher sein und war nicht einmal mehr in der Lage, aus eigener Kraft den Hafen von Durrës abzusperren, um zu verhindern, dass Albaner in großer Zahl Schiffe bestiegen und ihr Heil in der Überfahrt an die Küsten des ihnen bekannten Europa suchten – zu dem Albanien ja ohne Frage gehört. Das Land hätte sich entvölkert, wenn die Regierung nicht mit Hilfe der italienischen Armee einen Riegel vorgeschoben hätte.

Albaner stürmten die Züge nach Durrës und die Schiffe, die im Hafen vor Anker lagen. Albaner stürmten die deutsche Botschaft. Albaner, so scheint es uns in Europa, wollten einfach nur ganz weit weg von ihrem ungeliebten Land. Nach Berichten aus Tirana und Durrës wollte damals jeder zweite Albaner die nächstbeste Gelegenheit nutzen, sein Land zu verlassen und dem eigenen Volk damit den Rücken zu kehren.

Italien war das gelobte Land, das Ziel der albanischen Mittelmeerbootsflüchtlinge. Doch oft war es auch nur das erste gelobte Transitland. Denn hinter Italien winkte eine noch größere Verheißung: die Bundesrepublik Deutschland. Die Politiker in Rom konnten damals die Verantwortlichen in Tirana davon überzeugen, dass die Kosten, die in Italien unvermeidlich für die Flüchtlinge anfallen würden, viel besser im Ursprungland angelegt wären, wenn man dort die massenhafte Auswanderung vermeiden würde. Es lag, so konnten italienische Armee und Regierung der Führung in Tirana klar machen, im ureigenen albanischen Interesse, die Adriaküste zu überwachen und Flüchtlinge abzufangen. Italien untermauerte seine politischen Überredungskünste durch etwas noch viel Überzeugenderes: durch eine wirtschaftliche und technische Entwicklungshilfe, die umso einfacher gelang, als die italienische Sprache in Albanien immer noch weit verbreitet und beliebt ist.

»So gelang es Italien, der ehemaligen (venezianischen) Kolonial- und Besatzungsmacht während des Zweiten Weltkriegs den Zustrom von Albanern und Einwohnern des früheren Jugoslawiens an der adriatischen Küste unter Kontrolle zu bringen«, schreibt die *Frankfurter Allgemeine Zeitung* am 30. August 2004. »Die Zahl der Immigranten ist seither kontinuierlich gesunken.«

Das Drama von Darfur ist ein schreckliches Beispiel dafür, dass Menschen überall ertrinken können – selbst wenn sie in der Wüste leben. Hatum Atraman Bashir, eine junge Frau im Berggebiet des Djebel Mara in der sudanesischen Provinz Darfur, war schwanger, als zwanzig Janjaweed-Rebellen vor ihren Augen ihren Mann ermordeten. Anschließend vergewaltigten sie sie, einer nach dem anderen, jeder einzeln.

Diese Frau wird ihr Leben lang nicht mehr richtig auf die Beine kommen, wenn ihr niemand kräftig hilft. Sie ist, bildlich gesprochen, dabei, zu ertrinken. Wenn niemand sie hochzieht, wird sie bald untergehen und sterben, denn sie kann nicht schwimmen, kann nicht herausschwimmen in die anonyme Gesellschaft, wie das in einem europäischen Land möglich wäre. Sie ist gezeichnet durch das, was ihr zugestoßen ist, und jeder in ihrer Umgebung weiß es. Die Menschen verachten sie deswegen.

Unter dem Titel »Why Can't We Stop the Killing in Darfur?« berichtet der Reporter Nicholas D. Kristof in der *International Herald Tribune* vom 13. September 2004 vom weiteren Schicksal der Frau. Einige Wochen nach seiner Begegnung mit Hatum Atraman Bashir bekam er eine E-Mail aus dem Flüchtlingslager, in das sie sich mit letzter Kraft geschleppt hatte. Dort brachte sie ein Kind zur Welt, ein starkes Kind. Aber sie hatte keine Milch für das Baby, die Massenvergewaltigung hatte zu sehr an ihren inneren Kräften gezehrt. Außerdem tat die Unterernährung in den zurückliegenden Monaten ein Übriges.

Auch Hatum Atraman Bashir ist eine Ertrinkende. Und während ich dies schreibe, bin ich wütend: Seit dem 19. Juni 2004 bekomme ich kein Visum für den Sudan, um dort Hilfsmaßnahmen zu organisieren! Unsere Hilfsorganisation Grünhelme e.V. konnte wenigstens schon mal den Arzt Werner Höfner in das Nachbarland Tschad schicken, wohin bereits etwa 150 000 Sudanesen geflohen sind. Aber die Not der Menschen, die in äußerster Lebensgefahr sind, schätzungsweise 10 000 in jedem Monat, spielt sich im Sudan, konkret in Darfur ab.

Sobald ein Vertreter der sudanesischen Regierung ein Visum für Deutschland möchte – und das sind einige –, bekommt er es, mit deutscher Pünktlichkeit. So wurde Ende 2004 wieder ein hochrangiger Sudanese – Gutbi Almahdi, der Amtschef des sudanesischen Präsidenten – nach Berlin eingeladen und kam auch. Ich jedoch bekomme kein Visum. Der CDU-Abgeordnete Hartwig Fischer und die SPD-Abgeordnete Gabriele Groneberg wollten mich als humanitären Begleiter auf die Erkundungsreise einer sechsköpfigen Bundestagsdelegation am 1. Juli 2004 in den Sudan mitnehmen, ich wäre auf eigene Kosten mitgekommen. Aber die Botschaft des Sudan und die sudanesische Regierung verweigerten mir die Einreise.

Hätten die Abgeordneten gedroht, dass sie dann auch nicht in den Sudan reisen würden, wäre das Visum für mich wohl ganz schnell da gewesen. So geschehen, als der damalige Bundesaußenminister Klaus Kinkel im Jahr 1996 zum ersten Mal nach Belgrad flog. Ich gehörte seinem Pressetross an, aber als wir unsere Pässe von der jugoslawischen Botschaft erhielten, fehlte ein Visum: meines. Da sagte der Außenminister ganz locker: »Dann fliege ich nicht.« Und siehe da: Innerhalb von einer halben Stunde hatte auch mein Pass ein schönes, ordentliches Visum.

Wer etwas tun will, wer den Ertrinkenden und Sterbenden dieser Welt wirklich helfen will, der darf nicht nur in Diplomatie und Protokoll machen. Mein Visum für den Sudan hätte ich benutzt, um Hilfe zu organisieren und tonnenweise Hilfsgüter in die besonders betroffenen Regionen Nyala, El Facher und El Geneina zu fliegen. Wenn der Sudan wirklich daran interessiert wäre, seine eigenen Landsleute zu retten, dann würde er unserer Arbeit keine Steine in den Weg legen, sondern mir und unseren Helfern direkt am Flughafen Visa erteilen.

Wieder taucht in dem Zusammenhang das bei Politikern und Diplomaten so beliebte Verhinderungs- und Alibi-Wort auf: »kompliziert«. Ein Wort, das immer wieder verhindert, dass Menschen sofort geholfen wird, bevor sie erdrosselt, ertränkt oder erschossen werden. Ich behaupte, die Situation von Ertrinkenden ist nie kompliziert, sie ist schlicht lebensbedrohlich, und das kann jeder erkennen, ohne studiert zu haben. Auch der nächste Schritt ist nicht wirklich kompliziert: Der Mensch muss gerettet werden.

Einwanderungskontinent Europa

Einwanderung, Immigration – der Zuzug in ein anderes Staatsgebiet zum Zwecke der ständigen Niederlassung, gewöhnlich mit der Absicht der Einbürgerung. Einwanderung spielt in Europa seit dem 18. Jahrhundert eine vorwiegend wirtschaftspolitische Rolle.

Definition laut *Brockhaus*

Das schrumpfende Europa braucht Migranten

Die Bevölkerung der europäischen Staaten – mit Deutschland und Italien an der Spitze – schrumpft. Dieser Tatsache müssen wir ins Auge sehen. »*They raise dogs, not children*« – »Sie ziehen Hunde groß, aber keine Kinder«, verkünden islamische Imame und Mullahs, so beispielsweise der Amsterdamer Hauptmullah im Jahr 2000. Und leider haben sie Recht: Die Zahl der Erst- und Zweithunde, zumal in Deutschland, übersteigt mittlerweile deutlich die Zahl der ersten und zweiten Kinder.

Alle wollen nach Europa. Europa ist wie ein Magnet, der einen unübertroffenen Reiz auf Migranten aus aller Herren Länder ausübt. Europa – der geliebte und manchmal auch verteufelte Kontinent, über dessen Untergang sich schon die großen Geschichtsphilosophen Oswald Spengler in *Der Untergang des Abendlandes* und Arnold Toynbee in *Der Gang der Weltgeschichte* Gedanken gemacht haben, und der doch auch nach düsteren Epochen immer wieder strahlend und glanzvoll sein stolzes Haupt erhebt.

Das hat natürlich Gründe: Europa ist zu einer begehrten Enklave nicht nur von Wohlstand, sondern auch von Rechtssicherheit geworden. Nur in Europa haben wir die Errungenschaften des Rechts- und Sozialstaats durchgesetzt. Und deshalb wollen alle nach Europa. Sagen wir es vorsichtiger: Die zehn neuen Länder, die sich im Jahr 2003 der Europäischen Union angeschlossen haben und damit in den Klub der Reichen und Moralischen, der Vornehmen und der Sicheren aufgenommen wurden, wollten unbedingt nach Europa. Als am 20. Juni 2004 die »Cap Anamur« im Mittelmeer, irgendwo zwischen Libyen, Italien, Malta und Lampedusa, 37 Schwarzafrikaner aufnimmt und rettet, hat das Schiff eine ganz neue Öffentlichkeit geschaffen: Wir schauen wieder aufs Mittelmeer, wir schauen wieder auf die Küsten Nordafrikas. Dort blicken sehnsüchtig junge, starke, arbeitsfähige und arbeitswillige Afrikaner aus vielen Ländern Zentral-, Ost- und Westafrikas auf die Küsten Europas, auf das Gelobte Land!

In Marokko, am Strand von Tanger, gibt es sogar ein Café, das den Namen »Café Schengen« trägt. Mit ähnlichem Humor hat ein aus Deutschland zurückgekehrter Bosnier seinem Café irgendwo zwischen Tuzla und Zvornik den Namen »Duldung« gegeben. Der europäische Ortsname Schengen ist in Afrika möglicherweise bekannter als Paris, Berlin, Rom oder London.

Die meisten derjenigen, die nach Europa drängen, wollen nach Deutschland. Deutschland übt zu Recht die allergrößte Faszination auf die Menschen aus. Hier haben sich der Sozialstaat und der Rechtsstaat so weit ausgebildet, dass der Imam von Izmir 1999 sagen konnte: »Dank eurer Gesetze werden wir euch beherrschen!«

Das war nicht immer so: Noch in den ersten 15 Jahren nach dem Zweiten Weltkrieg trugen sich viele Deutsche, viele Europäer mit dem Gedanken, Europa zu verlassen und nach Australien, Paraguay und Argentinien, nach Neuseeland, Südafrika, nach Kalifornien, Florida oder Kanada auszuwandern.

Die Deutschen, ein Volk ohne Arbeit, suchten bereits im 18. Jahrhundert nach Siedlungsgebieten außerhalb der Heimat. Die Vereinigten Staaten boten sich an, bis heute das Einwanderungsland par excellence. Im 19. Jahrhundert kam der Nahe Osten hinzu, eine Region, die seit der Antike als für Europa verloren gegolten hatte. Jetzt aber lebte die Beziehung wieder auf, nachdem in den Jahren nach 1830 Palästina für Europäer wieder zugänglich wurde. Helmuth Graf Moltke der Ältere leistete als Militärattaché in Istanbul von 1835 bis 1839 militärische »Entwicklungshilfe«, indem er das Osmanische Reich in Militär- und Rüstungsfragen beriet. Bismarck hatte sich in Bezug auf den

Nahen Osten zurückgehalten, aber Kaiser Wilhelm II. stieß kräftig in das imperialistische Horn: Er ließ die Bagdadbahn von Istanbul nach Bagdad bauen, auch deshalb, weil er mit den großen Eisenbahnplänen der Engländer und der Franzosen in Afrika sowie mit der Transsibirischen Eisenbahn und der amerikanischen Transkontinentalbahn mithalten wollte. Seit dieser Zeit galt auch der Nahe Osten als ein potenzielles Siedlungsgebiet der Deutschen, aber es fehlte der Anreiz, dorthin auszuwandern. Unter den wenigen Einwanderern waren Flüchtlinge in der Nazizeit, allen voran der legendäre Ernst Reuter, der spätere Oberbürgermeister von Westberlin, und der große Hegel-Forscher Joachim Ritter.

Als Alternative zum Nahen Osten galt die erfolgreiche deutsche Auswandererkolonie in Brasilien. Die Alldeutsche Partei propagierte Ende des 19. Jahrhunderts eine deutsche Siedlungspolitik, die Deutschland zur Weltmacht machen sollte. »Das Deutschtum im Ausland ist unsere wichtigste Kolonie«, rief der Alldeutsche Karl Alexander Wettstein. In Brasilien lebten damals rund 400 000 Deutsche, während in den vier afrikanischen Kolonien Deutsch-Südwestafrika (heute Namibia), Deutsch-Ostafrika (heute Teil von Tansania), Kamerun und Togo damals, Ende des 19. Jahrhunderts, nur 10 000 Deutsche auszumachen waren.

Kann man sich vor diesem Hintergrund eine stärkere Umkehr der Politik der europäischen Mächte vorstellen, als die Hinwendung zur Einwanderung? Kann man sich vorstellen, dass die politischen Parteien in Deutschland vor zwanzig Jahren gefahrlos von einem »Einwanderungsland« Deutschland hätten sprechen dürfen?

Politik und Politiker in Deutschland und Europa begreifen immer noch nicht, dass wir uns mitten in einem Völkerwanderungsstrom befinden. Aus den Kasbahs und Medinas der großen afrikanischen Städte machen sich immer mehr junge Menschen auf nach Norden, nach Europa, nach Deutschland. Und wir brauchen diese billigen Arbeitskräfte!

Andererseits würden wir unsere demografischen Lücken am liebsten mit Deutschstämmigen aus Omsk, aus Duschanbe, Beschkisch oder Nowosibirsk stopfen. Deshalb hatte es ja nach

1989 keinen Protest und keinen echten Widerstand gegeben, als nach dem Zusammenbruch des Kommunismus die Bundesregierung die deutschstämmigen Bürger der alten Sowjetunion nach Deutschland rief – bis zu dem Moment, als uns das zu viel wurde.

Wir brauchen in Deutschland Ausländer, wir werden im Lauf der nächsten beiden Generationen immer mehr brauchen. Eigentlich geht es nur noch darum, ob wir die Ausländer weiterhin mit dem Mittel des Asylparagraphen ins Land holen, oder ob wir jetzt die Konsequenzen ziehen und über ein Einwanderungsgesetz selbst und gezielt bestimmen, wen wir aufnehmen.

Lichter im Tunnel Europas

In den vergangenen Jahren ging es in Europa um die Formulierung und Begründung einer gemeinsamen europäischen Asyl- und Migrations-, also Zuwanderungspolitik. Der EU-Gipfel im finnischen Tampere 1999 beschloss eine solche, und bezüglich der Einwanderung wurde ein »umfassendes Migrationskonzept« versprochen. Aber wie das immer bei solchen Gipfeln ist: Heraus kamen vor allem unglaubliches Geschwafel und jede Menge Allgemeinplätze.

Bis heute hat es wegen der überall in Europa herrschenden Sicherheitshysterie noch nicht annähernd so etwas gegeben wie eine gemeinsame Politik. Die Staaten Südeuropas, die am stärksten durch illegale Zuwanderung aus Nordafrika betroffen sind, versuchen immerhin, eine gemeinsame Taskforce ihrer Marine und ihrer Polizeikräfte auf die Beine zu stellen. Ansonsten gilt weiterhin der heilige Egoismus der jeweiligen nationalen Innenminister.

Nein, auf die Politik ist kein Verlass. Sie beschert uns täglich und wöchentlich neue Gesetze, ohne die alten abzuschaffen. Sie lässt uns in einem undurchdringlichen Dschungel von Artikeln, Paragraphen und Gesetzesnovellen umherirren.

Die Bürger sind deshalb in einer ganz neuen Weise aufgefordert, sich dieser existenziellen Fragen anzunehmen, auch und gerade die ältere Generation. Es müssen so viele Bürgerinitiativen entstehen, dass den großen Parteien und der Bürokratie angst und bange wird. Auch junge Leute dürfen es sich nicht länger gefallen lassen, dass eine Regierung über sie und ihre Zukunft einfach so verfügt.

Wir brauchen wieder starke gesellschaftliche Säulen und Träger, die durch beherzte Initiativen auf sich aufmerksam machen. Die beiden großen Kirchen haben sich ja längst auf das Faulbett ihrer gesellschaftlichen Anerkennung gelegt und sind dort eingeschlafen. Die Jugend ist ihnen weggelaufen, und sie nehmen das kaum wahr. Die Priesterseminare sind leer, Nachwuchs kommt vor allem aus dem Osten Europas und aus Afrika. Es ist eigentlich eine Situation, bei der jedes Unternehmen Alarm schlagen würde. Aber die Kirchen leben *sub specie aeternitatis* – unter dem Aspekt der Ewigkeit – und scheinen sich wohl zu fühlen, solange der Staat für sie die Kirchensteuer einzieht, die Gehälter rechtzeitig bezahlt werden und die staatlichen Zuschüsse eintreffen.

Die notorische Grundsatztreue von uns Deutschen, die Ordnung, mit der hier alles fein säuberlich nebeneinander und nicht miteinander läuft, stellt uns oft ein Bein. Ich würde alle Asylbeamten, alle Stadtdezernenten und alle Polizeiobersten deshalb gerne nach Lecce oder nach Lampedusa schicken, am liebsten aber nach Rom, in die katholische Gemeinde St. Egidio in Trastevere. Über sie sagt mein Freund Roman Arens, Korrespondent der *Frankfurter Rundschau,* scherzhaft, dass er nicht aus der katholischen Kirche ausgetreten wäre, wenn er St. Egidio schon vor 25 Jahren kennen gelernt hätte.

Die Gemeinde leistet eine unglaublich wirkungsvolle Arbeit mit Asylbewerbern und Illegalen. In Trastevere liebt man die Vorstellung, *un santo in paradiso* zu haben, einen heiligen Fürsprecher im Paradies. Und die Polizei genehmigt vieles von dem, was eigentlich illegal ist, weil sie weiß, dass es besser ist, wenn die Illegalen sich im Haus der Gemeinde in Trastevere melden, Kleidung und Essen bekommen und die Möglichkeit haben, sich zu duschen und die Haare zu waschen. Alle, die dort tätig sind, machen diese großartige Arbeit überdies ehrenamtlich.

Zu den Menschen, die unsere Gesellschaft unendlich bereichern, gehört auch ein besonders verschmitzter Steyler Missionar, Pater Petrus Nguyen Duc Vinh SVD. Nach seiner Weihe in der großen Hauptkirche der Steyler Missionare in St. Augustin bei Köln im Jahr 1990 kam er zunächst in die katholische Kirchengemeinde nach Troisdorf-Spich bei Köln, weil dort viele Vietnamesen leben. Dann entschied er sich, zu den Allerärmsten seiner Landsleute in den Osten Deutschlands zu gehen: zu den »Zigarettenvietnamesen« nach Sachsen. Mit denen wollen die Vietnamesen in Westdeutschland nichts zu tun haben, denn die »Zigarettenvietnamesen« waren seinerzeit von dem kommunistischen Regime in Hanoi in die DDR geschickt worden, um die Schulden, die Vietnam bei der DDR hatte, abzuarbeiten. Pater Vinh sorgte dafür, dass diese Vietnamesen, auch die, die in den Gefängnissen sitzen, wenigstens von einem Landsmann seelsorgerisch betreut wurden, in ihrer eigenen Sprache.

Millionen wollen raus aus Afrika

Am Abend des 31. August 2004 sitzen wir Neudecks mit dem Botschafter der Republik Ruanda, Eugene Gasana, in dessen Residenz zusammen, die malerisch in den Hügeln bei Bonn liegt. Im Laufe unseres dreistündigen Gesprächs erreichen den Botschafter Anrufe von Angehörigen seiner Großfamilie aus Kanada, aus Brüssel, aus Ruanda selbst. Eine weitere Verwandte lebt bei ihm im Haus. Ein Posten im Ausland ist für eine afrikanische Familie das Allerhöchste, denn damit kann man seinen Kindern eine Lebensperspektive geben.

Die besten Repräsentanten Afrikas und der arabischen Länder leben im Westen. Hunderttausende Afghanen und Iraner haben ihr Land verlassen und kommen nur in den Urlaubsmonaten nach Hause. Von achthundert sambischen Ärzten leben lediglich fünfzig im Land, die anderen haben sich in Europa, den USA und Kanada niedergelassen.

Die ARD zeigte 1989 in einem fiktiven Fernsehfilm, was in diesen und in den nächsten Jahren auf uns zukommen wird. Der Plot: Eine Gruppe von Afrikanern wird von ihrem Anführer, dem Sudanesen Isa El-Mahdi, durch die Sahara bis an die nordafrikanische Küste gebracht. Von dort aus setzen sie in seeuntüchtigen Booten ihren Weg über das Mittelmeer fort und kommen bei Nacht und Nebel als ungebetene und ungeliebte Gäste an der Küste Europas an. Das Publikum wurde vor der Ausstrahlung des

Films beruhigt: Man solle sich keine Sorgen machen, alles sei Fiktion, eine frei erfundene Geschichte.

Der Film beginnt in einem Flüchtlingslager im Sudan. Eine EU-Kommissarin, ihr Assistent und der sudanesische Beamte Mohammed Said fahren in einem schicken Toyota-Geländewagen durch das Camp. »Was ist die Gesamtzahl, die auf uns zukommt?«, fragt die Kommissarin, eine Frage, die auch in den Lagern in der spanischen Enklave Ceuta, in Marokko, im Tschad und in Darfur immer wieder gestellt wird.

»Unmöglich zu sagen«, ist die Antwort. »Millionen. Wenn der Regen wieder ausbleibt dieses Jahr, dann könnten mehr als drei Millionen am Verhungern sein.« Und das ist noch weit untertrieben: Klaus Töpfer spricht sogar von 18 Millionen Umweltflüchtlingen, die schon seit ein paar Jahren in Afrika auf dem Weg sind, von Land zu Land, nach Südafrika und nach Europa!

Dann treffen sie Isa El-Mahdi, der später den Marsch der Habenichtse anführen wird. »Ich komme, um herauszufinden, wie wir helfen können«, erklärt ihm die Kommissarin. Isa El-Mahdi entgegnet provozierend: »Sie könnten herkommen und hier leben. Ich könnte gehen und in Ihrem Haus leben«, um dann fortzufahren: »Sie können nichts tun. Wir sind arm, weil Gott es so will. Niemand kann daran etwas ändern. Wir sind selbst daran schuld. Die heiße Sonne macht uns faul und dumm.« Nach einigem Hin und Her erklärt Isa El-Mahdi: »Es heißt, ihr habt in Europa viele Katzen.« – »Katzen?« – »So kleine Tiere. Es heißt, eine Katze kostet mehr als zweihundert Dollar pro Jahr. Lasst uns nach Europa kommen, als eure Haustiere. Wir könnten Milch trinken. Wir könnten vor dem Feuer liegen. Wir könnten eure Hand lecken. Wir könnten schnurren. Und wir sind viel billiger zu füttern!«

Dieser Mann führt in dem erschreckend realistischen Fernsehspiel den Marsch an. Und der Marsch ist auch in Wirklichkeit schon unterwegs, weil die Verhältnisse in den 52 Ländern Afrikas den jungen Menschen fast nirgends eine Perspektive bieten. Arbeitslosigkeit ist die Regel, richtige Arbeitsplätze in unserem Sinne haben nur wenige Menschen.

Wir Europäer helfen dort nicht wirklich: Unsere Consultants, die Helfer des Deutschen Entwicklungsdienstes oder der Gesellschaft für Technische Zusammenarbeit (GTZ) beraten nur die

Elite; sie bekommen exorbitant hohe Gehälter, Spesen und Risikoprämien. Sie dürfen mit ihrem ganzen Hausrat dorthin ziehen, in die Länder der Habenichtse, wo sie es nur in den größeren Städten aushalten oder in einem Haus, das ganz nach europäischem Standard gebaut und eingerichtet ist. In Kigali beispielsweise gibt es eine komplette Stadt-Wagenburg der GTZ, die alles bietet, was der Europäer für ein angemessenes Leben in der Dritten Welt braucht.

Auch die Bundeswehr nistet sich bei Auslandseinsätzen, ob in Kundus, Kabul, Faysabad oder Dschibuti, immer so ein, wie sie das nach europäischen Maßstäben für gerechtfertigt hält. Der deutsche Rekrut in Afghanistan darf keine einheimischen Tomaten oder Melonen essen. Alles wird eingeflogen, alles richtet sich nach den Standards der Bundesrepublik Deutschland, bis hin zur Mülltrennung in Kabul und Kundus – eine völlig irrwitzige Übung, weil es ja nichts gibt, wofür dieser getrennte Müll gut sein könnte – und dem Bierausschank in der Kneipe in einem islamischen Land. Der deutsche Generalkonsul Bruno Brommer soll in Kundus leider keine Spiegeleier zum Frühstück bekommen haben. Der Grund? Die Eier könnten mit dem Bundeswehr-Transportflugzeug Transall nur als Rühreier eingeflogen werden! Autos, die nach deutschem TÜV-Standard nicht mehr fahren dürfen, werden in Kabul und Kundus stillgelegt und nach Deutschland zurücktransportiert.

Alles läuft so ab, als ob man an den Bundeswehrstandorten Koblenz, Hohn oder Münsterlager sei. Diese Einstellung hat zur Folge, dass für eine Katze und einen Hund bei uns mehr ausgegeben wird, als für jemanden, der in der Sahelzone verhungert oder verdurstet. Aber der Treck ist unterwegs, angeführt von Menschen wie Isa El-Mahdi, klugen Menschen, die wir ihrer anderen Hautfarbe wegen nur zu leicht unterschätzen.

Die Handballnationalmannschaft von Sri Lanka

Die Unbedingtheit, mit der junge Menschen aus den Kontinenten der Habenichtse Europa erreichen wollen, ist so groß, dass sie auf die unglaublichsten Ideen kommen, um ihr Vorhaben umzusetzen. Wenn man das verstehen will, dann hilft der Blick auf das

Durchschnittsalter der Bevölkerung südlich der Sahara: 17,6 Jahre! Wollte man diesen jungen Menschen eine Perspektive in ihrer Heimat bieten und verhindern, dass sie den gefährlichen Marsch nach Norden riskieren, müsste es in ihren Ländern eine große Zahl an Lehrwerkstätten, an weiterführenden Schulen, an Berufsschulen, an Akademien und Universitäten geben. Die Wirtschaft müsste stark wachsen, Investitionen müssten boomen, es müsste kommunale, regionale staatliche und private Unternehmungen geben, die mit Massen von Arbeitenden verwirklicht werden.

Aber die Realität in den Ländern Afrikas, die ich kenne, sieht ganz anders aus: nichtsnutzige, manchmal regelrecht faule Regierungen verfressen ihre Ministerialpfründe. Das Volk, vor allem die junge Generation, ist ihnen meist völlig egal. Gelder, die eigentlich der Entwicklungshilfe dienen sollen, verschwinden einfach, wie schon die Milliarden an Entwicklungsgeldern der letzten dreißig Jahre.

Die Menschen in Afrika haben bessere Regierungen verdient, denn »in einer Welt der Gewinner und Verlierer verschwinden die Verlierer nicht einfach wie durch einen Zauber, sie suchen eine neue Chance anderswo«, wie die Internationale Arbeitsorganisation (ILO) in Genf, in ihrem Jahresbericht 2000 warnt.

Dazu kommt die Versuchung des Fernsehens: Satellitenantennen gibt es mittlerweile überall, selbst in den kleinsten Slums, den Kasbahs und Medinas. Das Fernsehen mit seinen Soapoperas gaukelt den Menschen eine Welt der totalen Freiheit und des Überflusses vor. Wie die Goldgräber in den Filmen von Charlie Chaplin suchen sie das große Glück. Sie hoffen irgendwann einmal als reiche Gönner ihrer Großfamilien aus dem Paradies des großen Euro- und Dollarsegens zurückzukommen.

Ganz clevere Leute haben besonders gewitzte Ideen. So reisten im September 2004 23 adrette junge Männer aus Sri Lanka nach Deutschland, die sich unter dem Titel »Handballnationalmannschaft von Sri Lanka« zu einem internationalen Turnier nach Bayern und in den Schwarzwald eingeladen hatten. In Wittislingen, einer kleinen Gemeinde am Südrand der Schwäbischen Alb, fand die erste Partie statt, die die Mannschaft aus Sri Lanka gegen eine eher mittelmäßige bayerische Mannschaft aus der ersten Kreisklasse verlor. Da gab es dann doch einige verwunderte Gesichter. Ein bayerischer Spieler gab später zu Protokoll, es sei schon lustig gewesen, gegen die Jungs aus Sri Lanka zu spielen. »Aber eines war klar: Das waren keine Handballer.« Zur Tarnung betrieben sie immerhin ein malerisches Training mit allmorgendlichem Waldlauf in so etwas wie einem Trainingslager.

Doch dann, am 13. September 2004, waren die 23 Männer plötzlich verschwunden, weg, wie vom Erdboden verschluckt. Zunächst vermutete man, sie hätten sich im Wald verirrt. Doch nichts dergleichen. In ihrem Quartier fand sich ein Brief, in dem sie sich für die Gastfreundschaft bedankten und ankündigten: »Jetzt reisen wir weiter nach Westen!«

Man könnte – und sollte – über diese Geschichte schmunzeln, denn sie zeigt zweierlei: Die Menschen, die unbedingt in die Wohlstandskontinente gelangen und dort Geld verdienen wollen, haben viel Fantasie, und viele sind offenbar auch sehr intelligent. Eingereist waren die jungen Sportsfreunde mit gültigen Visa, aber ohne Wissen der Botschaft Sri Lankas in Berlin. Wie weiland vor dem Hauptmann von Köpenick, so stand vor der »Handballnationalmannschaft von Sri Lanka« im ersten Moment wahrscheinlich auch in Deutschland jeder stramm. Die »Mannschaft« kam anstandslos durch die Flughafenkontrollen. Wahrscheinlich hat in Sri Lanka noch nie jemand etwas von Handball gehört, worauf auch die Internetseite des sri-lankischen Ministeriums für Jugend und Sport hindeutet. Die Liste der Sportverbände reicht zwar von Amateurtänzern bis zu Bodybuildern – nur Handballer finden sich dort nicht, wie die *Frankfurter Allgemeine Zeitung* bei ihren Recherchen herausfand. Beim Fußball wäre das natürlich viel schneller, spätestens vielleicht durch einen Anruf bei Uli Hoeneß aufgefallen. Aber wen ruft man bei Handball an?

Arrangiert hatte den Besuch eine Reiseagentur in Duisburg, die sich unter dem Motto »Connecting sports people« um deutsch-asiatische Sportverbindungen bemüht. Allerdings war diese Agentur gerade zur Zeit der internationalen Begegnung zwischen der Nationalmannschaft von Sri Lanka und der bayerischen Mannschaft nicht erreichbar …

»*Mundus vult decipi!*« – »Die Welt will betrogen werden«, sagten schon die alten Römer. Man freut sich für die jungen Männer, die inzwischen vielleicht Jobs gefunden haben, Geld verdienen und das ihren Familien in Colombo schicken können. Aber die Geschichte zeigt uns wieder deutlich: Der Marsch ist weder durch laserbewehrte Stacheldrähte noch durch Nachtsichtgeräte oder verstärkte Taskforces der Marine im Mittelmeer und in der Nordsee aufzuhalten, und auch nicht durch die massenhafte Zurückweisung vieler tausender.

Ceuta: ein Stück Europa in Afrika

Der Marsch ist nur dann wieder in überschaubare Bahnen zu lenken, wenn es vor allem in Afrika attraktive Länder mit blühender Landwirtschaft, mit verarbeitender Industrie und Tourismus gibt, in die sich Afrikaner gern hinbewegen. Dann fällt es jemandem aus dem Südsudan deutlich leichter, beispielsweise in das ansprechende Tansania oder nach Tunesien zu ziehen, wo es diese Fülle an Möglichkeiten vielleicht schon gibt. Somit wären diese Migranten erst einmal in einem Land mit Perspektive, in einem afrikanischen Land.

Michael Schwelien hat in der *ZEIT* vom 29. Juli 2004 die Geschichte des Samuel Same aus Ghana aufgeschrieben, einer aus der Schar der 18 Millionen afrikanischen Migranten, von denen Klaus Töpfer spricht. Samuel Same möchte nach Europa. Deshalb ist er nach Ceuta gekommen, in die europäische Enklave auf afrikanischem Boden an der marokkanischen Mittelmeerküste, nahe der Meerenge von Gibraltar. Er behauptet, er sei drei Jahre unterwegs gewesen – meiner Meinung nach eine ziemliche Übertreibung. Wenn es ein Jahr war, ist es noch viel, aber zweifellos war die Reise sehr lang und zeitaufwendig.

Ceuta ist eine spanische Insel im Meer der Afrikaner. Hier liegt ihnen Europa verheißungsvoll direkt vor der Nase. »Tagsüber steht Samuel am Parque Maritimo, einem tropischen Park mit riesigen Schwimmbädern, Restaurants und Casino«, schreibt Schwelien. Die besser Gestellten unter den rund 80 000 Einheimischen ziehen den Park den schmutzigen, steinigen Stränden vor. Und der junge Samuel Same tut, was die meisten illegalen Einwanderer tun: Er leistet Handreichungen und Aushilfsdienste in der Hoffnung auf ein Trinkgeld.

Samuel hat sich einen besonders guten Platz direkt vor dem Parkeingang gesichert. Wenn ein Auto kommt, schiebt er eine Mülltonne zur Seite, um einen Parkplatz zu schaffen. Er hält Türen auf, hilft Behinderten aus dem Rollstuhl in den Wagen und schnallt Surfbretter auf Dachgepäckträger.

Er spricht kein Spanisch, die Sprache der meisten Bewohner von Ceuta, aber immerhin ein wenig Englisch, sodass er sich einigermaßen verständigen kann. Er erklärt dem Reporter, er sei 18 Jahre alt und in Takuradi, einem Ort in Ghana geboren. Er habe keine Familie und keine Dokumente. Mit 15 Jahren sei er aufgebrochen, zunächst von Ghana in den Niger, dann weiter nach Algerien und nach Marokko. »Ein Jahr habe er in Rabat verbracht, der Hauptstadt, wo ihm Bettler geholfen hätten. Schließlich sei er in den Norden gelangt, dann eines Nachts in einem Boot an der marokkanischen Koste entlanggefahren und vor Ceuta ins Meer gesprungen.« Viele Stunden sei er geschwommen. Ohne Gott, erzählt er, wäre er ertrunken. Gott habe ihn gerettet.

Der Gott war in Samuels Fall die Guardia Civil, die ihn aus dem Wasser fischte und zu den Franziskanern brachte. In Ceuta gibt es nämlich das Lager der Franziskaner, in dem die Illegalen erst einmal kaserniert werden. Natürlich wirkt das alles wie ein Magnet, denn immerhin muss man in dem Lager nicht mehr Tag und Nacht vor den Polizisten auf der Hut sein und sie bestechen. Die Mönche halfen ihm, ohne irgendwelche peinlichen Fragen zu stellen, wie sie in Ceuta allen helfen, die als Migranten kommen. Sie geben ihnen zu essen, Kleider und eine erste medizinische Versorgung. An manchen Tagen geben die Mönche weit über dreihundert Essen aus.

Seit 1999, sagen die Franziskaner, sei der Ansturm von Menschen aus dem Inneren des afrikanischen Kontinents immer stärker geworden. Heute weiß niemand, wie viele Illegale sich in Ceuta aufhalten. Es sind übrigens inzwischen nicht mehr nur Afrikaner, es sind auch Asiaten: Pakistanis, Inder, Bangladescher.

In Ceuta kann man Asyl für Europa beantragen. Die katholischen Ordensgemeinschaften können schon jetzt nicht mehr die Kosten für den Ansturm tragen, denn der spanische Staat fühlt sich für diese Menschen nicht verantwortlich. Überdies verschleiern alle Migranten oder Asylbewerber ihre Herkunft, denn sie wissen genau, welche Vorschriften gerade gelten. Man muss im entscheidenden Moment die richtige Bezeichnung und Staatsangehörigkeit sagen. Da werden Nigerianer zu Ghanaern, Pakistanis zu Afghanen und Angolaner zu Sudanesen.

Ceuta liegt auf einer nach Osten ins Mittelmeer hineinragenden Halbinsel, müsste also eigentlich, so Michael Schwelien, gut abzuriegeln sein. Zum Festland hin ist die Stadt sogar durch den Perimetro abgeriegelt, einen gut fünf Meter hohen doppelten Stacheldrahtzaun, gekrönt mit NATO-Draht und ausgestattet mit Infrarotkameras und elektronischen Sensoren – eine Mauer, die die Europäische Union auf Afrikas Boden hochgezogen hat. Der Doppelzaun schließt einen Weg ein, der breit genug ist für einen Geländewagen der spanischen Guardia Civil. Aber, wie Michael Schwelien zu Recht sagt: Wer es nach monatelangem Treck durch die Sahara oder einem Flug von Dakar nach Casablanca bis hierher geschafft hat, der kehrt hier nicht einfach um. Er versucht, den Zaun mit einer Drahtschere aufzuschneiden und dann der Guardia Civil direkt in die Arme zu laufen. Da die Guardia Civil eine europäische Polizei ist, kann man hier das Wort »Asyl« ausrufen und auf entsprechende Behandlung setzen.

Der Perimetro endet an der Küstenstraße. »Zwischen zwei kleinen felsigen Stränden ragt eine Mole mit einem Zaun etwa fünfzig Meter weit ins Meer, kleine Boote tuckern heran und verschwinden schnell wieder. Eine Stunde später kriechen nasse, erschöpfte Flüchtlinge auf die Felsen diesseits der Mole.« Die Boote der Guardia Civil können jetzt nur noch kommen, um die halb Ertrunkenen zu retten, denn jeder hat ein Recht darauf. Wer Geld hat, ist auf solche Aktionen nicht angewiesen: Für Geld schaut die Guardia Civil genauso weg wie die marokkanischen Kollegen auf der anderen Seite.

Auch Samuel hat einen Asylantrag gestellt. Wird sein Antrag angenommen, kommt er in ein Auffanglager auf dem spanischen Festland. Wer abgelehnt wird, kommt ebenfalls nach Europa – nach Malaga. Es ist hier noch nicht üblich, gescheiterte Asylbewerber nach Hause zurückzuschicken.

Neben dem Auffanglager gibt es aber auch die Schlepperindustrie. Über die Straße von Gibraltar ziehen die Schleuser zwischen Marokko und Spanien hin und her, inzwischen auch vermehrt von Südmarokko über den Atlantik entweder zu den Kanarischen Inseln oder zur andalusischen Küste. Die marokkanische Polizei sieht dem umso gemächlicher zu, je besser sie von den Schlepperorganisatoren bestochen wird. Die bisherigen politischen Instrumente reichen für die Bekämpfung der Schlepperbanden nicht aus. Die EU-Innenminister müssen sich etwas einfallen lassen und können nicht warten, bis das Mittelmeer voll ist von Flößen und Booten, die in immer größerer Zahl kommen werden. Schon in fünf Jahren würde das Problem jedes Maß sprengen.

Die Völkerwanderung wird sich nur langsam auf den afrikanischen Kontinent zurückdrängen lassen. Es liegen mit Sicherheit noch mindestens zehn Jahre vor uns, in denen wir Europäer Zeugen immer massiverer, fast gewalttätiger Anlandungen an unsere Küsten oder gewitzter Einwanderungsversuche wie der der Handballnationalmannschaft von Sri Lanka sein werden. Wir werden so viele Ertrinkende, in Kühlcontainern oder im Frachtraum von Flugzeugen Erfrorene oder in LKW-Containern Verhungerte haben, dass uns Hören und Sehen vergeht. Immer mehr Menschen werden in Kühllastern und als blinde Passagiere irgendwo zwischen Ladungen klemmen, unter dickbäuchige LKWs in die voluminösen Benzintanks kriechen und fast ersticken, und sie werden auf die irrsinnigsten Flöße steigen. Es werden immer mehr ankommen, als an irgendwelchen Grenzen entdeckt und geschnappt werden.

Den Schlepperbanden wird man nur dann das Handwerk legen können, wenn die beiden Flüchtlingsorganisationen IOM (International Organization for Migration) und das UNHCR den Transfer von Flüchtlingskontingenten und anerkannten Asylbewerbern nach Europa organisieren. Auch das ist ein Motiv und ein Argument für die Einrichtung von zwei oder drei Auffangzentren in Nordafrika. Wenn man die Menschen dort allerdings nur einsammelt, um sie wieder in ihre Heimat zurückzuschicken, dann ist das ein aussichtsloses Unterfangen. Aber wenn man die Einrichtung von Aufnahmezentren gemeinsam mit dem betroffenen Staat mit einer vernünftigen Politik verbindet, die es jungen Menschen ermöglicht, wieder Arbeit zu finden und sich selbst zu verwirklichen, dann wären Aufnahmezentren schon deshalb eine Möglichkeit, weil die Alternative – die Einschiffung auf einem Seelenverkäufer – eine Fahrt ins Ungewisse und in den möglichen Tod wäre. Das ist jedoch nur mit einer großen und großzügigen Einwanderer- oder Migrationspolitik im Verbund mit einer ganz neu ausgerichteten Entwicklungspolitik zu schaffen.

Ein wichtiger Schritt könnte die bereits eingangs angesprochene Einführung von Kontingenten sein: Einzelne europäische Länder müssten eine gewisse Anzahl von »Plätzen« zur Verfügung stellen für Arbeiter aus bestimmten afrikanischen Ländern, die für ein Jahr in dem jeweiligen europäischen Land leben und arbeiten und dann wieder zurückgehen. Die deutsche Bundesregierung müsste beispielsweise ein Kontingent von sagen wir 5000 Arbeitsplätzen auf Zeit an Tansania und Ghana vergeben. Die Briten könnten das Gleiche für Ägypten und Uganda tun, die Belgier für Äthiopien und den Senegal, Frankreich für den Kongo und Tunesien, Spanien für Marokko und den Tschad.

Damit es nicht so ausgeht wie mit den von Deutschland seinerzeit angeworbenen Gastarbeitern aus der Türkei sollten das Länder sein, mit denen die Aufnahmeländer Partnerschaften und Patenbeziehungen aufnehmen oder schon aufgenommen haben. Und wenn die Arbeiter auf Zeit zurückkehren, müsste das Land, in das sie zurückgehen, auf sie vorbereitet sein. Das dürfte allerdings nicht mehr Aufgabe der deutschen Entwicklungspolitik alter Bauart mit den vornehmen Consultants und zu gut bezahlten GTZ-Experten sein, sondern von Arbeitern, Grünhelmen, humanitären Helfern, die sich für ein Jahr auf den Dörfern einrichten – unter den Lebensbedingungen der Menschen dort. Einem solchen »Partnerland« sollten wir uns mit Haut und Haaren zuwenden, seine Geschichte studieren und es gemeinsam auf- und ausbauen.

Die Staaten am Tisch des Mittelmeers

Die Staaten am Tisch des Mittelmeers – Ägypten, Libyen, Algerien, Tunesien, Marokko – müssten bei einer solchen neuen Entwicklungspolitik natürlich mit bedacht werden. Diese Länder sind heute ganz anders für den Durchmarsch der Völkerwanderung geeignet als noch vor 15 Jahren. In seinem 1997 erschienenen Buch *Der globale Marsch. Flucht und Migration als Weltproblem* beleuchtet Peter J. Opitz die Migrationssituation in den Staaten Nordafrikas genauer.

Die ägyptische Emigration nach Europa fällt Opitz zufolge kaum ins Gewicht, dafür aber seien 1,8 Millionen Arbeitsmigranten aus Ägypten in den Irak und in andere arabische Länder gegangen. Den Statistiken zufolge halten sich 1 127 600 Marokkaner, 647 000 Algerier und 287 300 Tunesier legal in Europa auf. Von diesen leben die meisten – zumal 96 Prozent der Algerier – in Frankreich. Der französische Zensus hat außerdem rund 240 000 in Frankreich lebende Emigranten aus dem Maghreb ausgemacht, die mittlerweile die französische Staatsbürgerschaft erworben haben: rund 110 000 Algerier, 68 000 Marokkaner und 59 000 Tunesier.

Marokkanische Emigranten lebten Anfang der neunziger Jahre auch in den Niederlanden (164 0000), in Belgien (146 000), in Italien (91 000), in Deutschland (76 000) und in Spanien (50 000). Wichtige Aufnahmeländer für tunesische Arbeitsmigranten sind – neben Frankreich – Italien mit 45 000 und Deutschland mit 28 000.

Auch bei diesen Ländern übertrafen die von den Emigranten nach Hause überwiesenen Gelder die von europäischen Ländern geleistete Entwicklungshilfe bei weitem. In den neunziger Jahren überwiesen ägyptische Arbeitsmigranten sage und schreibe mehr als vier Milliarden US-Dollar nach Ägypten, Marokkaner zwei Milliarden US-Dollar nach Marokko, und tunesische Arbeitsmigranten schickten sechshundert Millionen US-Dollar nach Tunesien.

All diese Länder haben ein enormes Bevölkerungswachstum: die Bevölkerung Ägyptens wird sich von 57,5 Millionen Ende des 20. Jahrhunderts auf 85 Millionen im Jahr 2020 erhöht haben. Davon sind 51,6 Prozent Analphabeten. Das Bruttosozialprodukt beträgt pro Kopf 710 US-Dollar.

Die Bevölkerung Algeriens wird sich entsprechend von 27,3 auf 47 Millionen erhöhen, und das trotz des Aderlasses in den furchtbaren islamistischen Bürgerkriegswirren. Das Bruttosozialprodukt beträgt in Algerien 1690 US-Dollar pro Kopf.

Libyen hat eine Bevölkerung von nur 5,2 Millionen, die sich bis 2020 auf 8 Millionen erhöht haben wird. Das Pro-Kopf-Einkommen beträgt immerhin 6300 US-Dollar.

Die Bevölkerung Marokkos wird sich von 26,5 Millionen auf 38 Millionen bis 2020 erhöht haben. Davon sind 50,5 Prozent Analphabeten, der Bruttosozialprodukt liegt bei 1110 US-Dollar.

Tunesien schließlich hat heute ungefähr 8,8 Millionen Einwohner, bis 2020 werden es 12 Millionen sein, bei einem Pro-Kopf-Einkommen von rund 1820 US-Dollar.

Blick über den Atlantik: Mexiko und die USA

Aber nicht nur die Europäer müssen sich auf immer mehr und immer gewitztere Flüchtlinge einstellen. Die Fantasie von Menschen, die alles in Kauf nehmen und alles einsetzen, um ins vermeintliche Paradies zu kommen, ist grenzenlos. In verstärktem Maße versuchen Migranten mittlerweile, über den Umweg Mexiko auf dem schnellsten Wege in das gelobte Land Kalifornien und damit in die USA zu gelangen.

Die *International Herald Tribune* berichtete im Jahr 2004 in einer Reportage über die Zustände am Großflughafen von Mexico City: Morgens um sechs Uhr ist dort die geschäftigste Zeit. Jeden Morgen landen mindestens sechs Flugzeuge aus Frankfurt, Madrid, Paris, Amsterdam und Vancouver und spucken hunderte von Passagieren aus. Der Flughafen hat inzwischen einen Migrations-Supervisor, Albert Plego. Er muss herausfinden, welche Reisenden »richtige« Besucher sind, die nach Mexiko kommen, und welche Migranten sind, die das Land nur als Durchgangsstation nutzen, um, wenn sie Alberto Plego und seine Leute überlistet haben, in die Vereinigten Staaten zu gelangen. »Ein Zuwanderer, ein Migrant, der es heute am Flughafen geschafft hat, der ist morgen in Tijuana und wahrscheinlich einen Tag später in Chicago«, sagt Alberto Plego, und er hat Recht. Aber wie will man herausbekommen, ob jemand ein »richtiger« Besucher ist oder ein »falscher«? Daran, dass er die »falsche« Hautfarbe hat? Daran, dass er einen »richtigen« Pass hat und nicht einen schäbigen?

Hier ist es übrigens wieder, das irrwitzige Bedürfnis unserer, meiner Welt, herauszufinden, wer »richtige« Besucher sind, denn »richtig« heißt auch »legitimiert«. »*Non licet vos esse*« – »Hier dürft ihr nicht leben«, hieß es schon im alten Rom in Bezug auf die Christen vor der konstantinischen Wende – ein erschreckend aktueller Spruch.

Am Abend hat Alberto Plego ein Dutzend Brasilianer geschnappt, die ein untrügliches Erkennungsmerkmal dafür aufwiesen, dass sie keine »richtigen« Touristen sind: Sie hatten kein Gepäck, sie hatten keine Hotelbuchung, und sie besaßen keine Kreditkarten. Er überwachte dann noch die Rückführung von zwei Armeniern, die keine Dokumente hatten. Drei Guatemalteken waren mit gefälschten Visa ins Land gekommen. Und einer von Alberto Plegos Mitarbeitern nahm vier Chinesen fest, die wie normale Reisende bei Softdrinks und belegten Broten im Flughafenrestaurant saßen. Der Supervisor sprach kein Chinesisch, die Chinesen sprachen kein Spanisch. Aber in dürftigem Englisch konnten beide Seiten sich schließlich verständigen. Der Supervisor eskortierte die vier Männer zu demselben Flugzeug, mit dem sie gekommen waren und verfügte, dass sie nach Amsterdam zurückgeflogen werden mussten. Die Chinesen ließen sich ohne Widerstand an Bord bringen.

Die mexikanischen Behörden berichten, dass jedes Jahr mehr Einwanderer Mexiko als Durchgangsland nutzen, um in die Vereinigten Staaten zu kommen. Im Jahr 2004 nahmen sie bis August bereits 112 000 illegale Migranten fest. Am Jahresende waren es an die 200 000. Mexiko ist dabei heftigem Druck des großen Nachbarn im Norden ausgesetzt, der seit dem 11. September 2001 fürchtet, dass Terroristen über das südliche Nachbarland leicht in die USA hineinschlüpfen könnten. Die US-Regierung verlangt von den Mexikanern gründliche Sicherheitsstufen und Checks an den Flughäfen, Häfen und Landesgrenzen. Der Innenminister des Landes, Santiago Creel, hat 2004 erklärt, dass das Land gewichtige Anstrengungen unternommen habe, damit es nicht zum Anziehungspunkt für Schlepper und Schleuser wird.

Die Mehrheit der Migranten kommt aus Zentral- und Südamerika, aber es gibt eine wachsende Zahl von Illegalen aus Pakistan, Armenien, Polen, Äthiopien und China. Diese Migranten kommen an Mexikos großen Flughäfen an und fahren dann mit privaten Taxis weiter zur Grenze. Die Routen der Illegalen sind dabei so verschieden wie die Leute, die sie benutzen. Einmal nahmen die mexikanischen Beamten vier chinesische Einwanderer fest, die mit einem privaten Jet eine Notlandung in dem südostmexikanischen Bundesstaat Chiapas gewagt hatten und dann weitergeflogen wurden nach Mexico City. Die Piloten gestanden, dass sie die Passagiere in Caracas aufgenommen hatten und vorhatten, sie mit Schlepperbanden im Norden von Mexico City zusammenzubringen.

In der Migrations-Aufnahmestelle des Flughafens von Mexico City hat jeder der fünfhundert Insassen aus über zwölf Staaten eine unglaubliche Geschichte zu erzählen.

Da ist beispielsweise die 35-jährige Äthiopierin Alemayehu. Sie war aus ihrem Heimatland nach Ägypten, von Ägypten nach Moskau, von Moskau nach Havanna und von dort schließlich nach Nicaragua geflogen. In Nicaragua nahm sie einen Bus, der sie nach Mexiko City bringen sollte – auf ihrem Weg nach New York.

Der Gemüseverkäufer Yu Youqiang hat seine Frau und seine kleine Tochter in Fujian in China zurückgelassen, um Arbeit in New York zu finden. Er flog von China nach Frankfurt und von dort nach Mexiko, mit nichts als einem kleinen Rucksack und einem Stück Papier mit Reiseanweisungen eines Schleppers. Er war schon an der Grenze, als er von mexikanischen Beamten aufgegriffen wurde. Seinen Schleusern hatte er 5000 US-Dollar bezahlt, um in die Vereinigten Staaten zu kommen, und seine Verwandten hatten zugesagt, ihm weitere 25 000 Dollar zu schicken, sobald er in New York sei. »Wir machen den Umweg über Mexiko, weil er billiger ist«, sagt Yu. Früher sind die Chinesen direkt von Hongkong geflogen, aber die gefälschten Visa kosten zu viel. Außerdem ist es viel schwieriger, über einen offiziellen Flughafen nach Amerika einzureisen, als durch die mexikanische Grenze zu schlüpfen.

Brasilianer dagegen haben es ziemlich leicht, nach Mexiko einzureisen, da sie kein Visum benötigen. Sie kommen in großen Gruppen und fahren vom Flughafen direkt zur Grenze. Der Weg der Migranten über Mexiko ist zwar nicht neu, wird aber immer stärker genutzt. Die Grenze zwischen Mexiko und den USA ist lang und bietet sich für Schmuggelgut geradezu an: Drogen, Gewehre oder eben Migranten.

Das Problem unserer Welt ist der riesige Abgrund, der unsere, die »Erste Welt« mit ihrem Reichtum und Luxus, ihrer Gesundheitsversorgung und ihren Versicherungen, ihrem Rechts- und Sozialstaat trennt von drei Vierteln der Menschheit, die all das entweder gerade mal in den Anfängen oder noch überhaupt nicht haben.

Für die große Aufgabe, die uns bevorsteht, brauchen wir eines, das uns bisher weitgehend fehlt: Dankbarkeit. Wir müssen uns bewusst darüber sein, dass wir in einer der friedlichsten Epochen der Menschheitsgeschichte und in einer der reichsten Regionen der Erde leben. Wir sollten das genießen, aber auch dankbar dafür sein. Und versuchen, etwas von diesem Glück und diesem Wohlstand weiterzugeben.

Die Kraft, die die Gesellschaften Europas in sich tragen, wird erst wieder erwachen und richtig zum Tragen kommen, wenn die jungen Menschen erleben und erfahren, was es bedeutet, ein Leben ohne all diesen Wohlstand zu führen. Deshalb sollte jeder junge Mensch am Ende seiner Schulzeit für drei Monate in ein Land der Habenichtse und der Schmuddelkinder gehen, um zu erfahren, wie schön es ist, in einem Rechtsstaat zu leben, und wie schön es ist, in einem Sozialstaat zu leben.

In diesem Zusammenhang möchte ich noch einmal an die humanitäre Charta erinnern, die Heinrich Böll uns am 24. April 1984 im dänischen Holstebro aufgegeben hat, anlässlich der Verleihung des Preises des Odin Teatret durch Heinrich Böll an »Cap Anamur«: »Es ist schön, ein hungerndes Kind zu sättigen, ihm die Tränen zu trocknen, ihm die Nase zu putzen, es ist schön, einen Kranken zu heilen. Ein Bereich der Ästhetik, den wir noch nicht entdeckt haben, ist die Schönheit des Rechts; über die Schönheit der Künste, eines Menschen, der Natur können wir uns halbwegs einigen. Aber – Recht und Gerechtigkeit sind auch schön und sie haben ihre Poesie, wenn sie vollzogen werden.«

Deutschland und die Zuwanderung

Wenn man von Humanismus, Humanität, Menschlichkeit redet, muss man doch wissen, dass man jemandem, der Hunger hat, zunächst mal einen Teller Suppe oder ein Stück Brot gibt. Dann fängt man vielleicht an, politisch mit ihm zu argumentieren, wenn er Lust dazu hat.

Heinrich Böll am 7. September 1979
im *Kritischen Tagebuch* des Westdeutschen Rundfunks

Magnet Deutschland

Als wir zwischen 1979 und 1982 mit der »Cap Anamur« im Südchinesischen Meer unterwegs waren, wurde mir klar: Die Zeit, in der alle in die USA wollten, war vorbei. Die US-Navy und die Cargoschiffe, von den Flüchtlingen in ihren seeuntüchtigen Booten sehnlichst erhofft, waren nicht da. Und dabei hätten die Vietnamesen das nach so vielen Kriegsjahren in ihrem Land schlichtweg erwartet, nach all den Versprechen der Amerikaner, dass sie dem Land und dem Volk treu bleiben würden, nach den wahnsinnigen Entlaubungsaktionen mit Agent Orange über den Regenwäldern und den zentralen Hochlandgebieten von Vietnam.

Aber da war kein Schiff der US-Marine mehr, obwohl die Vereinigten Staaten eine Marinebasis auf den Philippinen bei Subic Bay unterhalten, so dass sie jede Menge davon hätten einsetzen können. Gerade mal drei Schiffe schipperten in der Region herum. Zwei davon waren deutsche – die »Cap Anamur« und die »Flora« des Roten Kreuzes –, das dritte war die französische »Ile de Lumière«.

Als die Vietnamesen, die vor den Kommunisten in Hanoi aufs Meer flohen, begriffen, dass von den USA keine Hilfe zu erwarten war, wollten alle nach Deutschland. Mehr als Westeuropa übte die Bundesrepublik damals eine unglaubliche Anziehungskraft aus, hauptsächlich wegen ihrer weltweit unübertroffenen Fürsorge gegenüber Menschen, die innerhalb ihrer Grenzen strandeten. Und in Deutschland selbst drängten damals alle in die beiden Bundesländer, die diese Menschen in großer Zahl und bereitwillig aufnahmen: Niedersachsen und Nordrhein-Westfalen. In Niedersachsen regierte zu der Zeit Ernst Albrecht, ein für humanitäre Belange ausgesprochen aufgeschlossener Ministerpräsident. Seine Tochter hält jetzt in dem neuen Kabinett von Christian Wulff zwar nicht den Namen, aber doch eine bestimmte kinder- und menschenfreundliche Tradition hoch. Der andere war der spätere Bundespräsident Johannes Rau, damals Ministerpräsident von Nordhrein-Westfalen. Ernst Albrecht war übrigens der einzige deutsche Ministerpräsident, der uns damals zur Rettung von Bootsflüchtlingen gratulierte. Aber grundsätzlich waren sich damals alle in der Bundes- und Landespolitik einig: Deutschland ist gut für solche einmaligen Aktionen, Deutschland ist jedoch kein Einwanderungsland.

Die Zuwanderungskommission

Wer hätte es für möglich gehalten, dass in dem 272 Seiten starken Bericht der so genannten Zuwanderungskommission der Bundesregierung unter dem Vorsitz der ehemaligen Bundestagspräsidentin Rita Süssmuth vom Juli 2001 Vorschläge gemacht würden, die weit über den politischen Diskurs der letzten drei Jahrzehnte hinausgingen? In diesem Bericht wurde tatsächlich die Wende von der einseitigen Zuwanderung über den damit auch teilweise missbrauchten Asylparagraphen zu einer wirklich staatlich und gesellschaftlich geregelten Einwanderung gefordert und vollzogen.

Nach der Vorstellung der Kommission sollte Deutschland jährlich bis zu 20 000 qualifizierte Zuwanderer aufnehmen und ihnen eine dauerhafte Aufenthaltserlaubnis erteilen. Weitere 20 000 sollten bei nachweisbarem Fachkräftemangel vorübergehend ins Land kommen können.

Die Kommission schlug ein kompliziertes Punktesystem vor, nach dem über die Bewerber entschieden werden sollte. Ein besonders wichtiges Kriterium waren dabei Deutschkenntnisse, eine unabdingbare Voraussetzung für die erfolgreiche Integration von Ausländern in den Arbeitsmarkt. Personen, die sich nach dem Punktesystem für die Zuwanderung qualifiziert hatten, sollten deshalb bereits vor der Einreise einen Grundkurs in deutscher Sprache belegen.

Die Kommission hat die Bedürfnisse der Einwanderer und des Einwanderungslands gut gegeneinander abgewogen. Eine wirkliche Flüchtlingspolitik hänge nicht nur von rechtlichen Rahmenbedingungen ab, »sie muss auch die Aufnahmebereitschaft und die Aufnahmefähigkeit der einheimischen Bevölkerung gebührend berücksichtigen«.

Das ist im Grunde der Abschied von der durch den Asylartikel im Grundgesetz über Jahrzehnte durchgehaltenen Politik. Wir befinden uns schon längst im Zeitalter einer neuen Einwanderungsvölkerwanderung, die nicht mehr über das Nadelöhr des Asylartikels laufen darf. »Flüchtlingsschutz kann nur *mit* der Aufnahmegesellschaft, nicht *gegen* sie verwirklicht werden«, heißt es in dem Bericht. Noch deutlicher drücken es die Verfasser im nächsten Satz aus: »Für einen effektiven Flüchtlingsschutz ist es deshalb unabdingbar, Vorkehrungen gegen Asylmissbrauch zu treffen.«

Asylverfahren, die sich über mehrere Jahre hinziehen, sind inhuman. Die Kommission hat damals mehrere heilige Kühe auf eine für die Gesellschaft verträgliche Weise geschlachtet und sich von jeder semantischen und politischen Ideologie fern gehalten. Sie hat auch die Situation der Bürgerkriegsflüchtlinge berücksichtigt: Bürgerkriegsflüchtlinge, wie diejenigen aus Bosnien und dem Kosovo sollten einen vorübergehenden Schutz für zwei Jahre erhalten, aber auch Zugang zum Asylverfahren, wenn sie das wünschten.

Der Spätaussiedlerzuzug müsse begrenzt werden, so die Kommission. Da über fünfzig Prozent der Spätaussiedlerbewerber den Sprachtest nicht bestehen, müsse man die Tests verbindlich per Gesetz vorschreiben. Sie müssten für die Aussiedler so verbindlich sein, dass das Erreichen einer bestimmten Note oder eines bestimmten Levels an Kommunikationsfähigkeit grundsätzlich Bedingung wäre.

Für die neue Zuwanderungspolitik – die ich ja »Einwanderungspolitik« nennen würde, um noch deutlicher zu machen, welch ein Paradigmenwechsel in der Politik da eingeläutet wurde – empfiehlt man, Obergrenzen nur für den Arbeitsmarkt festzulegen. Es sollte nach dem Kommissionsbericht einen Zuwanderungsrat geben, der einen gesellschaftlichen Konsens über die Frage der erweiterten Zuwanderung vorbereitet. Ein jährlich neu formulierter Zuwanderungsplan soll der Verwaltung als Handlungsgrundlage dienen. Dabei nennt der Bund in Zusammenarbeit mit den Ländern Obergrenzen für befristete und dauerhafte Einwanderung für das jeweils nächste Jahr.

Das schien ein Durchbruch zu sein: Eine parteipolitisch übergreifende Kommission hatte einen Tabubruch verbunden mit konkreten, nachvollziehbaren und für die Gesellschaft bekömmlichen Forderungen. Leider hat die CDU/CSU, die Ergebnisse dieser Kommission blockiert und behindert und das spätere Zuwanderungsgesetz verwässert, wie später noch zu zeigen sein wird. Dabei würde es gerade der CDU/CSU und den Kirchen gut anstehen, diesen Fragen gegenüber offen zu sein. Ich würde der jetzt noch amtierenden Opposition daher empfehlen, bei den Fragen der Zuwanderungspolitik gestaltend voranzumarschieren. Die CDU könnte durch Ideen für eine moderne Einwanderungspolitik ihre Chancen bei der nächsten Wahl nur erhöhen. Vertreter der Partei wie Ruprecht Polenz, Hartwig Fischer, Heiner Geißler, Arnold Vaatz, Norbert Blüm, Christian Ruck, Hermann Gröhe und Rita Süssmuth wären die besten Speerspitzen, um eine Öffnung gegenüber diesen wichtigen gesellschaftspolitischen Zielen zu erreichen.

Die Drittlandregelung

Der Öffnung zu Einwanderung entgegen steht die Drittlandregelung. Sie wurde geboren mit der Ergänzung des Asylparagraphen 16 a des Grundgesetzes, nachzulesen in Absatz 2: »Auf Absatz 1 [Politisch Verfolgte genießen Asylrecht] kann sich nicht berufen, wer aus einem Mitgliedsstaat der Europäischen Gemeinschaften oder aus einem anderen Drittstaat einreist, in dem die

Anwendung des Abkommens über die Rechtsstellung der Flüchtlinge und der Konvention zum Schutze der Menschenrechte und Grundfreiheiten sichergestellt ist.«

Das ist wahrlich kleinlich. Es kommt ja kaum mehr jemand bei uns an, weil es so viele so genannte »sichere Herkunftsstaaten« gibt. Dazu gehören beispielsweise EU-Nachbarn wie Bulgarien und Rumänien und afrikanische Staaten wie Ghana und Senegal. Wer aus einem solchen »sicheren« Land nach Deutschland kommt, kann grundsätzlich nicht bei uns um Aufnahme bitten, denn Absatz 2 des Asylparagraphen geht davon aus, dass Bürger sicherer Herkunftsstaaten nicht politisch verfolgt werden. Solche Menschen werden in einem schnellen Verfahren bereits am Flughafen überprüft, die Beweislast liegt bei ihnen. Ihr Asylantrag wird nur angenommen, wenn sie für ihren Fall nachweisen können, dass sie tatsächlich politisch verfolgt werden.

Die Flughafenregelung ist sicherlich dem ein oder anderen schon einmal unangenehm aufgefallen: Man geht mit seinem wertvollen deutschen Pass an zwei uniformierten Bundesgrenzschutzbeamten vorbei, die links und rechts der Gangway postiert sind. Wer einen deutschen Pass hat, wird sofort durchgewunken. Bei anderen Passagieren mit merkwürdigen Pässen dauert die Prüfung eine ganze Zeit. Palästinenser zum Beispiel haben zwar einen Pass, aber keinen Staat. Das wissen natürlich die wenigsten Grenzschutzbeamten, und für den Ankommenden beginnt ein Spießrutenlauf. Das Prüfverfahren selbst findet im Transitraum des Flughafens statt, wo ein Normalsterblicher in der Regel nicht hineinkommt. Die Betroffenen werden dort so lange untergebracht, bis das Zirndorfer Bundesamt für die Anerkennung ausländischer Flüchtlinge das Aufenthaltsrecht auf dem sicheren Boden der Bundesrepublik positiv oder negativ beschieden hat – was in der Regel innerhalb von zwei Tagen geschieht –, oder bis ein Gericht innerhalb von vierzehn Tagen die Einreise genehmigt hat. Das gesamte Verfahren hat in 19 Tagen abgeschlossen zu sein, so lange bleiben die Kandidaten im Transitbereich des Flughafens. Wenn der Antrag abgelehnt wird, wird der Antragsteller sofort an den Abflughafen zurückgeflogen.

Aber wer ist denn nun politisch verfolgt im Sinne des Gesetzes? In unserem Asylrecht, das sich durch die Kommentare und die Rechtsprechung zu Artikel 16 a, Absatz 2 gebildet hat, ist festgelegt: Verfolgung gibt es nur durch den Staat. Verfolgung kann es also nur da geben, wo es einen Staat gibt. Wenn es aber keinen Staat mehr gibt, kann auch niemand verfolgt werden – so die hirnrissige, fast metaphysische Logik, die hinter der ausgearteten deutschen Asylrechtspraxis steht.

Wird jemand nicht von einem Staat, sondern beispielsweise von der baskischen Terrororganisation ETA oder von der im Norden der indonesischen Insel Sumatra agierenden Befreiungsbewegung GAM, die Bewegung für ein freies Aceh, verfolgt und bedroht, dann ist er nach Auffassung unseres Asylrechts nicht verfolgt. Sogar Rud Lubbers, der Hohe Flüchtlingskommissar der Vereinten Nationen, fragte die deutschen Politiker und Parteien: »Entspricht es nicht unserer Werteordnung, jene als Flüchtlinge zu schützen, die in ihrem Heimatland von oppositionellen, politischen oder religiösen Fanatikern verfolgt werden und dort keinen Schutz erhalten?« Nein, die Bundesrepublik Deutschland stuft weiterhin die Verfolgung durch nichtstaatliche Organisationen als nicht asylwürdig ein. In letzter Konsequenz kann also Somalis überhaupt kein Asyl mehr gewährt werden, weil es keinen Staat Somalia mehr gibt! Der Staat Somalia hat nach dem Sturz des Präsidenten Siad Barre im Jahr 1993 praktisch aufgehört zu existieren: Mittlerweile gibt es drei oder vier Gebilde, die sich aus der Landmasse des alten Somalia gebildet haben. Seit einiger Zeit hofft eine Übergangsregierung, die sich mit Unterstützung der UNO gebildet hat, vom Nachbarland Kenia aus wieder Einfluss in Somalia zu bekommen.

Kurz: Es geht um eine vernünftigere und menschenrechtlich pragmatischere Vorgehensweise bei der Frage der Gewährung von Asylrecht. Und das erreicht man am einfachsten durch ein großzügigeres Einwanderungs- oder Zuwanderungsgesetz.

Koloss Zuwanderungsgesetz

Seit dem 1. Januar 2005 ist es nun endlich in Kraft: das neue Zuwanderungsgesetz. Es war seit bestimmt zwanzig Jahren überfällig, wahrscheinlich schon seit dreißig. Warum es so spät kommt, so dass erst jetzt neue Aufgaben in der Zuwanderungspolitik angegangen werden können, das könnte eigentlich nur ein Bundestags-Untersuchungsausschuss klären, dessen Sitzungen im Fernsehen übertragen werden.

Und das Gesetz war noch keinen Monat gültig, da zeigte die deutsche Bürokratie auch schon, was alles in ihr steckt: Jeder, der künftig mit Migranten zu tun hat, muss sich jetzt auch die »Vorläufigen Anwendungshinweise zum Zuwanderungsgesetz« mit Stand vom 22. Dezember 2004 unter den Arm klemmen. Das Ganze ist ein Buch von nicht weniger als vierhundert Seiten! Dem interessierten Bürger in München und in Bayern, der vielleicht kommunal in seinem Verein oder seiner Kirchengemeinde mit legalen, halblegalen und illegalen Flüchtlingen zu tun hat, wurde sogar eine Broschüre mit dem feierlichen Titel »Ein neues Gesetz für SIE: das Zuwanderungsgesetz« in den Briefkasten gesteckt, die Ausländerbeirat und Kreisverwaltungsreferat zu den vielen Neuerungen erstellt hatten.

Schon der Vorspann zu dem dicken Buch ist von solch sibyllinischer Kauzigkeit und Dickfelligkeit, dass jedem normalen Bundesbürger am Ende der Lektüre der Schädel brummen muss: »Da der Ausgang des Gesetzgebungsverfahrens hinsichtlich des Gesetzes zur Änderung des Aufenthaltgesetzes und anderer Gesetze (BR-Drs 918/04; BT – DRS. 15/4491) bei Abschluss der Arbeiten an diesen Vorläufigen Anwendungshinweisen noch nicht absehbar war, konnten die sich hieraus ergebenden Änderungen nicht berücksichtigt werden.«

Allein das Inhaltsverzeichnis zu den »Vorläufigen Anwendungshinweisen« verdient, in einem zeitgeschichtlichen Museum ausgestellt und den Schülerinnen und Schülern der Bundesrepublik als abschreckendes Beispiel vorgehalten zu werden. In einem ersten großen Kapitel geht es um den Zweck des Gesetzes und seinen Anwendungsbereich. Wie vatikanisch es in den Abteilungen des Bundesinnenministeriums zugeht, besagt Punkt A 1.1.51: Für die Einreise von Asylsuchenden seien insbesondere Artikel 16a GG sowie die Paragraphen 18, 18a, 19 Abs. 3 Asylverfahrensgesetz maßgebend. Da finden sich ontologische Erkenntnisse, die des dunklen Philosophen Martin Heidegger würdig wären: »Das Flughafengelände ist auch vor Erreichen der Grenzkontrollstellen Teil des

Staatsgebietes der Bundesrepublik Deutschland. Der Transitbereich des Flughafengeländes unterliegt in vollem Umfang dem Zugriffsbereich staatlicher Hoheitsgewalt.« Wer hätte das gedacht?

Der Vorteil, dass wir als Europäer in der Europäischen Union leben, stellt sich für die Formulierer des Zuwanderungsrechts natürlich anders dar: Nach dem Europäischen Gemeinschaftsrecht sind wir nur »freizügigkeitsberechtigte Unionsbürger«. Aber, und um das zu verstehen, muss man schon Jura studiert oder einen Rechtsberater an seiner Seite haben: »Soweit die Rechtsstellung der nach dem Europäischen Gemeinschaftsrecht freizügigskeitsberechtigten Personen im Aufenthaltsgesetz günstiger geregelt ist, gelten dann diese Bestimmungen.«

Es wirkt immer verdächtig, wenn Selbstverständlichkeiten nochmals unter Betonung des Wortes »grundsätzlich« besonders hervorgehoben werden müssen. Auf Grund der fortschreitenden Einigung Europas und der weit reichenden Sonderstellung des Freizügigkeitsrechts werden »Unionsbürger und ihre Familienangehörigen grundsätzlich aus dem Anwendungsbereich des Aufenthaltsgesetzes herausgenommen«. An so einer Bestimmung kann alles ärgern und irritieren: einmal, dass es sie überhaupt geben muss. Zum anderen, weil sie durch das beigefügte »grundsätzlich« abgeschwächt wird. Wie der Philosophieprofessor Heimo Dolch immer sagte: »Grundsätzlich? Also NICHT!«

Das Kapitel »Völkerrechtliche Ausnahmen« macht das alles für den verwirrten Anwender und Leser der Hinweise noch irritierender. Man ahnt die Handschrift des Ex-Staatsministers im Auswärtigen Amt, Ludger Volmer: Einreise und Aufenthalt von Ausländern, auf die der erste Paragraph des Aufenthaltsgesetzes nicht angewandt werden kann, werden im »Rahmen des Völkerrechts vom AA [Auswärtiges Amt; d. Verf.] im Einvernehmen mit dem Innenministerium durch besondere Bestimmungen geregelt«. Soweit diese Bestimmungen für die Einreise und den Aufenthalt eine besondere Erlaubnis vorsehen, seien für ihre Erteilung, Versagung, Verlängerung oder Entziehung das AA einschließlich der deutschen Auslandsvertretungen oder die vom Auswärtigen Amt bezeichneten ausländischen Behörden zuständig.

Obwohl die deutschen Parteien in jedem Wahlkampf immer wieder die Verschlankung des Staates empfehlen und den Bürgern versprechen, dass alles transparenter werden wird, widerspricht die Gesetzgebung in den 16 Länderparlamenten und im Bundestag diesem Versprechen jeden Tag. In Deutschland entstehen immer mehr Gesetze, die Anwendung wird durch Vierhundert-Seiten-Texte wie die »Anwendungshinweise« geregelt.

Das, was sich durch das Gesetz verbessern soll, versteckt sich in einem solchen Wust von unverständlichem Deutsch und Bergen von Papier, dass einem Hören und Sehen vergeht. In Kapitel A 2.3 zur Sicherung des Lebensunterhaltes heißt es: »Eine Sicherung des Lebensunterhaltes ohne Inanspruchnahme öffentlicher Mittel ist gegeben, wenn der Lebensunterhalt entweder aus eigenen Mitteln des Ausländers oder aus Mitteln Dritter, die keine öffentlichen Mittel sind, bestritten wird.« Da fällt mir doch sofort der im Kapitel »Die Asylbewerber« beschriebene Fall des Kölner Zahnarztes Dieter Baumhäckel ein, der auf eigene Kosten zwei Kambodschaner bei sich zu Hause aufnehmen wollte, ohne die Staatskasse zu belasten.

Putzig auch Definitionen, die weit in die Abgründe der Fundamentalphilosophie oder Staatstheologie hinabreichen: »Ausländer«, heißt es in Absatz 2.1.1. der »Anwendungshinweise«, sei jede natürliche Person, »die weder die deutsche Staatsangehörigkeit besitzt noch als Flüchtling oder Vertriebener deutscher Volkszugehörigkeit oder als dessen Ehegatte oder Abkömmling im Gebiet des Deutschen Reiches nach dem Stand vom 31. Dezember 1937 Aufnahme gefunden hat.« Die Verwirrung ist perfekt: Die Definition des »Ausländers« ergibt sich aus den Grenzen des Deutschen Reiches von 1937! Und: Wer ist ein Deutscher ohne deutsche Staatsangehörigkeit? Und wer bin ich, Rupert Neudeck, der ich noch in der »Freien Stadt Danzig« unter der Oberhoheit des Völkerbunds am 14. Mai 1939 geboren wurde?

Ist ein Ausländer eingebürgert worden, also ein Deutscher geworden, obwohl er sich schon lange so gefühlt hat, wird sein Aufenthaltstitel gegenstandslos, und er muss die zuständige Ausländerbehörde informieren. Das Gesetz regelt genau, welcher gestanzte Satz im Pass eines Menschen stehen muss, dem ein Titel entzogen und ein anderer verliehen wurde: »Der Passinhaber besitzt Aufenthaltsrecht in der Bundesrepublik Deutschland.« Hat dieser Ausländer irgendwann die deutsche Staatsbürgerschaft erhalten, muss er das der zuständigen Behörde melden, und der Eintrag muss getilgt werden.

Auch die Höhe des Lebensunterhalts müssen die Ämter bestimmen und ermitteln. »Der Bedarf für den Lebensunterhalt ist nach den besonderen Umständen des Einzelfalles unter dem Gesichtspunkt eines menschenwürdigen Daseins und der persönlichen Lebenssituation wie Alter, Beruf und Familienstand sowie Gesundheitszustand zu ermitteln. Dabei sind Unterbringungskosten (z.B. Miete, Heizkosten) und die Kosten für die Teilnahme an einem Integrationskurs zu berücksichtigen. Als Anhaltspunkt für die Bedarfsermittlung kann der Regelsatz der Sozialhilfe zuzüglich eines Aufschlags für Sonderbedarfe herangezogen werden. Die genauere Handhabe kann anhand der obergerichtlichen Rechtsprechung der verschiedenen Bundesländer festgelegt werden.«

Was das Prekäre an dieser und tausenden von ähnlichen Bestimmungen ist: Jeder Satz und jedes Komma beschäftigt wiederum hunderte von zuständigen Beamten und Ämtern, Ressorts und Schreibstuben, die sich in Deutschland darum kümmern, dass sich der Einzelne unter dem »Gesichtspunkt eines menschenwürdigen Daseins« entfalten kann.

Aus dem neuen Zuwanderungsgesetz ergeben sich zwei wichtige Konsequenzen: Zum einen die Einführung verbindlicher Sprachkurse für Einwanderer und Flüchtlinge. Bereits am 1. Dezember 1994 hatte die Regierung Integrationskurse für das Erlernen der Sprache wie auch für die Einführung in deutsches Recht und Geschichte beschlossen. Eine Verordnung legt die Rechte und Pflichten beim Erlernen der deutschen Sprache fest. Die Einwanderer, die nach dem 1. Januar 2005 nach Deutschland kommen, erhalten einen gesetzlichen Anspruch auf Teilnahme an einem so genannten Integrationskurs. Nach dem Ende des Sprachkurses, der auf sechshundert Stunden begrenzt und bemessen ist, müssen sie nachweisen können, dass sie ausreichend Deutsch sprechen können. Danach gibt es noch einen dreißigstündigen Orientierungskurs zur Einführung in die Grundlagen der deutschen Geschichte, Kultur und Rechtsordnung. Zum anderen sollte sich der Zuwanderer so bald als möglich als Bürger verstehen. Dafür muss es lokale Räte und Wahlmöglichkeiten geben, damit der Neuankömmling möglichst rasch in bestimmte Ausländerbeiräte integriert wird, solange er noch nicht die deutsche Staatsbürgerschaft hat.

Erfüllt das Gesetz seinen Zweck?

Das Zuwanderungsgesetz ist auf Grund von partei- und wahlkampftaktischen Gründen von der CDU/CSU so stark verwässert worden, dass der eigentlich gewünschte Effekt verhindert worden ist. Sinn und Zweck des Gesetzes sollte sein, dass man nicht nur widerwillig all die akzeptiert, die auf Zeit oder illegal ins Land kommen, sondern dass die Bundesrepublik Deutschland aus souveräner Entscheidung und im Konsens mit der Gesellschaft eine bestimmte Zahl an legalen Einwanderern als Arbeitskräfte aufnimmt und damit den Fortbestand des Generationenvertrags sichert.

Aber die Chance wurde vertan, die wichtige Chance, die faktisch vermehrt stattfindende illegale Migration zu Wasser, zu Lande und in unterirdischen Katakomben mit unserem Bedarf nach Zuwanderung zu verbinden und damit in legale Kanäle zu lenken. Die Chance wurde vertan, Regelungen für bekannte Probleme zu finden, zum Beispiel bezüglich illegaler Ausländerbeschäftigung, Ausbeutung, Aushöhlung arbeitsrechtlicher Standards sowie zur Vermeidung der Ausbreitung von ansteckenden Krankheiten und kriminellen Karrieren. Die Grünen haben leider bei diesem bösen Spiel mitgespielt, sie haben die Frage eines wirklich beherzten, zupackenden und für die Betroffenen hilfreichen Zuwanderungsgesetzes nicht zu einer Koalitionsfrage gemacht.

Im Zuwanderungsgesetz wurde zudem die Chance vertan, Regelungen für feststehende Nachfragen und Bedürfnisse zu finden; dazu gehören auch niedrig- und nicht-qualifizierte Billigjobs, vor allem im Pflegebereich.

Bei der ersten Beratung des »Gesetzes zur Steuerung und Begrenzung der Zuwanderung und zur Regelung des Aufenthalts und der Integration von Unionsbürgern und Ausländern«, kurz: Zuwanderungsgesetz, am 13. März 2003 – die zweite Lesung folgte am 1. Juli 2004 – im Reichstag erklärte der Abgeordnete

Wolfgang Bosbach als Hauptredner der CDU/CSU-Fraktion klipp und klar: »Wir wollen keine multikulturelle Gesellschaft. Wir wollen nicht mehr Zuwanderung, sondern mehr Integration. Wir wollen gern der uns zugewachsenen größeren Verantwortung gerecht werden. Deutschland ist kein klassisches Einwanderungsland!«

Am 1. Juli 2004, zum Abschluss der Verhandlungen über das Zuwanderungsgesetz, kam es dann zu einer beschämenden neuen Debatte auf einem Niveau, das kein Volksschullehrer in seiner Schule zulassen dürfte. Noch einmal der christdemokratische Abgeordnete Wolfgang Bosbach: »Wer würde heute bestreiten, dass wir ein erhebliches demografisches Problem haben? Wir ersetzen die Elterngeneration nur zu zwei Dritteln. Möglicherweise wird die negative demografische Entwicklung in ihren dramatischen Auswirkungen noch eher unter- als überschätzt. Das ist aber keine Herausforderung für die Ausländerpolitik, sondern eine Herausforderung für eine bessere Familienpolitik, mit der wir eine kinderfreundliche Gesellschaft schaffen. Das ist der richtige Ansatzpunkt, nicht aber mehr Zuwanderung!«

Dann zitierte er die *Welt am Sonntag*, wohlgemerkt zustimmend, indem er die Angst vor Schleuserbanden schürte: »Man muss das mal sagen, selbst wenn es manche nicht gerne hören: Beim organisierten Autodiebstahl sind Polen nun mal besonders aktiv, das Geschäft mit der Prostitution wird dominiert von der Russenmafia, Drogenkriminelle kommen besonders häufig aus Südosteuropa und Schwarzafrika. Wer unser Gastrecht missbraucht, für den gibt es nur eins: Raus, und zwar schnell.«

Der Abgeordnete Volker Beck von den Grünen hielt dagegen und zitierte den VDI-Präsidenten Hubertus Christ, der auf der Computermesse CEBIT erklärt habe, wir hätten einen jährlichen Mangel von 20 000 Ingenieuren. »Wir müssen versuchen«, fuhr Volker Beck fort, »diesen Mangel durch eine bessere Bildungspolitik zu beheben. Aber allein werden wir das mit dieser Maßnahme nicht schaffen. Wir brauchen mehr Flexibilität im Zuwanderungsrecht.«

Es ist schade, dass das Zuwanderungsgesetz nicht in seiner ursprünglichen Form in Bundestag und Bundesrat durchgebracht werden konnte. Durch zu viel Ängstlichkeit seitens der CDU, mehr noch der CSU, wurde es doch arg ramponiert. Pater Jörg Alt SJ, neben dem Vorsitzenden Weihbischof Josef Voss Leiter des katholischen Forums »Leben in der Illegalität«, hat in einem Vortrag auf den Hohenheimer Tagen zum Ausländerrecht 2004 deshalb einige sehr wichtige Mahnungen an die beiden christlichen Kirchen ausgesprochen, aber auch an die Parteien. Die Frage der bereits unter uns lebenden Illegalen, deren Zahl niemand kennt, hat der Jesuitenpater zum Anlass genommen, noch schärfer für eine pauschale Anerkennung der Illegalen einzutreten, so wie das die spanische Regierung im Frühjahr 2005 durchgeführt hat.

Ich frage mich: Warum haben die Bischöfe der katholischen und der evangelischen Kirche vor der berüchtigten Abstimmung im Bundesrat den Ministerpräsidenten, den Landesregierungen und auch den Parteien, die Christus sogar im Parteinamen tragen, nicht ebenso eingeheizt?

Zankapfel: Deutschkurse für alle

Typisch deutsch an der neuen Verordnung ist der gesetzliche Anspruch, den jemand hat, der hierher kommt. Für den Staat bedeutet das eine große Bringschuld, aber im Grunde müsste es umgekehrt sein: Ausländer müssten verpflichtet sein, Deutsch zu lernen in Kursen, die von staatlichen oder privaten Anbietern angeboten werden. Es darf nicht sein, dass man einen solchen Kurs einfach auslassen kann.

Die Berliner *taz* formulierte am vorletzten Tag des Jahres 2004 und zwei Tage vor Inkrafttreten des neuen Zuwanderungsgesetzes in einem Interview mit dem neuen Präsidenten des Bundesamts für Migration und Flüchtlinge, Albert Schmid, nochmals ihre Bedürfnisse nach »Multikulti« und ihre »Regenbogenideologie«.

Ausländer, die schon länger in Deutschland leben, haben keinen Anspruch auf Sprachkurse, sie können aber zur Teilnahme verpflichtet werden, wenn »besonderer Integrationsbedarf« besteht. Der *taz*-Reporter wollte von Albert Schmid wissen, wer denn den »besonderen Integrationsbedarf« definiere?

Albert Schmid erläuterte: »Ein besonderer Integrationsbedarf besteht etwa bei Erziehungsberechtigten mit minderjährigen Kindern, die noch die deutsche Sprache lernen müssen und insbesondere bei Menschen, die arbeitslos sind, weil sie die Sprache nicht beherrschen. Ich kenne aus meiner Heimatgemeinde das Angebot eines privat organisierten Deutschkurses für die dort lebenden Somalis. Dieser Kurs wurde nicht angenommen.«

Der *taz*-Reporter bohrte nach: »Die Kurse dienen also auch als Druckmittel. Wer nicht Deutsch lernt, muss mit Konsequenzen rechnen.« Das, meinte der Reporter, grenze wohl an Menschenrechtsverletzung.

Albert Schmid schlug sich tapfer: »Es gibt einen Zusammenhang zwischen dem Aufenthaltsstatus und der Teilnahme an den Integrationskursen.« Bei erfolgreicher Teilnahme sei zum Beispiel die Einbürgerung schnell möglich. Umgekehrt würde eine befristete Aufenthaltserlaubnis nicht verlängert, wenn keine Integrationsbereitschaft sichtbar werde.

»Das heißt, wer den Sprachkurs nicht besteht, hat Pech gehabt und fliegt raus?«, fragte der Reporter.

Schmid antwortet wieder geduldig: »Er kann eine weitere Chance bekommen. Allerdings auf eigene Kosten. Der Abschlusstest kostet 59 Euro. Die Kalkulation der Kosten pro Stunde und Teilnehmer liegt bei 2,05 Euro.«

Blitzschnell rechnete der Reporter nach: »1300 Euro. Was ist mit denen, die so viel nicht aufbringen können? Und glauben Sie, dass Integration unter diesem Druck gelingen kann?«

Schmid ließ sich nicht aus der Ruhe bringen: »Ich weiß nur, dass sie bisher in weiten Teilen nicht gelungen ist. Wir sind viel zu lange von falschen Prämissen ausgegangen. Wir dachten, entweder, die Leute bleiben hier nur temporär, oder sie integrieren sich automatisch. Doch diese Automatik gibt es nicht, dass sich Integration sozusagen von selber einstellt. Deshalb muss man etwas ändern. Neuzuwanderer wissen künftig, was sie erwartet. Es ist ihre freie Entscheidung, herkommen zu wollen. Ich sehe in den Kursen weniger ein Drohpotenzial als eine Hilfe, sich zurechtzufinden.«

Halbherzig machen sich die deutschen Verwaltungsinstanzen und Ministerien inzwischen daran, von diesem Anspruch zur Pflicht zu kommen. Deshalb wollen sie die Einwanderer an den

Kosten für die Integrationskurse beteiligen. Es sei vom Bund vorgesehen, so Albert Schmid weiter, dass die Teilnehmer je Unterrichtsstunde immerhin einen Euro als Kostenbeitrag aufbringen müssten.

Der Visa-Skandal: Bärendienst für Zuwanderungsbefürworter

Zwischen Visaskandal und Zuwanderungsgesetz gibt es viele enge Bezüge – man kann auch sagen, das Zuwanderungsgesetz hatte wegen der Visa-Affäre einen besonders schlechten Start.

Ganz sicher hätte sich Ludger Volmer, der Staatsminister im Auswärtigen Amt, nicht träumen lassen, dass ihm eine ruhmreiche Tat im Sinne grüner Außenpolitik einmal so heftig, ja fast als halbkriminell angekreidet und um die Ohren gehauen würde. Aber gut gemeint, das sagt schon der Volksmund, ist nicht immer gut getan. Die laxe Vergabe von Touristenvisa nach dem Erlass 514 516.20, inzwischen nur noch »Volmer-Erlass« genannt, hat dazu geführt, dass die deutsche Botschaft in Kiew nicht mehr 133 232 Visa ausstellte wie noch 1998, sondern fast 300 000 in den Jahren 2000 bis 2002. In anderen osteuropäischen Staaten ging es ähnlich zu. Im Jahr 2001 waren es dann schon rund 400 000 Visa allein in Kiew.

Den Beamten, so hat Hans Leyendecker in der *Süddeutschen Zeitung* vom 25. Januar 2005 nachgerechnet, blieben bei dieser Menge für die Prüfung eines Antrags gerade noch zwei Minuten. Zeitweise mussten Antragsteller gar nicht mehr persönlich bei der Botschaft vorsprechen. Es reichte schon, dass sie so genannte Reiseschutzpässe vorlegten, um ein Visum für die Bundesrepublik Deutschland zu bekommen.

Die Parteien nutzen das Thema Visa-Missbrauch allerdings nur aus, um Skandal und Anti-Skandal zu machen. Wichtiger aber ist die Erkenntnis, die mit der Affäre einhergeht: Deutschland steht im Zentrum einer großen Völkerwanderungsbewegung von Ost nach West – aus der Ukraine und den Staaten der ehemaligen Sowjetunion –, und von Süd nach Nord – aus Afrika und besonders der Subsahara-Region. Würde man diesen Prozess legalisieren, wie es Bundesinnenminister Otto Schily vielleicht mit seiner

Idee der Einwanderungszentren vorhatte, dann würde das Ausmaß klar und deutlich.

Im Juli 2000 hatte Staatsminister Ludger Volmer das Projekt stolz der Presse in Berlin vorgestellt: Man habe, so erklärte er, die deutschen Botschaften angewiesen, bei strittiger Visavergabe »im Zweifel für die Reisefreiheit« zu entscheiden. Heute behauptet der Ex-Minister, das Papier sei ihm nur zur nachträglichen Billigung vorgelegt worden. Hans Leyendecker betont in seinem Artikel in der *Süddeutschen Zeitung*, der Erlass sei das Ergebnis mehrerer Besprechungen im Winter 1999/2000 unter Beteiligung von Bundesaußenminister Fischer gewesen und habe zum Ziel gehabt, nicht das deutsche Ausländerrecht, aber die deutsche Ausländerpolitik zu ändern. »Es sei gesagt worden, man solle vom Zuwanderungsgesetz mit restriktiver Ausländerpolitik wegkommen und die Chance auf legale Einreise erhöhen mit dem Schwerpunkt einer Zusammenarbeit der Kernfamilie. Die politische Führung habe mit dem Erlass ein Zeichen setzen wollen.«

Es gab damals, zu Beginn der rot-grünen Regierungskoalition, noch eine mutige grüne Politik, die allerdings in Bezug auf die reale Politik nicht gut beraten war. Das Tor an einer einzigen Stelle so weit aufzumachen, war leichtsinnig und naiv. Man hätte es wissen können, denn alle Fragen rund um Flucht und Asyl, um Migration und Einwanderung unterliegen in Deutschland einer erhöhten Sicherheitsprüfung durch den Bundesgrenzschutz und das Innenministerium, und das nicht erst seit dem 11. September 2001. Die Kontrollfunktion der jeweiligen Visaerteilung sei praktisch umgangen worden.

Bundesinnenminister Schily, gleichzeitig zuständig für innere Sicherheit und Terrorbekämpfung, hatte bereits im März 2000 seinen Kollegen Joschka Fischer schriftlich gefragt, ob der Volmer-Erlass mit den strengeren Schengen-Regeln vereinbar sei. An der »bisherigen Visaerteilungspraxis«, so die Antwort des Auswärtigen Amtes, werde sich nichts ändern.

Eines ist sicher: Die leichtfertige Art und Weise, mit der die Spitze des Auswärtigen Amtes mit der Visavergabe umging, hat großen Schaden angerichtet. Unabhängig von den großen Änderungen, die es mit Sicherheit geben wird, und durch die die Visavergabe vielleicht in der Praxis viel zu restriktiv gehandhabt werden wird. Außenamtssprecher Walter Lindner hat in einem Gespräch mit der *International Herald Tribune* am 16. Februar 2005 nonchalant konstatiert: »*... abuses also took place under the former government*« – »Missbrauch gab es auch unter der vorigen Regierung.« Aber ob die Wähler damit einverstanden sind, dass die neue Regierung eine Praxis weiterführte, die schon früher erkennbar schlecht war?

Nach und nach hat die staunende deutsche Öffentlichkeit erfahren, was sich vor und in der Kiewer Botschaft, vielleicht aber auch in anderen, abgespielt hat in den Jahren seit 2000. An manchen Tagen lagerten bis zu 2500 Menschen vor dem Gebäude. Es gab Würstchenbuden, Toilettenhäuschen und sogar eine Gepäckaufbewahrung, und ein paar Männer bestimmten, in welcher Reihenfolge die Antragsteller in die deutsche Botschaft hineingelassen wurden. Das berichtete ein Fahnder des Bundesgrenzschutzes im März 2002, als die Ereignisse gerade ihren Höhepunkt erreichten.

Seit Mai 2001 gab es so genannte Reiseschutzpässe, eine Kombination aus Kranken- und Haftpflichtversicherung. Einen solchen Reiseschutzpass braucht auch ein Deutscher, der zum Beispiel nach Russland reist, um damit die möglichen finanziellen Risiken bei einer Einreise nicht auf die Staatskasse abzuwälzen. Gut eineinhalb Jahre zuvor hatte das Auswärtige Amt den Einsatz des so genannten »Carnet de Touriste« genehmigt, das von einem Partner des deutschen ADAC verkauft wurde. Wer bei der Beantragung eines Visums ein solches Papier vorlegte, so das Auswärtige Amt in einer Anweisung an die Botschaften am 15. Oktober 1999, musste in der Regel keine weiteren Unterlagen beibringen. Bei Bedenken gegen die Erteilung eines Visums hatte der Grundsatz »Im Zweifel für die Reisefreiheit« zu stehen. Das Frappante war, dass der Volmer-Erlass an alle deutschen Botschaften ging. Weshalb er sich in Kiew so katastrophal auswirkte, ist noch nicht geklärt. Vielleicht wissen wir aber auch von den anderen Botschaften und Konsulaten noch nicht genug. Im März 2005 sah ich jedenfalls vor dem Deutschen Haus in Priština, der Hauptstadt des Kosovo, eine ähnliche Menschenschlange, Würstchenbuden und Schengen-Vorbereitungsshops, wie sie in Kiew gang und gäbe waren. Der kleine Unterschied: Hier gab es niemanden, der von den Zuständen berichtete.

Trotz der alarmierenden Meldungen, die schon bald aus den betroffenen Botschaften kamen – Kiew äußerte bereits am 15. Dezember 1999 den Verdacht auf Missbrauch der Reiseschutzpässe, die Botschaft in Baku/Aserbaidschan warnte am 12. Mai 2000 –, ordnete die Spitze des Auswärtigen Amtes in einem Runderlass an die Botschaften in Osteuropa vom Mai 2001 an, künftig die neu geschaffenen Reiseschutzpässe auch als Nachweis für die Visatauglichkeit gelten zu lassen, und erteilte damit gleichermaßen einen Freibrief für Menschenhändler und Zuhälter. Die individuelle Prüfung des Falles sei »entbehrlich«, erfuhren die Botschaftsbeamten. Anbieter des Dokuments sei ein »vertrauenswürdiges deutsches Reiseunternehmen«, die »Reiseschutz AG« aus Weinsberg in Baden-Württemberg. Dass deren Kunden überwiegend als aktenkundige Schlepper und Schleuser tätig waren, wäre bei einer Überprüfung schnell herausgekommen.

Das Ganze steigerte sich, bis irgendwann der Regierungspräsident von Köln Alarm schlug. Auf einem »Arbeitsstrich« würden sich zahlreiche mit Visa eingereiste Ukrainer zur Schwarzarbeit anbieten. Nachts würden sie »in einem unübersichtlichen Waldgebiet in Erdlöchern« hausen. Doch nichts konnte die Führung des Auswärtigen Amtes bewegen, irgendetwas an dieser Praxis zu ändern. Im Januar 2000 wurden die Auslandsvertretungen weltweit angewiesen, die Reiseschutzpässe zu akzeptieren.

In grenzenloser Naivität, schreiben die Zeitungen in der Woche nach dem 20. Februar 2005, sei nichts gegen den Missbrauch unternommen worden. Allerdings hat niemand wirklich das Recht, in dieser Geschichte aufzutrumpfen, denn versagt und geschlafen haben eigentlich alle Kontrollorgane: die Opposition im Bundestag, aber auch in den Ländern. CDU und CSU hätten möglicherweise die Wahl 2002 gewonnen, wenn sie frühzeitig vom Visaskandal und der Verstrickung des Außenministers in die Affäre gewusst und diese genutzt hätten. Auch die Journalisten, die investigativen Journale und Magazine haben nichts bemerkt. Kein *Monitor* weit und breit, kein *Spiegel*, kein *stern* – nichts.

Bisher ist nicht geklärt, warum sich der Ansturm von Antragstellern in dieser hypertrophen und skandalösen Form nur in Kiew so abspielte und nicht auch in den anderen Botschaften, für die der Erlass ja ebenfalls galt. Und es ist auch nicht geklärt, wie es möglich war, dass das Schengen-Visum für die 13 Schengenstaaten und damit für die gesamte EU außer Großbritannien so leicht und so schnell erteilt werden konnte.

Wie anders ist der Nachbar Frankreich?

Das Thema des Zugangs zu den geordneten und begehrten Sozial- und Rechtsstaaten des gelobten Kontinents Europa ist natürlich nicht auf Deutschland begrenzt. In unseren Nachbarländern im Westen und Süden geht es um vergleichbare Phänomene.

In seinem neuesten Buch *Wie anders ist Frankreich?* stellt der deutsch-französische Publizist Alfred Grosser fest, dass nicht nur Frankreich, sondern die ganze Welt anders ist als diese völlig vernagelte Bundesrepublik. Mit dem Zuwanderungsgesetz und seinen »Vorläufigen Anwendungshinweisen« werden wir die Probleme der Überalterung und Schrumpfung der deutschen Gesellschaft nicht lösen können. Wir werden mit diesem Vierhundert-Seiten-Buch auch nicht das Kontingent von demnächst vielleicht 100 000 bis 150 000 Arbeit und Auskommen suchenden Ausländern zur Arbeit auf Zeit und auf Dauer ordentlich und friedlich in unser Land bekommen. Und ich meine, die allgemeine innenpolitische Lage lässt vorläufig nur die Zuwanderung von Ausländern in kleinen Schüben zu. Schließlich hängt die hohe Arbeitslosenzahl über den Deutschen wie ein Damoklesschwert. Auch muntere Erklärungen des Bundeskanzlers und seines Superwirtschaftsministers Wolfgang Clement können nichts daran ändern, dass Gesellschaft und Wirtschaft, Export, Import und Arbeitsmarkt in Deutschland zurzeit nicht in Form sind.

»Deutschland – ein Einwanderungsmärchen« würde Heinrich Heine vielleicht skandieren, wenn er sich per Pferd oder Kutsche noch einmal auf den Weg machen würde, um von der Hauptstadt Paris in die Hauptstadt Berlin zu gelangen. Ja, damals war der seit 1831 in Paris lebende Heine aus deutscher Sicht Ausländer.

Die größte Schwierigkeit in der Debatte um die Frage, wie wir uns als Staat und Volk künftig gegenüber Einwanderern verhalten wollen, sind die bürokratischen Hindernisse und Hürden, die selbst den Gutwilligsten unter denen, die mit uns wohnen und leben wollen, hirnrissig erscheinen. Besonders belastend empfinden das all diejenigen, die etwas Gutes tun wollen im Rahmen einer Bürgerinitiative, eines gemeinnützigen Vereins oder einer humanitären Organisation.

Da ist zum Beispiel die Französin Berenice Manac'h, also jemand aus unserem westlichen Lieblings-Nachbarland. Neben Deutschland ist Frankreich für unser Verständnis das Kernland Europas. Wir sehen keine Grenzen mehr, wir brauchen keine Pässe, wir können uns heute Abend ins Auto setzen und nach Paris fahren, ins Moulin Rouge gehen und dort eine ganze Menge Geld loswerden, uns danach in einer kleinen Pension in Porte d'Auteuil einmieten, bis lange in den Sonntag hinein schlafen und dann wieder nach Hause fahren. Wir sind ja nun wirklich in eine *amitié franco-allemande* hineingewachsen, die uns nur noch die Freude und die Last aufbürdet, die Sprache des jeweils anderen zu sprechen und zu verstehen.

Berenice Manac'h – ihr Name deutet auf bretonisch-keltisch-gälische Ursprünge hin – kam im Jahr 1969 nach Westdeutschland, um Französisch am Institut Français in Tübingen zu lehren. Nach 17 Jahren war sie immer noch dort und beschloss, etwas sehr Einfaches zu tun, nämlich die deutsche Staatsangehörigkeit zu erwerben. Man sollte meinen, das sei das Leichteste der Welt, in Anbetracht der hervorragenden Beziehungen, die Deutschland und Frankreich nach 1945 aufgebaut haben.

Im Dezember 1987 wurde Madame Manac'h tatsächlich in Deutschland eingebürgert. Das kostete sie damals 2867 DM, und sie musste auf ihre französische Staatsbürgerschaft verzichten: In Deutschland gab es damals nicht die Möglichkeit der doppelten Staatsangehörigkeit, im Unterschied zu Frankreich.

Als im Januar 2003 die großen Feiern zum vierzigjährigen Jubiläum des Elysée-Vertrags über die deutsch-französische Zusammenarbeit stattfanden, erfuhr Madame Manac'h, dass Deutschland nun als großzügige Geste den Franzosen die doppelte Staatsangehörigkeit anbieten wolle. Sie rief umgehend im Landratsamt Tübingen an, wo man ihr erklärte, dass die Regelung für Baden-Württemberg und Bayern noch nicht gelte, wohl aber in anderen Bundesländern. »Ich war sehr ärgerlich«, erzählt Berenice Manac'h. »Ich hatte ja seinerzeit 1987 nicht die baden-württembergische, sondern die deutsche Staatsangehörigkeit erwerben wollen!«

Im Jahr 2004 hatte sich das dann angeblich geändert. Die Deutsch-Französin fragte wieder im Landratsamt nach und erfuhr Folgendes: Sie müsse zunächst einen Antrag auf Beibehaltung der deutschen Staatsangehörigkeit stellen. Wenn man diesen Antrag positiv bescheiden würde, müsste sie 255 Euro Gebühren zahlen. Wenn der Antrag abgelehnt würde, koste das 191 Euro. Wollte sie jetzt den Antrag zurücknehmen, seien immer noch 127 Euro fällig. Dabei besagt der Erlass vom 5. Oktober 2004 eindeutig, dass Deutsche, die sich in einem EU-Staat einbürgern lassen wollen, »eine Genehmigung zur Beibehaltung ihrer deutschen Staatsbürgerschaft [erhalten], ohne besondere Gründe für die Beibehaltung geltend machen zu müssen«. Warum eine in Deutschland lebende Französin, die zur Deutschen wurde, weil sie nicht gleichzeitig Französin bleiben durfte, jetzt diese Genehmigung nicht einfach bekommt, ist völlig schleierhaft.

Zum Vergleich: Ein Franzose braucht nicht seine Behörden zu informieren, wenn er die deutsche Staatsbürgerschaft erhalten und die französische behalten möchte. Die deutschen Stellen beharren jedoch darauf, den Antrag auf Beibehaltung der alten Staatsbürgerschaft als Erste bearbeiten zu dürfen, bevor die doppelte Staatsangehörigkeit in einem anderen EU-Land beantragt werden kann. Wird in der umgekehrten Reihenfolge verfahren, verliert man automatisch die deutsche Staatsangehörigkeit. Berenice Manac'h: »Wenn ich also die französische Staatsbürgerschaft beantragen würde, ohne die deutschen Stellen zu informieren, würde ich plötzlich zur ausländischen EU-Bürgerin!« – und das nach fast zwanzig Jahren Leben, Arbeiten und Wohnen in Deutschland.

Das Beispiel ist typisch für alle Fragen zum Asyl, zum Einwanderungs- oder Zuwanderungsgesetz, zu den verschiedenen Abstufungen, mit denen ein Ausländer hier eine Berechtigung, eine Bewilligung, eine Duldung und schließlich eine Aufenthaltsbescheinigung bekommt, und es ist typisch für die krausen und undurchsichtigen Vorschriften der Ämter, die mit diesen Fragen umzugehen haben.

Das Schöne: Deutschland ist ein Rechtsstaat

Ruth Pfau, die bekannte deutsch-pakistanische Lepraärztin, die in über vierzig Jahren Arbeit die Lepra- und Tuberkulosehilfe in Pakistan aufgebaut hat, hat auf einer Konferenz im September 2004 in Münster berichtet, sie werde immer gefragt, was sie fühle, und was ihr besonders gefalle, wenn sie aus Pakistan nach Deutschland zurückkomme. »Das Schöne zuerst: dass Deutschland ein Rechtsstaat ist. Wir können uns ja gar nicht mehr daran erinnern, wie es ist, wenn man in einem Unrechtsstaat lebt. Und die Länder, in die ich auf Grund von humanitärer Arbeit fliege und in denen ich mich zeitweise aufhalte, sind alle Unrechts-, auf jeden Fall aber keine Rechtsstaaten. Es gibt in Afghanistan noch keine wirkliche Rechtssäule in der Verfassungstheorie, auch nicht in der gesellschaftlichen Wirklichkeit. Es gibt keine Richter, keine Gerichte, keine Anwälte, die man nach unserem Rechtsstaatsverständnis als solche bezeichnen dürfte.«

Ich selbst musste in den Jahren 2001 und 2002 mehrmals durch das von der ehemaligen Sowjetunion ganz frisch in die Unabhängigkeit entlassene Tadschikistan nach Afghanistan fahren. Sobald wir Helfer in Duschanbe, der Hauptstadt von Tadschikistan, landeten, begann eine fahrige, fiebrige Rechtsunsicherheit. Allen wurden die Pässe abgenommen. Man wusste nicht, wer das anordnete, was das sollte. Ich konnte auch nirgends protestieren und sagen: »Dieser Pass ist Eigentum der Bundesrepublik Deutschland!«

Noch schlimmer war es, als wir nach Süden fuhren, an die Grenze von Tadschikistan zu Afghanistan. Dort hört die Souveränität des Landes auf, die russische Armee hat nach einem furchtbaren Bürgerkrieg in Tadschikistan die Kontrolle des Grenzstreifens zu Afghanistan übernommen. Was diese Armee an der Grenze tut, kann man nur mit viel gutem Willen »Grenzkontrolle« nennen. Dort geht es nur um Schikanen, das Erpressen von Geld. Die Beamten sind Soldaten, die davon leben, dass ihnen etwas gegeben wird. Wir hatten deshalb immer jemanden bei uns, der wusste, wie man das alles macht, mit vielen kleinen Geschenken, mit Frauen. Allein die technische Ausstattung des Kontrollpostens am Fluss ist so erbärmlich, dass man kein großes Vertrauen haben kann. Da gibt es eine Fähre über den Grenzfluss Pjandz, die per Seil von einem Traktormotor gezogen wird. Die russischen Soldaten haben in dem kahlen, armseligen Bezirk, wo es nur Staub und Zerfall gibt, einen Grenzposten aufgebaut, der wie eine Räuberhöhle aussieht und auch eine ist. Immerhin war das einmal die Grenze der alten glorreichen Union der Sozialistischen Sowjetrepubliken!

Den letzten Akt der Grenzprozedur wickeln die beiden abgerissenen russischen Posten in einem heruntergekommenen Wohnwagen ab. Was die da drin nachsehen, entzieht sich unserer Kenntnis. Aber es kann sein, dass einer herauskommt und sagt: »Heute kostet das zwanzig US-Dollar.« Es können aber genauso gut zweihundert sein. Es gibt keine Tarife, die an der Wand aushängen und auf die man sich berufen könnte. Denn zu der Zeit gingen Journalisten und Kameraleute von CNN, BBC, ARD, ZDF und anderen großen Sendern über diese Grenze und zahlten oft schon mit dicken grünen Dollarnotenbündeln, bevor sie überhaupt dazu aufgefordert wurden.

Einmal musste ich mich sogar fast bis aufs Hemd ausziehen, weil die Beamten Geld rochen. Ich hatte auf der Rückreise aus Afghanistan noch ein paar Dollar dabei, weil wir in Tadschikistan Baumaterial einkaufen mussten. Der Beamte ließ die Scheine vor seinen Augen abzählen, um dann einfach für sich selbst zweihundert Dollar als so genannte Gebühr einzubehalten, ohne Quittung, versteht sich. Es herrschte also totale Willkür. Nichts und niemanden kann man fragen, bei nichts und niemandem kann man sich beschweren. Auch ein Bürger der Bundesrepublik Deutschland hat hier keine besonderen Rechte. Er ist gewissermaßen vogelfrei.

Ich erzähle diese letzten Begebenheiten, denen ich noch viele andere Länder hinzufügen könnte, um zu verdeutlichen, dass wir uns den *pull factor*, den Anziehungsfaktor, den Reiz, den diese ordentliche und rechtsstaatliche Bundesrepublik Deutschland auf hunderte von Millionen Menschen in den Ländern der Habenichtse ausübt, gar nicht groß und strahlend genug vorstellen können. Kommt man aus einem Land wie Tadschikistan wieder nach Hause zurück, dann weiß man, was ein Rechtsstaat ist, und genießt ihn.

Ähnlich großartig ist es, dass Deutschland ein Sozialstaat ist. Auch das können wir uns kaum vorstellen: dass es keine Sozialdienste gibt, keine Krankenkassen, keine Unfallversicherung, keine Rente, keine Pflegeversicherung, keine Obdachlosenheime, keine Frauenhäuser, keine Gefängnisseelsorge und keine Behindertenfürsorge.

Der Wert, der in Europa einem Menschenleben zugemessen wird, so schreibt Ruth Pfau in ihrem Buch *Das Herz hat seine Gründe*, ist etwas Auszeichnendes. »Wir können uns in unseren kühnsten Träumen nicht vorstellen, dass derselbe Wert auch für unsere Patienten, Mitarbeiter, die illegalen Flüchtlinge aus Afghanistan gelten konnte.« Ruth Pfau berichtet uns, ein Taliban habe ihr einmal gesagt, er würde am liebsten in Deutschland geschnappt, da würde man trotzdem menschlich behandelt.

Deutschland, das Einwanderungsland

Bis heute machen wir Deutschen uns etwas vor. Wir wollen an allen Menschen, die bei uns Asyl erbitten, das wieder gutmachen, was wir den Juden, den Roma, den Sinti, den Slawen, den Polen und den Fremdarbeitern während der Naziherrschaft angetan haben. Eine gute Analytikerin der Kollektivseele der Deutschen, die deutsch-türkische Soziologin Necla Kelek, hat uns in ihrem Buch *Die fremde Braut. Ein Bericht aus dem Inneren des türkischen Lebens in Deutschland* zugerufen: »Gerade die gutmeinenden Deutschen neigen dazu, in jedem hier Asyl suchenden Ausländer gleichsam den Wiedergänger eines vor dem Holocaust zu rettenden Juden zu sehen. Schuldbewusstsein scheint hier zu Lande wichtiger zu sein als die Verteidigung der Verfassung.« Ich fürchte, sie hat Recht.

Unsere Gesellschaft ist ja nicht per se ausländerfeindlich, eher im Gegenteil. Ich werde immer schrecklich wütend, wenn ich dieses Vorurteil höre, weil es nicht zusammenpasst mit den vielen kleinen und großen ausländerfreundlichen Bürgerinitiativen in Deutschland. Wenn ich mir nur noch mal vergegenwärtige, dass in den Jahren 1993 bis 1995 allein 400 000 bosnische Bürgerkriegsflüchtlinge bei uns eine Zuflucht auf Zeit fanden, frage ich mich: Welche andere Gesellschaft in Europa hätte den Mut zu einer solchen beherzten Aufnahmeaktion gehabt?

Anfang der neunziger Jahre wurde es mit dem Asyl allerdings wirklich schwierig. 1991, nach dem Fall der Mauer, kamen 256 112 Menschen aus aller Welt nach Deutschland und baten um Asyl. 1990 waren es »nur« 193 063 gewesen. Im Jahr 1992 nahmen die EU-Staaten sage und schreibe 695 500 Personen auf, allein die Hälfte davon kamen nach Deutschland!

So viele Menschen aufzunehmen und zu verkraften ist eine riesengroße Leistung für eine Gesellschaft, und man sollte sie durch nichts verniedlichen. Viele kleine und mittlere Gemeinden müssen große Anstrengungen unternehmen, organisieren, tun, machen, überlegen, um Menschen, die – oft nach traumatischen Flucht- und Vertreibungserlebnissen – in ein völlig fremdes Land kommen, gut aufzunehmen. Und aufnehmen heißt, sich um alles zu kümmern: In der Regel beherrschen diese Menschen keine der großen »lebenden« Sprachen. Also müssen teure Dolmetscher organisiert und bezahlt werden. Die Flüchtlinge brauchen menschenwürdige Unterkünfte, in denen sie leben und schlafen können. Man möchte ihnen das Gefühl vermitteln, willkommen zu sein. Aber das ist alles nicht so einfach, weil wir unterschwellig erwarten, dass sie dankbar nicken und möglichst keinen eigenen Willen haben. Am besten sollen sie keine Pläne und Absichten haben, sondern still und dankbar verharren und die Wohltaten ihrer Gastgeber entgegennehmen.

Es ist mit Arbeit verbunden, mit viel Arbeit, wenn eine Gesellschaft menschen- und ausländerfreundlich sein und bleiben will. Deshalb war die große Zahl derer, die da ins Land kamen, nicht nur erfreulich und gut. Es waren einfach zu viele, und die bewilligten Haushaltsmittel sahen vor, dass man die Menschen an bestimmten Orten ansiedelte. So sind überall in Deutschland hässliche kleine Gettos entstanden – nicht nur von Türken, sondern auch von Spätaussiedlern, die sich zum Teil ähnlich wie die Türken bis heute weigern, die deutsche Sprache zu lernen. Im Oktober 2004 erzählte mir der Bürgermeister von Buchen im Odenwald, man habe nach 1990 einen großen Fehler gemacht und 2500 Spätaussiedler – eine gewaltige Zahl für die 20 000-Seelen-Gemeinde – in eine Gettosiedlung gepackt, die auch noch extra für sie neu erbaut wurde. Die Leute nennen die Siedlung bis heute »Klein-Kasachstan«.

All die Jahre gab es eine Erkenntnis, die aber nicht zur *political correctness* in der Bundesrepublik Deutschland passte: Wir haben ein Einwanderungsproblem. Die Türken, die nicht in ihr Heimatland zurückkehren, sondern ihre Kinder und Familien nachziehen, die Tamilen und Afghanen, die Eritreer und die Kurden, die Bosnier und die Albaner, die es ähnlich machen – sie alle sind Migranten. Sie wollten ursprünglich vielleicht nach Italien, in die Schweiz, nach Belgien oder Österreich. Aber häufig waren die Gerüchte und Nachrichten über den sagenhaft reichen und sicheren Sozialstaatshafen Bundesrepublik Deutschland so verheißungsvoll, dass sie bei uns strandeten. Das ist Einwanderung, schon seit drei Jahrzehnten. Und doch leben wir Deutschen bis heute mit der Illusion, wir seien kein Einwanderungsland. Andere mögen ein Einwanderungsproblem haben, wir nicht.

Mit der Änderung des Asylparagraphen wurde der neue Begriff des Bürgerkriegs- oder Kriegsflüchtlings geboren, der auf Zeit zu uns kommen durfte, wie die bereits erwähnten 400 000 Bosnier. Damit waren eigentlich die neuen Instrumente schon vorgegeben: Kontingente sollten wir anbieten für solche, die für immer oder auf Zeit bei uns bleiben sollen. Aber auch damit hatten wir vielleicht schon einen ersten Schritt in Richtung Einwanderung getan. Und doch haben wir das Unwort immer noch nicht in unsere politische Realität hineingelassen.

Statt des faulen Kompromisses um die Neufassung des Asyl-Artikels hätte ich für eine größere Freizügigkeit der Zugangswege in unsere Gesellschaft plädiert. So müsste es nach US-amerikanischem und kanadischem Vorbild möglich sein, Sponsoren für diejenigen zu finden, die zu uns kommen, damit sie im Zweifelsfall nicht der deutschen Sozial- und Krankenversicherung zur Last fallen. So wie Kirchengemeinden das tun, indem sie das Kirchenasyl postulieren und durchführen. Aber Kirchenasyl ist illegal und wird vom Staat nur geduldet, weil man nicht gern mit Polizeigewalt in das Allerheiligste eindringt.

Ich würde mir wünschen, dass Ausländer ganz sie selbst bleiben, aber gleichzeitig vollwertige neue Bürger des Aufnahmelands werden können, wie das beispielsweise in San Diego und

San José in Kalifornien der Fall ist: Hier lebt, wie ich selbst gesehen habe, die vietnamesische Gemeinde auf eine anrührende Weise sowohl vietnamesisch als auch amerikanisch. Sie sind stolze Amerikaner, aber genau so stolze Vietnamesen. Sie haben einen eigenen vietnamesischen Radio- und Fernsehsender, eine vietnamesische Klinik, eine vietnamesische Zeitung, eine vietnamesische Apotheke, auch ihr eigenes vietnamesisches Restaurant, in dem die Frühlingsrollen so zubereitet werden, wie die Gäste das aus ihrer Heimat gewohnt sind. Gleichzeitig habe ich miterlebt, dass der Sog der US-Gesellschaft dazu geführt hat, dass jeder Vietnamese gezwungen war, Englisch zu lernen. Deshalb gibt es niemanden in der vietnamesischen Gemeinde von San José oder San Diego, der nicht fließend Englisch spricht.

Dieser gesellschaftliche Druck ist wirklich ein Zwang, auch wenn er nicht rechtlich sanktioniert ist. Wer in den USA kein Englisch kann, ist verloren. Aber wenn viele Türken in Deutschland nicht bereit und in der Lage sind, Deutsch zu sprechen, zu verstehen und zu schreiben, dann macht das ganz offenbar nichts aus.

Auch das gehört zu unserem prekären nationalen Schuldbewusstsein: Viele meiner Ausländerfreunde empfanden es als Zumutung, ja geradezu als eine die Menschenrechte verletzende Zwangsmaßnahme, dass Asylbewerber und diejenigen, die hier leben und die deutsche Staatsbürgerschaft erwerben wollten, Deutsch lernen sollten. Inzwischen ist bekannt, so sagt es auch Necla Kelek, die als gebürtige Türkin nicht das deutsche Schuldtrauma mitträgt und die Dinge daher beim Namen nennen kann, dass ein wesentliches Hindernis bei der Integration von Muslimen ihr eklatanter Mangel an Deutschkenntnissen ist. Immer wieder höre ich – von Deutschen und von Türken – das Argument, der deutsche Staat habe nichts für die Integration getan, und es gäbe keine bezahlten Sprachkurse für Ausländer. »Warum muss der Staat bezahlen, wenn jemand Deutsch lernen will?«, fragt Necla Kelek in ihrem Buch, zumal, wenn er bei uns wohnen, leben, wählen, Radio hören und fernsehen will. »Ich halte das für eine Selbstverständlichkeit für jeden, der sich entschließt, auf längere Dauer in ein fremdes Land zu gehen, dass er sich bemüht, die Sprache dieses Landes zu erlernen, ob mit oder ohne staatliche Hilfe.«

Wie lange belügen wir uns noch selbst?

Wir lügen uns immer noch gerne etwas vor und hätscheln den Aberglauben, wir könnten unsere Landesgrenzen lückenlos kontrollieren. Aber weit gefehlt. Am 11. Dezember 2003 konnten wir im *Rheinischen Merkur* lesen: »Gabi Holtrup aus dem Bundesinnenministerium räumte ein, dass trotz intensivierter grenzübergreifender Kooperation und mehr Geld für Personal und technische Ausrüstung eine lückenlose Kontrolle unmöglich ist. Holtrup: ›Natürlich wird nicht jedes Auto an einer Schengengrenze kontrolliert, sonst würde der Verkehr zusammenbrechen‹«

Endlich spricht da mal jemand Klartext! Auch, wenn manche die Fakten gerne schönreden würden – für die nächsten zehn Jahre und für ganz Europa müssen wir sagen: Wir haben nichts im Griff. Wir wissen, dass wir Zeitzeugen einer großen Völkerwanderungsbewegung sind, die gegen unsere Küsten und Flughäfen, unsere Grenzzäune und Türen brandet. Aber wir wissen nicht, wie wir damit umgehen sollen.

In Deutschland leben schätzungsweise 230 000 »geduldete« Personen – es können aber auch durchaus 330 000 sein! Dabei handelt es sich um die berüchtigten »Altfälle«, die dringend einer »Schlussstrichregelung« bedürfen. Mit »Altfällen« sind Ausländer gemeint, die sich seit über sieben Jahren in Deutschland durchschlagen, mit und ohne Tricks, mit und ohne Unterstützung, und die wir nicht einfach rauswerfen oder, wie die Schweizer sagen, »ausschaffen« können. Für diesen Personenkreis muss eine Schlussstrichregelung gefunden werden – allein schon deshalb, weil das Verwalten einer so großen Zahl von Halb- oder Dreiviertellegalen einen unverhältnismäßigen bürokratischen und finanziellen Aufwand darstellt. Dazu kommt, dass die »Altfälle« ja nicht offiziell arbeiten dürfen und damit dem deutschen Steuerzahler auf der Tasche liegen. Eine Schlussstrichregelung würde bedeuten, dass alle Illegalen, die sich seit einer bestimmten Zeit in Deutschland aufhalten, durch einen Verwaltungsakt legalisiert und in der Bundesrepublik akzeptiert würden.

Bedenkt man, dass diese 230 000 oder 330 000 Menschen de facto längst bei uns integriert sind, dass ihre Kinder hier aufwachsen und zur Schule oder in die Lehre gehen und damit auch von unseren Werten geprägt werden, ist eine »Altfallregelung«, wie sie im Juristendeutsch heißt, seit langem überfällig. Wir Deutschen müssen allmählich lernen zu begreifen, dass die humanitären Prinzipien und Imperative sehr wohl mit unseren ureigenen sozialen und politischen Interessen übereinstimmen können. Es ist deshalb wünschenswert, nein, sogar dringend geboten, dass eine solche Schlussstrichregelung in das Zuwanderungsgesetz eingefügt wird.

Spanien geht da beherzter vor. Das Land ist neben Italien der größte Anlaufort und Knotenpunkt für illegale Einwanderung aus dem Maghreb und damit aus Afrika geworden. Die Kanarischen Inseln sind überdies mittlerweile ein wichtiger Standort für Menschenhändler. In den Jahren 2002 und 2003 hat Spanien Deutschland als größtes Einwandererland zahlenmäßig überholt. Deshalb beschloss die Regierung von Ministerpräsident José Luis Zapatero nach einer Ankündigung von Arbeits- und Sozialminister Jesús Caldera vom 27. Oktober 2004, in einer »historischen Reform« des Ausländerrechts einige hunderttausend illegale Einwanderer zu integrieren. Die Zahl der bisher nicht legalisierten *sin papeles,* also derer, die ohne gültige Papiere im Land leben, wurde zu dem Zeitpunkt auf etwa eine Million geschätzt. Der Vorschlag der Regierung ist mittlerweile Gesetz und wurde bereits umgesetzt: Danach kann jeder illegale Einwanderer, der seit mehr als sechs Monaten in einer spanischen Stadt oder Gemeinde wohnt und einen Arbeitsvertrag für mindestens ein halbes Jahr vorweisen kann, eine Aufenthaltserlaubnis beantragen. Die Ausstellung der Genehmigung hängt dann nur noch von der Zustimmung der Sozialversicherungsbehörde ab. Das muss jedoch innerhalb von drei Monaten passieren. Wer sich später meldet, muss zwei Jahre Aufenthalt in Spanien nachweisen sowie einen Arbeitsvertrag über ein Jahr.

Dies war in Spanien bereits der dritte Anlauf für eine Reform des Ausländerrechtes und hatte zwei Ziele: Zum einen will man durch die Amnestie die große Zahl der illegalen Schwarzarbeiter in einen geregelten Steuer-, Arbeits- und Versicherungsprozess integrieren. Zum anderen ist es natürlich auch ein Versuch, den gegenwärtigen und künftigen Zustrom von Ausländern durch klarere Vorgaben einzudämmen oder wenigstens zu kontrollieren.

Das dürfte sich aber nur erfolgreich bewerkstelligen lassen, »wenn sich eine wirkungsvollere Grenzkontrolle in Zusammenarbeit mit den Ausreiseländern – vor allem den nordafrikanischen Mittelmeeranrainern – und eine noch striktere Bekämpfung der Menschenhändlermafia« damit verbindet, wie die *Frankfurter Allgemeine Zeitung* am 28. Oktober 2004 schrieb. Ob das gelingen kann, ist bei der inneren Verfassung der Mittelmeeranrainerstaaten allerdings eher zweifelhaft.

Die Spanier haben sich trotz aller Bedenken entschlossen, das Gesetz und die Amnestie als einen großen Erfolg zu werten. In allen west- und mitteleuropäischen Staaten gibt es ähnliche Pläne, aber kein Land hatte bislang den Mut, sie so direkt und großzügig umzusetzen. Die Reform sieht übrigens keine Sanktionen vor für Firmen, die bisher schon illegale Migranten beschäftigt haben. Man hat in Madrid auch Vorschläge abgewehrt, nach denen Illegale eine Aufenthaltserlaubnis hätten bekommen können, wenn sie ihren Arbeitgeber anzeigten ...

All das zeigt: Wir können uns in Deutschland nicht mehr alleine auf die Politik verlassen. Parteien und auch Parteienvertreter müssen sich vorwerfen lassen, dass sie in der Frage der Einwanderung nicht mehr das Ohr am Volk haben. Die Deutschen sind nicht generell ausländerfeindlich, auch lehnen sie Ausländer keineswegs grundsätzlich ab. Aber es ist immer leicht, den Leuten Angst einzujagen – und genau das bezweckten CDU und CSU mit ihrer Aktion, die Bevölkerung zum EU-Beitritt der Türkei zu befragen. So wie der hessische Ministerpräsident Roland Koch im Jahr 2000 die Landtagswahl unter anderem deshalb gewann, weil er die Bevölkerung gegen das Gesetz zur doppelten Staatsbürgerschaft mobilisierte.

Die Asylbewerber

»A refugee would like to have your problems.« –
»Ihre Probleme hätte ein Flüchtling auch gerne.«

Slogan auf Plakaten des UNHCR

Wer kommt da eigentlich?

Eigentlich ging es bei den Asylbewerbern schon immer um verschiedene Gruppen von Menschen, die nach Deutschland kamen. Da waren zuerst einmal diejenigen, die an der Grenze oder am Flughafen das zu Aufenthalt und Duldung berechtigende Wort »Asyl« riefen oder sogar dazu gedrängt wurden, weil sie dadurch verfahrensrechtlich besser gestellt waren und sind. Die zuständige Gemeinde musste dann nicht für die Kosten des Asylbewerbers aufkommen, denn bei Asyl zahlte das jeweilige Bundesland.

Die zweite Gruppe waren die Bürgerkriegsflüchtlinge, die für die Dauer des Krieges Aufenthalt und Schutz in Deutschland bekommen sollten. Nach dem 1993 ausgehandelten Asylkompromiss sollten Bürgerkriegsflüchtlinge einen besonderen provisorischen Status bekommen, also auf Zeit. Sie sollten sofort aufgenommen werden können, aber nach Kriegsende wieder in ihr Heimatland zurückkehren. Dieser Passus bezog sich vor allem auf die rund 400 000 bosnischen Bürgerkriegsflüchtlinge, die nach 1992 nach Deutschland kamen.

Eine dritte Gruppe gab es rechtlich und politisch eigentlich gar nicht: die Einwanderer. Einwanderer waren in der offiziellen politischen Philosophie nicht vorgesehen: Da Deutschland vorgeblich kein Einwanderungslang war, konnte es auch keine Einwanderer geben. Formal gibt es sie immer noch nicht, obwohl die Mehrzahl der Menschen, die aus Osteuropa, aus Südostasien oder aus Afrika zu uns kommen, echte Einwanderer sind. Seit Jahren wiederholen Politiker gebetsmühlenartig: »In Deutschland gibt es keine Einwanderer!«, oder: »Deutschland ist kein Einwanderungsland!« Jeder weiß aber, dass wir die großen Wanderungen oder Märsche der nächsten Jahre und Jahrzehnte nicht unter der Bezeichnung »Asyl« werden sehen und behandeln können. Es sind schließlich in der Hauptmasse Migranten, Einwanderer oder Zuwanderer.

Die vierte Gruppe stellt eine ureigene deutsche Spezialität dar: hunderttausende von Aussiedlern oder Spätaussiedlern aus den Ländern der ehemaligen Sowjetunion. Viele wurden in Deutschland nicht heimisch, viele hinterließen in der tadschikischen Hauptstadt Duschanbe, in Bischkek, der Hauptstadt Kirgisiens, in Kasachstan, in Omsk oder im sibirischen Nowokusnezk blühende Dörfer, die mittlerweile verfallen oder zerstört sind.

Semantisch gibt es noch eine fünfte Gruppe: die Wirtschaftsflüchtlinge. Das ist ein hässliches Wort. Natürlich kommen viele wegen der besseren Lebensverhältnisse nach Deutschland. Eigentlich sind sie deshalb Einwanderer wider Willen, die sich als Asylbewerber tarnen müssen.

Dadurch, dass wir am heiligen Gral des Artikels 16 a auch nach der Reform des Asylrechts im Jahr 1993 festgehalten haben, sind unsere Instrumente für den Umgang mit Asylbewerbern und Einwanderern nicht besser geworden. Wären wir doch nur etwas menschenfreundlicher und pragmatischer gewesen! Aber nun schränkt Absatz 2 des in Artikel 16 a umgewandelten Asylartikels die ursprüngliche Großzügigkeit durch die Drittlandregelung ein, und Absatz 3 legt fest: »Durch Gesetz, das der Zustimmung des Bundesrates bedarf, können Staaten bestimmt werden, bei denen auf Grund der Rechtslage, der Rechtsanwendung und der allgemeinen politischen Verhältnisse gewährleistet erscheint, dass dort weder politische Verfolgung noch unmenschliche oder erniedrigende Bestrafung oder Behandlung stattfindet. Es wird vermutet, dass ein Ausländer aus einem solchen Staat nicht verfolgt wird, solange er nicht Tatsachen vorträgt, die die Annahme begründen, dass er entgegen dieser Vermutung politisch verfolgt wird.«

Das sind alles typisch deutsche Einschränkungen, juristische Worthülsen und Wortprothesen. Schon die komplizierte Wortmasse der zugefügten Absätze ist dazu angetan, die schöne, frohe Botschaft des Ur-Asylartikels 16 zu zerschlagen, und das war beabsichtigt. Man geht hier lieber mit der Brechstange durch den Wald, als politisch pragmatische Lösungen anzustreben. Deshalb bin ich der Ansicht, man hätte besser den Asylartikel insgesamt gekippt und sich, wie andere Völker und Staaten auch, nur noch auf die Genfer Flüchtlingskommission berufen. Sie reicht aus, damit Deutschland ein menschen- und flüchtlingsfreundliches Land ist und bleibt.

Schon damals, nach 1993, war erkennbar, dass es gar nicht mehr nur um Asyl ging, sondern mehr und mehr auch um Einwanderung. Da man aber nun den Gral Artikel 16 immer noch in Händen hält, erfindet man immer wieder herrliche Tricksereien wie zum Beispiel das Institut der »inländischen Fluchtalternative«, das von vielen deutschen Botschaften manchmal widerwillig begründet werden muss: Ein Tschetschene kann nach Ansicht des Gesetzgebers auch in Archangelsk oder in Wladiwostok leben und untertauchen, und ein Mann aus Luanda zum Beispiel, der nach Angola geflohen ist, kann nach dieser Auffassung in der südlichen Provinz Cunene sicher und ohne Belästigung leben und seinen Lebensunterhalt verdienen. Und warum geht ein Kosovo-Albaner nicht einfach nach Ulcin in Montenegro, wo die Albaner und die slawischen Serben und Montenegriner leidlich miteinander leben? Ob er das aber will und kann, das steht auf einem ganz anderen Blatt und wird natürlich von den Asylbehörden in Deutschland nicht hinterfragt. Zum Vergleich: Was würden die Menschen sagen, die seit den neunziger Jahren in Lüchow-Dannenberg gegen die Castor-Transporte demonstrieren, wenn ihnen der Bundesumweltminister rundheraus erklären würde, sie müssten ja nicht dort wohnen, sondern könnten doch auch in den Bayerischen Wald oder in die Fränkische Schweiz ziehen?

Die Praxis des Asylrechts: der Fall Riza Askin

Am 7. Februar 1994 wurde der Kurde – aufgrund seiner Staatsangehörigkeit war er für die deutsche Polizei und die Behörden schlicht ein »Türke« – Riza Askin in seiner Asylbewerberunterkunft in Bruchsal abgeholt, nachts um vier, bei Nacht und Nebel. Er konnte sich nicht von seinen Freunden verabschieden, nicht telefonieren, die Beamten packten seinen Koffer. Damit hatte der Prozess begonnen, der in der Sprache der Polizei »Abschiebung« heißt. Keine Kirche, keine Gemeinde hatte sich mehr dazwischengeworfen, niemand hatte ein Kirchenasyl organisiert. Dabei wäre Kirchenasyl die einzige Rettung für Riza Askin gewesen, dagegen lassen weder der Bundesinnenminister noch die Landesminister ihre Polizisten antreten. Aber auch die Kirchen nutzen die Möglichkeiten des Asyls nur exemplarisch und viel zu vorsichtig. Ganz offensichtlich wollen sie es nicht zum großen Krach mit dem Staat kommen lassen, schließlich leben sie von den vom Staat eingezogenen Kirchensteuergeldern.

Ein so genannter Begleitbeamter – ein Bundesgrenzschutzbeamter in Zivil – hatte bereits das Ticket und das Ausreisedokument bei sich und nahm Riza Askin sechs Stunden später am Frankfurter Flughafen in Empfang. Um 13 Uhr stiegen sie mit zwei weiteren »Schüblingen«, wie der Polizeijargon sie nennt, in das Flugzeug nach Istanbul.

Was dann geschah, ist wahrscheinlich in hunderten von ähnlichen Fällen so geschehen, aber es hätte nicht geschehen dürfen. Es konnte geschehen, weil wir uns auf ein ganz mieses Asylverfahren, auf eine ausgesprochen schlechte Praxis eingelassen haben. Diese Praxis sah im Fall von Riza Askin so absurd, so hanebüchen, so menschenverachtend aus, wie sie der Journalist Jochen Buchsteiner, den ich später immer wieder zu diesem Fall gesprochen habe, in der *ZEIT* vom 10. Juni 1994 beschrieben hat. Buchsteiner hatte Askin in der osttürkischen Stadt Gaziantep nahe der Grenze zu Syrien heimlich interviewen können.

Der Kurde verlor unmittelbar bei der Ankunft in der Türkei all seine Freiheitsrechte und seine Unbescholtenheit, obgleich ihm die ordentliche deutsche Ausländerbehörde versicherte: »Es geschieht Ihnen nichts, Riza Askin.« Es fing damit an, dass die türkischen Grenzpolizisten ihn fragten, warum er in Deutschland einen Asylantrag gestellt habe, und warum er sein Land beschmutzen wollte. Dann fanden sie einen Kalender in den Farben der kurdischen Arbeiterpartei PKK, das Verhör eskalierte. Den Kalender, meinte Riza, hatten die deutschen Beamten wahrscheinlich aus Versehen in seinen Koffer gepackt; er selbst hatte überhaupt keinen Kontakt zur PKK, aber in dem Asylbewerberheim, wo er abgeholt worden war, lebten viele Kurden, die der PKK nahe standen.

In der Nacht wurde Riza Askin in eine Verhörzelle am Flughafen gesteckt. Der Mann kam im Grunde nach der Landung in Istanbul gar nicht mehr an die Luft und in die Freiheit seines Heimatlands. Am nächsten Morgen wurde er der Politischen Polizei in Istanbul vorgeführt. Wenn er »singen« würde, dürfe er nach Hause, hieß es. Er erklärte, dass er überhaupt nichts wisse, und da geschah das Ungeheuerliche: Sie zogen ihn nackt aus, verbanden ihm die Augen, fesselten ihn an ein Metallkreuz. Dann hängten sie ihn mitsamt dem Kreuz irgendwo auf und spritzten ihn mit kaltem Wasser ab. Stromstöße bekam er versetzt. »Sie haben mir Drähte an die Augenlider gelegt, auch an die Zehen und den Penis. Um keine Spuren zu hinterlassen, legten sie feuchte Läppchen unter«, berichtete er dem *ZEIT*-Journalisten. Irgendwann präsentierten sie dem schmächtigen 28-Jährigen dann ein Geständnis und nahmen ihm die Augenbinde ab, damit er sehen konnte, wo er unterschreiben sollte.

Später widerrief er das Geständnis. Solche Fälle gab es immer wieder. Niemand konnte sagen, wie viele das waren, aber der Fall war typisch. Im Jahr 1993 wurden trotzdem über tausend Kurden von Deutschland aus in die Türkei abgeschoben, sowohl aus CDU- wie aus SPD-geführten Bundesländern.

Das Asylrecht hat das alles nicht verhindert. Schon die Anwendung der Bestimmungen der Genfer Konvention hätte ausgereicht, um zu verbieten, dass ein Kurde nach jahrelangem Aufenthalt in Deutschland in die Türkei abgeschoben wurde, da ihm dort Verfolgung drohte. Später, im Fall des Imam Metin Kaplan und seines Kölner »Kalifatsstaats«, zögerten die deutschen Behörden mit der Abschiebung, weil der selbsternannte »Emir der Gläubigen und Kalif der Muslime« sich eine exzellente Verteidigung leisten konnte.

Dass in den siebziger bis neunziger Jahren Kurden bei ihrer Rückkehr in die Türkei vom türkischen Staat malträtiert werden konnten, war bekannt, wurde aber von der deutschen Asylgerichtsmaschinerie konsequent verneint. Heute gehen die türkischen Behörden vorsichtiger vor, da die Türkei ja in die Europäische Union aufgenommen werden möchte. Eine Voraussetzung müsste meines Erachtens allerdings sein, dass die Kurden in der Türkei als Bürger ihres Landes mit allen Rechten und Pflichten behandelt werden. Sie müssten ihre eigene Sprache sprechen und an ihre Kinder weitergeben dürfen; und sie müssten sich auch offiziell als Kurden bezeichnen dürfen.

Die »inländische Fluchtalternative«, die nie in irgendeinem Grundgesetzartikel stand, sondern die Erfindung von Rechtsanwälten ist, war auch damals die heuchlerische und bigotte Begründung, mit der die Kurden in die Türkei zurückgeschickt wurden, genauso wie die Tamilen nach Sri Lanka und die Kosovo-Albaner nach Mazedonien. Der in die Türkei Abgeschobene könne ja, so der Gedanke, sich in einem anatolischen Dorf verstecken oder bei Freunden in der Millionenstadt Istanbul untertauchen. Dann sei er nicht mehr gefährdet.

Das deutsche Asylrecht hat vielen Menschen das Leben gerettet, aber der Artikel und das Menschenrecht auf Asyl wurden im Lauf der Jahre so ausgehöhlt, dass es inzwischen nur noch ein Schatten seiner selbst ist. Deshalb müssen bei der Abschiebungsentscheidung nicht nur deutsche Botschaften, sondern wirkliche Experten, beispielsweise Vertreter von Nichtregierungsorganisationen, die in dem betreffenden Land gearbeitet haben und im Zweifelsfall mehr wissen als die Botschaftsattachés, zu Rate gezogen werden. Das kann das Auswärtige Amt nicht leisten und schon gar nicht die betroffene deutsche Botschaft vor Ort, denn die Botschaften sind staatliche Organisationen und können einen Abschiebungsfall immer nur im Sinne des Außenministers und der Staatsinteressen begutachten. Gerade diejenigen, die Asyl hätten bekommen müssen, haben es häufig nicht bekommen: In den achtziger Jahren beispielsweise hätten viele Chilenen bei uns Asyl bekommen müssen. Norbert Blüm weiß, wie schwierig das war, er hat sich selbst in Santiago de Chile intensiv um diese Menschen gekümmert. Andere wieder bekamen allein deshalb Asyl, weil sie ihren Verfolgungstatbestand formal und mit guten Papieren belegen konnten. Es muss aber auch ohne Papiere gehen. Dass Tschetschenen in der Bundesrepublik Deutschland im Jahr 2005 nicht selbstverständlich Asyl bekommen, ist eine Schande und spricht dafür, dass die Regeln zur Gewährung von Asyl einschneidend geändert werden müssen und nicht staatlich gehandhabt werden dürfen. Im Jahr 2004 beispielsweise musste die tschetschenische Familie Ahmed Khusikanow in Münster fürchten, dass ihre beiden Töchter nach Russland zurückgeschickt würden. Nur die Intervention des Bundestagsabgeordneten Ruprecht Polenz bewahrte sie vor der Abschiebung.

Sind Asylbewerber Schmarotzer?

An deutschen Stammtischen und in den Staatskanzleien, zumal in der bayerischen, wird gerne behauptet, Asylbewerber seien Schmarotzer. Das ist ein Hohn und eine Ungerechtigkeit, eines ausgewogen urteilenden, christlich-humanistischen Landes nicht würdig. Die Asylbewerber haben unglaublich viel auf sich genommen und ihre vertraute Umgebung verlassen, um in Europa zu arbeiten. Oft unterstützen sie mit allem, was sie verdienen, ihre Familien zu Hause in einer Weise, die wir uns kaum vorstellen können.

Jeden Tag, jede Nacht – außer, es ist sehr schlechtes Wetter – landen Flüchtlinge oder Einwanderer an einer der Küsten des nördlichen Mittelmeers. Es sind aber nicht nur Afrikaner, es sind auch Menschen aus Asien und Nahost. Aus dem Nahen Osten kommen beispielsweise Palästinenser, die uns auf das ungelöste Problem Palästina hinweisen. Aus Afrika kommen Menschen, die dort meist zu den Jungen, Tüchtigen und Reichen gehören. Diese kräftigen, oft Englisch sprechenden Männer führen uns vor Augen, wie groß das Wohlstandsgefälle zwischen ihnen und uns ist. Heute, im Jahr 2005, weiß niemand, wie wir diese Lücke ohne Gewaltanwendung schließen können. Ein Vorwurf aber ist grundfalsch: dass Asylbewerber Schmarotzer seien. Wer bei uns Asyl beantragt, ist häufig wegen des Arbeitsverbots und der gesetzlichen Bestimmungen in Deutschland zur Untätigkeit gezwungen. Die meisten aber wollen hart arbeiten, sind in der Regel sogar härtere Arbeit und längere Arbeitszeiten gewöhnt.

Italien ist ein politisch pragmatisches Land. Es hat wie beschrieben ein Rücknahmeabkommen mit Tunesien geschlossen, das aber versüßt wurde durch die Entscheidung der italienischen Regierung, 40 000 Tunesier auf Zeit in Italien arbeiten zu lassen. Eine ähnliche Vereinbarung versucht Italien jetzt mit Libyen zu treffen, denn es sind weitere Einwanderungswellen zu erwarten, wie die *Frankfurter Allgemeine Zeitung* am 30. August 2004 schreibt: »Unter Algeriern und Marokkanern, den Armen im Sudan und Ghana, aber auch in Nigeria und in Pakistan hat sich herumgesprochen, dass die geringste Entfernung auf dem Meer zu einem italienischen Gestade von Libyen aus gemessen wird.«

In Libyen allerdings ließen die Behörden die Kontrollen schleifen. Das soll sich jetzt ändern, denn allein mit den Mitteln der politischen Verfolgung und der Gewährung von Asyl kommt man nicht mehr weiter. Auch die italienischen Behörden, das Flüchtlingshilfswerk der Vereinten Nationen und deren Sprecherin in Italien, Laura Boldrini, erklären, dass es im Prinzip gleichgültig sei, ob jemand sein Heimatland aus politischen oder wirtschaftlichen Gründen verlassen habe. Wenn jemand in Europa gelandet sei, müsse man mit ihm fürsorglich, karitativ und sozial umgehen. Es sind zum Glück nur dumpfe verbalpolitische Attacken, wenn der Reformminister der Lega Nord, Roberto Calderoli, nach Kanonenbooten ruft, mit denen man die Flüchtlinge von der Küste abhalten und ins Meer zurückscheuchen sollte.

»Dabei«, so die *Frankfurter Allgemeine Zeitung*, »verschweigen die Italiener nicht länger, dass ihnen billige Arbeitskräfte willkommen, ja unentbehrlich sind. Ob beim Fischfang im südlichen Sizilien, auf den Feldern Apuliens, Kalabriens um Neapel oder in den Kleinunternehmen Venetiens oder der Lombardei, überall werden die Illegalen benötigt. Wenn sie tüchtig sind, können ihre Arbeitsverhältnisse legalisiert werden, und sie können, wie die Bankstatistiken besagen, Geld an ihre Familien in der Heimat überweisen.«

Um nach Europa zu gelangen, vollbringen Flüchtlinge manchmal unvorstellbare Leistungen. Die Vietnamesen beispielsweise kommen auf Wegen hierher, die wir ordentlichen Bundesbürger uns kaum vorstellen können. Überhaupt ist die Überzeugung, wir lebten deshalb in der besten aller entwickelten Welten, weil wir so unglaublich tüchtig seien, das törichtste Argument gegen die Aufnahme von Flüchtlingen bei uns. Es gibt wirklich Menschen bei uns, die glauben, die anderen lebten deshalb im Elend und Dreck, weil sie zu faul seien. Das ist Zynismus pur. Genau genommen sind die Habenichtse, die sich auf den Weg zu uns machen, schon auf Grund ihrer Leistungen während der monatelangen beschwerlichen Reise prädestiniert, Arbeiten zu übernehmen, die wir nicht machen wollen, weil sie uns zu anstrengend und zu dreckig sind.

Luu Van Tac und Nguyen Thi Xay beispielsweise kommen aus dem Norden Vietnams, sind also keine Boatpeople aus den achtziger Jahren, sondern Nordvietnamesen aus den Neunzigern. Ich traf sie in Thale bei Halle, wo sie heute wohnen, und sie erzählten mir, wie sie ihren Plan verwirklichten und nach Deutschland kamen.

Für fünfhundert US-Dollar pro Person besorgten sie sich in Hanoi Touristenvisa für Russland. Die Visa sollte es in Vietnam eigentlich ohne Gebühren geben, aber im Land herrscht eine solche Korruption, dass man eben doch zahlen muss. Gerade jemand, der bei der Polizei durch Widerstand gegen das Regime aufgefallen war, wird nicht einfach mit einem Pass belohnt. Am Flughafen von Hanoi mussten sie dann die Flughafenbeamten hier und da noch mal mit zwanzig Dollar bestechen. Doch dann saßen sie in einer Maschine der Air Vietnam nach Moskau.

Dort angekommen, bekamen sie eine Aufenthaltserlaubnis für einen Monat. So lange gilt das extrem teure Touristenvisum für Russland. Diese legale Frist war natürlich schnell um, doch die beiden schlüpften bei befreundeten Vietnamesen in Moskau unter. Die Illegalität schreckte Luu Van Tac und Nguyen Thi Xay nicht.

Nach ein paar Wochen kauften sie sich eine Zugfahrkarte nach Brest-Litowsk, direkt an der russischen, genauer der weißrussischen Grenze zu Polen. Mit irgendwelchen Beschäftigungen zu Sklavenlöhnen hatten sie sich das Geld dafür verdient. Ein paar Tage in Grenznähe außerhalb von Brest-Litowsk, und schon hatten sie herausgefunden, wie man illegal nach Polen kommt.

Auf der polnischen Seite ging es im gleichen Stil weiter: Wieder fuhren die beiden mit der Eisenbahn, über Warschau bis in die Nähe der deutsch-polnischen Grenze. Dort stiegen sie aus.

Ich wollte wissen, woher sie die geografischen Kenntnisse hatten. Die Antwort war simpel: »Wir haben uns eine Landkarte gekauft!«

Irgendwie kamen sie nachts zu Fuß an die Oder, an eine der Stellen, von der die Menschen wissen, dass man sich Kleider, Strümpfe und Hosen mitnehmen muss, um sich nach der Flussdurchquerung trockene Sachen anziehen zu können.

Schließlich kamen sie nach Halberstadt, in die große Aufnahmestelle, das Transit-Asylheim, wie alle Asylbewerber aus Osteuropa und Vietnam. Von dort gelangten sie in das kleine, verträumt und versteckt in einer Waldgegend gelegene Thale bei Halle. Hier bekamen sie zunächst Duldung und anschließend eine Aufenthaltserlaubnis. Doch den sicheren Status, mit dem sie hier hätten arbeiten und sich frei bewegen können, erhielten sie nicht.

Illegale: die große Wanderung

»Schwarzmärkte blühen überall dort auf, wo es Restriktionen gibt. Nach dem Prinzip der kommunizierenden Röhren sorgen sie, ohne Rücksicht auf Gesetze, Vorschriften und ethische Normen, für den Druckausgleich zwischen Angebot und Nachfrage«, schrieb Hans Magnus Enzensberger 1992 in seinem Essay *Die große Wanderung*. In allen wohlhabenden Ländern der Ersten Welt habe sich ein illegaler Menschenhandel entwickelt. »Während aber auf klassischen Schwarzmärkten stets höhere Preise als im legalen Handel erzielt werden, folgt der schwarze Arbeitsmarkt der umgekehrten Logik. Hier regiert nicht der Mangel, sondern der Überfluss«, so Enzensberger. »Überflüssige Menschen sind billig. Die klandestine Einwanderung senkt den Preis der Arbeitskraft … Dass der Umfang der Sklavenmärkte unbekannt ist, liegt in der Natur der Sache.« Diese Migranten oder Flüchtlinge kämen immer wieder aus Ländern, aus denen die Armut und die Erwartung sie hinaustreibe: Die eigene Tüchtigkeit werde sie dazu befähigen, nicht nur ihr Leben durch die eigene Arbeitskraft zu gestalten, sondern auch noch eine eigene Unternehmerkarriere im Gastland zu beginnen, um damit auf Dauer die eigene Familie in der Heimat zu unterstützen.

Im gesamten Jahr 1994 griffen die litauischen Grenzwächter 620 Illegale auf, darunter 290 Inder und 158 Menschen aus Sri Lanka. Bis Ende 1995 waren es schon 1200 Personen, darunter 307 Inder, 204 Pakistanis und 200 Sri-Lanker. Litauische Zeitungen berichteten damals von 5000 Asiaten, die entlang der weißrussischen Grenze auf die Weiterreise nach Europa warteten. Während 1992 noch ein letztes größeres Schiff mit asiatischen Flüchtlingen an der schwedischen Küste landete, nutzten die Einwanderer später zunehmend die Möglichkeit, über die grüne Grenze nach Polen einzureisen – das ist zudem viel billiger als eine Schiffspassage mit einem Schlepper. 15 Prozent der Illegalen, so die Schätzungen, benutzen Schiffe, vor allem um die nach Deutschland beliebtesten skandinavischen Länder zu erreichen: Schweden, Norwegen, Dänemark und Finnland. Die litauischen Grenzwächter schätzen, dass es ihnen gelingt, rund die Hälfte der illegal nach Polen Ein- und Durchwandernden aufzugreifen. Damit liegt ihre Erfolgsquote sogar höher als etwa die der deutschen Bundesgrenzschutz-Beamten. Durch die Länder der ehemaligen Sowjetunion, vor allem die Ukraine, Weißrussland, Moldawien und Litauen zieht ein Strom von Menschen, die aus Vietnam, Kambodscha und Thailand, Pakistan, Indien und Sri Lanka kommen. Das UNHCR schätzt ihre Zahl vorsichtig auf 30 000 bis 40 000.

Überall unter uns leben Illegale. Sie arbeiten zum Beispiel als Zwangsprostituierte, so berichtet die Ordensfrau Lea Ackermann, die Leiterin der Hilfsorganisation »Solwodi« in Boppard am Rhein. »Solwodi« steht für »Solidarity with women in distress«, also »Solidarität mit Frauen in Not«. Dieser verdienstvollen Organisation, deren Mitarbeiterinnen bis an den Rand der physischen Erschöpfung arbeiten, stehen keine größeren Geldmittel zur Verfügung. Skandalöserweise haben die Kirchen und der Staat den Wert der außerordentlichen Arbeit, die »Solwodi« leistet, noch nicht erkannt.

Die Illegalen verdingen sich als billige Arbeitskräfte, besonders für Arbeiten, für die wir Mitteleuropäer uns zu schade sind, und sie arbeiten in der Landwirtschaft. Dem müssen wir auf den Grund gehen: Wie können wir diesen Arbeitskräften, die aus Osteuropa, aus dem Nahen Osten, aus Afrika, aus Pakistan oder Bangladesch nach Europa strömen, eine Chance geben?

Vielleicht gelingt es doch noch, die Entwicklungspolitik der europäischen Regierungen so kräftig und wirkungsvoll zu gestalten, dass sie etwas bewirken kann. Ein anderer Weg ist die bereits angesprochene Möglichkeit, ausgewählten Kontingenten von Migranten die Chance zu geben, in Europa wenigstens temporär zu arbeiten und mit ihren Überweisungen ihre daheim gebliebenen Familien zu unterstützen. Solche Arbeitsbewilligungen müssten, »um überhaupt den Migrationsdruck zu lindern, massenweise vergeben werden können – kein europäisches Land dürfte ausscheren«, wie die *Neue Zürcher Zeitung* in einem Leitartikel vom 21. August 2004 schreibt. Nach einer Idee des *Economist* sollten solche Arbeitsbewilligungen gegen eine Gebühr vergeben werden, welche die von den Schlepperbanden erhobenen Transportkosten nicht übersteigt.

Aber eines ist klar: Es muss beherzte europäische Entscheidungen geben, und das möglichst bald, denn der Strom der Zuwanderer aus Afrika und dem Nahen Osten wird täglich stärker. Die Schätzungen gehen nicht mehr nur in die Hunderttausende, sondern demnächst in die Millionen. Die USA können in dieser Frage nicht mehr den Vorreiter spielen. Europa muss also sein Schicksal selbst in die Hand nehmen und vor allem gegenüber Afrika eine Politik beginnen, die Bundespräsident Horst Köhler am 1. Juli 2004 bei seiner Antrittsrede im Deutschen Bundestag sehr klar charakterisiert hat: »Unsere Menschlichkeit entscheidet sich am Schicksal Afrikas!«

Eine solche Äußerung ist jedoch mehr als blanke Rührseligkeit. Die europäische Staatengemeinschaft muss Afrika mit einer Mischung aus Menschlichkeit und knallharter Politik helfen. Und auch das muss den Afrikanern deutlich gesagt werden: Einzelnen afrikanischen Ländern werden wir im Moment wegen der dort herrschenden überbordenden Korruption und Unfähigkeit nicht helfen können.

Ungleiche Menschenrechte

Nicht alle Menschen, die gerettet werden müssen, erfahren die gleiche Behandlung. Manchen eilen wir Deutschen sofort zu

Hilfe, manche retten wir etwas später, und es gibt welche, die retten wir überhaupt nicht. So sieht die politische Realität aus.

Wer als Deutscher geboren ist und im Ausland in Not gerät, dem wird auf jeden Fall geholfen, selbst wenn er bewusst gegen eine Reisewarnung des Auswärtigen Amtes verstoßen hat. Egal, um wen es geht: Gemäß den Bestimmungen des deutschen Konsulargesetzes erhält jeder Inhaber eines deutschen Passes, vor allem, wenn er sich in einer Notlage befindet, Unterstützung und Hilfe von Geheimdiensten, Auslandsbotschaften und Konsulaten mit Geld, Transportmitteln und allem Notwendigen.

Ein krasses Beispiel ist der Fall eines deutschen Waffenhändlers in Uganda nach dem Sturz des blutrünstigen Diktators Milton Apollo Obote. Der Mann kam im Jahr 1985 nach Kampala und geriet in große Schwierigkeiten: Marodierende Milizen nahmen ihn fest und drohten, ihn zu erschießen, weil er sich unvorsichtigerweise in den Norden nach Gulu auf den Weg gemacht hatte. Die deutsche Botschaft musste ihn herausholen, obwohl alle diesen Mann verfluchten. Aber sie waren gesetzlich verpflichtet, ihm zu helfen, weil er einen deutschen Pass hatte.

Aber als in der Nacht vom 6. auf den 7. April 1994 der Völkermord in Ruanda begann, half niemand den über 800 000 Menschen, die in den folgenden Monaten zerstückelt, ertränkt oder sonst wie bestialisch ermordet wurden. Für deren Rettung hatten die Europäer nichts vorgesehen. Sie hatten ja genügend damit zu tun, die paar eigenen Landsleute aus Ruanda auszufliegen. So ließen sie das Abschlachten geschehen und schauten dem schnellsten Völkermord der Menschheitsgeschichte nur als angewiderte Beobachter tatenlos zu. Kein einziger der westlichen Staatschefs fühlte sich aufgefordert, etwas zugunsten dieser Menschen zu unternehmen. Waren Ruander, waren Tutsis vielleicht nicht Menschen in unserem von den universalen Menschenrechten geprägten Bewusstsein?

Der kanadische General Romeo Dallaire, zum Zeitpunkt des Ausbruchs des Bürgerkriegs Oberbefehlshaber der UNAMIR, der Schutztruppe der UNO in Ruanda, musste miterleben, wie seine Einheit, die aus 2700 Mann Blauhelmen bestand, in den Tagen des beginnenden Völkermordes ganz schnell auf ein Häufchen von Ghanaern und Tunesiern zusammenschrumpfte. Alle anderen wurden evakuiert, obwohl Dallaire sogar um Verstärkung von gut tausend Mann gebeten hatte. Mit dieser Verstärkung hätte, so der General, der Völkermord im Keim erstickt und verhindert werden können. Es gibt gut informierte Beobachter, die diese Einschätzung teilen.

Die französische Armee sicherte in den Tagen nach dem 6. April 1994 ganz schnell den Flughafen, um die wenigen Franzosen aus der Botschaft und einigen Firmen herauszuholen. Nicht mal die loyalen Tutsi-Sekretärinnen der französischen Botschaft durften mit in die Flugzeuge. Gerettet werden sollten nur Europäer, Westler, Weiße.

Beschämend auch das Gehabe der deutschen Verantwortlichen. Weil sich die Bundesregierung darauf einließ, deutsche Staatsbürger mit belgischen Herkules-Flugzeugen herausfliegen zu lassen, brach später eine entrüstete Diskussion in den Medien und im Bundestag darüber aus, ob es richtig gewesen sei, eine so nationale Aufgabe den Beamten der UNO zu überlassen. Die GSG 9 hätte das durchführen müssen, hieß es, vor allem um die deutschen Mitarbeiter aus der Relaisstation der Deutschen Welle, hoch über den Hügeln von Kigali, herauszuhauen. Diese lag so weit vom Flughafen entfernt, dass einige Leute nicht zusammen mit den anderen Europäern evakuiert werden konnten, sondern noch mehrere Tage lang ausharren mussten, bis sie von UNO-Blauhelmsoldaten an den Flughafen gebracht werden konnten.

Wenige Wochen später, Mitte Mai 1994, traf ich einen kongolesischen und damit notgedrungen schwarzen Arzt, der für die amerikanische Hilfsorganisation USAID in Kigali gearbeitet hatte. Er war aus Versehen in Kigali hängen geblieben. Man hatte ihn vergessen, schlicht übersehen, er hatte als US-Helfer und Arzt die falsche Hautfarbe.

Die Menschenrechte sind also nicht universal, sie sind immer noch klar aufgeteilt: in die Euro- oder Dollar-Menschenrechte der Reichen aus Europa und den USA, und in die Minder-Menschenrechte der Habenichtse und Schmuddelkinder aus dem Rest der Welt.

Gegen die Misanthropen und Deutschlandverächter

In den vergangenen 25 Jahren hat die deutsche Gesellschaft Fantastisches geleistet. Die humanitären Helfer konnten mit der großzügigen Unterstützung der Bürgerinnen und Bürger Aktionen zu Lande, zu Wasser und in der Luft durchführen. Mit den Schiffen »Cap Anamur« I, II und III gelang es uns, insgesamt 11488 Vietnamesen aus dem Meer zu retten. Wir haben im tiefsten und furchtbarsten Tschetschenienkrieg ein Kinderkrankenhaus in Grosny aufgebaut, am Minutka-Platz mitten in der Hauptstadt des Kaukasuslandes. Wir haben in Karabulak in Inguschetien ein Waisenhaus für mehr als 45 Kinder aus der Kriegsstadt Grosny eingerichtet, das den Waisen eine Schul- und Berufsausbildung ermöglicht. Wir haben mit Somalis und Ugandern, mit Ruandern und Ghanaern, mit Kambodschanern und Kolumbianern, mit Haitianern und Äthiopiern zu tun gehabt und sind immer wieder neu bereichert worden, haben über uns und über die anderen viel gelernt. Es konnten dauerhafte schöne Beziehungen zwischen Völkern, zwischen Religionen, zwischen Menschen geschmiedet werden.

Mit den »Grünhelmen«, dem Friedenscorps aus jungen Christen und Muslimen, machen wir jetzt die letzte und vielleicht auch schönste aller Erfahrungen: nämlich die, dass man mit Menschen verschiedener Religionen gut zusammenarbeiten kann. Denn wir verehren ja alle den einen Gott, der Himmel und Erde erschaffen hat.

Ich schätze die Kraft der deutschen Gesellschaft. Nehmen wir zum Beispiel den Rhein-Sieg-Kreis, in dem ich mit meiner Familie lebe. Dort wohnen insgesamt 40 105 gemeldete Ausländer mit sage und schreibe 167 Nationalitäten. Sie stellen rund 14 Prozent der Wohnbevölkerung. Dazu kommen noch 10 049 Ausländer, die in meinem Heimatort Troisdorf – zwischen Köln und Bonn – bei einem eigenen Ausländeramt gemeldet sind.

Von den über 40 000 Ausländern kommen dreißig Prozent aus der Türkei, 2910 aus Serbien-Montenegro, 2769 sind Italiener. 2637 sind Griechen, 1560 Polen, 1224 Portugiesen, 1165 Niederländer, 1153 Marokkaner, 1028 Spanier, 944 kommen aus

Russland, 895 aus Österreich. 847 sind Briten, 682 Franzosen, 677 Iraner, 653 Kroaten, 529 Belgier, 522 Iraker, 476 Kasachen, 453 sind Bürger der USA und leben jetzt in Deutschland, 398 kommen aus Rumänien, 397 aus Syrien, 382 sind gebürtige Bosnier, 341 Ukrainer, 317 Afghanen, 302 Mazedonier. Die übrigen 6 134 gehören weiteren 140 Nationalitäten an. Seit 2002 erhielten 824 Menschen aus dem Rhein-Sieg-Kreis die deutsche Staatsbürgerschaft. Und seit dem Jahr 2000 bekommen die Kinder von dauerhaft in Deutschland lebenden ausländischen Eltern automatisch die deutsche Staatsbürgerschaft.

Und dennoch: In der Bundesrepublik Deutschland bestrafen wir Bundesbürger, die auf eigene Kosten einen Flüchtling, einen Ausländer aufnehmen und ihm einen Arbeitsplatz geben wollen. Dieter Baumhäckel zum Beispiel ist Zahnarzt in Köln, ein wunderbarer Mensch und Arzt. Er arbeitete für das Komitee »Cap Anamur« in Somalia, als die Organisation im Mai 1980 mit der Versorgung einiger Flüchtlingslager bei der Stadt Hargeisa im Norden Somalias begann. Wir hatten damals in unseren humanitären Hilfsprojekten nur wenige Zahnärzte, aber Dieter Baumhäckel zeigte uns, dass diese Philosophie nur bedingt richtig war. Wenn ein Afrikaner ein Loch im Zahn hat, tut ihm das doch auch weh!

Dieter Baumhäckel fackelt nie lange. 1995, als wir bei der konstituierenden Sitzung der Initiative »Öffentlichkeit gegen Gewalt« in Köln zusammensaßen, erklärte er, dass die deutschen Politiker zu viel redeten und zu wenig täten, genau wie viele unserer Landsleute. Er gab seinen Entschluss bekannt: »Ich werde zwei Kambodschaner in meiner Wohnung aufnehmen.«

Dass das nicht nur so dahergeredet war, machte Dieter Baumhäckel auch gleich in den nächsten Tagen in einem Brief deutlich, in dem er mich um Unterstützung bat: »Anfang September wurde in Ketzin/Brandenburg ein Asylantenheim überfallen und in Brand gesetzt. Dabei verloren auch zwei Kambodschaner ihr Hab und Gut. Motiviert durch den Bericht in einer Lokalzeitung habe ich bei der Gemeindeverwaltung in Ketzin angerufen und mich bereit erklärt, diese beiden Kambodschaner in Köln bei mir aufzunehmen. Es ist geplant, die beiden im Haus eines Freundes aufzunehmen und ihnen beim Einleben etc. behilflich zu sein.«

Dieter Baumhäckel ist ein Mensch, der nicht gerne viele Worte macht. Er fuhr in seinem Brief fort: »Nachdem ich mich schriftlich dazu bereit erklärt hatte, die Kosten für die Unterbringung zu übernehmen, sollte von der zentralen Ausländerbehörde in Eisenhüttenstadt ein Umverteilungsantrag nach Nordrhein-Westfalen gestellt werden.« Dazu sei es jedoch nicht mehr gekommen, da Brandenburg als »Abgabeland« bereits selbst eine Umverteilung in Gang gesetzt hatte. Die Frau, Teo Sukunthi, sollte schon in der folgenden Woche nach Zirndorf verlegt werden, ihr Verlobter Chan Sothea in ein Asylantenheim in Thüringen. Die Frau erschien allen Beteiligten bereits extrem suizidgefährdet.

Dieter Baumhäckel gab nicht auf. Er rief in der nordrhein-westfälischen Ausländerzentrale in Unna an. Dort wurde ihm im schönsten imperativen Beamtendeutsch »unmissverständlich« bedeutet, der Umverteilungsantrag werde abgelehnt werden, wenn nicht die gesetzlichen Voraussetzungen wie beispielsweise Familienzusammenführung gegeben seien. Außerdem würde die »Bearbeitung eines solchen Antrages zwei bis drei Monate« beanspruchen.

Da muss man sich doch die Augen reiben: In einer Situation, in der die deutsche Politik, die Bundestagsfraktionen und die Landesregierungen eine ständige Klagelitanei auf die wachsende Zahl von Asylbewerbern angestimmt haben, darf ein gut beleumundeter Arzt in Köln nicht einfach auf eigene Kosten und zur Entlastung des Staates zwei Kambodschaner beherbergen! Aber Dieter Baumhäckel wäre nicht der, als den wir ihn schätzen, wenn es ihm am Ende nicht doch über den nordrhein-westfälischen Innenminister persönlich gelungen wäre, die beiden bei sich aufzunehmen. Mittlerweile haben sie nicht nur Arbeitsplätze, sondern auch deutsche Pässe.

Doch trotz aller Schwierigkeiten bleibt die deutsche Gesellschaft kräftig genug für neue Taten und Leistungen. In den Jahren 1993 und 1994 nahm die Bundesrepublik Deutschland rund 400 000 Bosnier aus dem Bürgerkriegsland Bosnien-Herzegowina auf. Das hat wieder europaweit gezeigt, wie bereitwillig die Deutschen auf die akute Not von Mitmenschen reagieren.

Ertrinkende muss man retten. Auch bei der »Cap Anamur« von 2004 war das ehernes Gesetz, und niemand rührte daran. Aber wenn man zu einer wirklichen groß angelegten Rettungsaktion aufbricht, muss man wissen, wo man die Menschen hinbringt. Das muss man auch besprechen mit den Verantwortlichen der betroffenen Regierungen, ob man diese mag oder nicht.

Im Falle der Rettungsaktionen von 1979 mit der ersten »Cap Anamur« waren die Voraussetzungen einfacher: Die Beauftragung und Legitimierung geschah unmittelbar durch die Bevölkerung in Deutschland. Denn unser Komitee »Ein Schiff für Vietnam« hatte selbst kein Geld, aber die Menschen in Deutschland waren bereit, uns jeden Monat 450 000 DM zu geben.

Ein großer Teil derjenigen, die wir vor dem Ertrinken gerettet und nach Deutschland gebracht haben, wird sicher hier bleiben. Andere werden, wenn sich die politischen Verhältnisse in ihrer Heimat gebessert haben, wieder zurückgehen, wie beispielsweise Michael Hoang Minh, der inzwischen eine große Nummer im innervietnamesischen Kaffeehandel ist. Er war nach seiner Rettung eine Zeit lang Assistent unseres »Cap Anamur«-Reeders Hans Voss. Jetzt hat er eine ganze Reihe von Angestellten, sowohl in einem gut ausgestatteten Bürogebäude im Stadtteil Anphu, als auch im Zentralhochland, in dem der meiste Kaffee angebaut wird.

Im Kosovo habe ich noch kurz vor der schlimmsten Eskalation, die dann zu den Luftangriffen der NATO und zur Vertreibung der Kosovaren führte, Aishe Berisha interviewt, eine Kosovo-Albanerin, die eine Zeit lang in Deutschland gelebt hat und mittlerweile approbierte Ärztin ist. Damals hat sie sich keinen Moment lang erlaubt, in Deutschland auf Kosten des Staates oder anderer Leute zu leben. Zusammen mit ihrem Bruder arbeitete sie in der Landwirtschaft in Deutschland. Ich traf sie inmitten ihrer bettelarmen, aber zufriedenen Großfamilie in einer kalten Bruchbude am Rande von Prishtina, an einem Abhang, der beim nächsten Unwetter wegrutschen konnte, und fragte sie, wie sie in Deutschland gelebt habe und was ihr nicht gefallen habe.

Aishe Berisha antwortete: »Ich persönlich habe gar nichts Schlechtes erlebt. Aber ich habe gesehen, dass es in Deutschland wegen der Ausländer Schwierigkeiten gibt. Es gibt jetzt Arbeitslosigkeits-Probleme, selbst für Deutsche. Ich habe gefühlt, dass ich Schwierigkeiten bringe. Ich habe gearbeitet, und in meiner Stellung wollte auch eine Deutsche arbeiten, aber sie konnte nichts. Da fühlte ich mich nicht gut. Man fühlt sich am besten in seiner Heimat. Ich möchte dort leben, wo ich mit anderen Leuten gleich fühle. Wenn mich irgendetwas anderes, Fremdes anguckt, das gefällt mir nicht.«

Ich fragte sie, ob sie denn hier im Kosovo keine Angst habe, wo doch alles so ungewiss sei?

»Die Deutschen haben große Angst vor der Zukunft«, erwiderte Aishe Berisha. »Wir haben gar nichts, wir haben kein Geld, aber wir haben auch keine Angst. Vielleicht haben die Deutschen Angst, etwas zu verlieren. Wir aber haben nichts zum Verlieren: Wir haben schon alles verloren.«

Dann sprachen wir darüber, dass die Deutschen immer unzufriedener würden, und Aishe Berisha stimmte mir zu: »Ja, das stimmt. Die Preise im Kosovo sind sehr viel höher als in Deutschland, und wir verdienen sehr viel weniger. Die Leute haben meist fünfzig bis hundert Euro im Monat. Wenn man arbeitet, bekommt man bis zu hundert Euro. In Deutschland kriegt man für die gleiche Arbeit bestimmt tausend Euro. Ich habe eine Freundin, die studierte Zahnmedizin. Sie sagte: ›Ich freue mich, dass ich Deutsche bin, dass ich in Deutschland geboren bin und dass ich keine Geschwister habe. Denn wenn ich Geschwister hätte, dann könnten meine Eltern mein Studium nicht finanzieren.‹

In unserer Familie sind wir acht Geschwister«, fährt Aishe Berisha fort, »und alle studieren. Wir haben große Lust zu studieren, aber wir haben kein Geld, keine Bücher. Wir leihen sie von jemandem und geben sie wieder zurück. In Deutschland hörte ich oft: ›Oh, Sie sind alle Studenten, Sie sind bestimmt eine reiche Familie?‹ Aber wir sind gar nicht reich.«

Selbstverschuldete Isolation – die Türken in Deutschland

Nur Geduld
Das Leben, das die meisten führen,
Zeigt ihnen, bis sie's klar erkennen:
Man kann sich auch an offenen Türen
Den Kopf einrennen.
Erich Kästner

Es geschah mitten in Berlin

Am 7. Februar 2005 wurde mitten in Berlin die Türkin Hatun Sürücü heimtückisch auf offener Straße mit mehreren Schüssen ermordet. Ein Einzelfall? Nein! Es gab in Deutschland in den vorhergehenden 24 Monaten 45 Morde an Frauen wegen verletzter Familienehre.

Aber warum musste diese schöne junge Frau sterben? Hatin Sürücü wurde vor 23 Jahren als Kind einer türkischen Familie in Berlin geboren. In den Schulferien schickten die Eltern das Mädchen immer zu Verwandten in die Türkei, mit 15 Jahren verkuppelten sie sie mit einem Cousin in Istanbul. Das ist vollkommen üblich, und wenn das Mädchen nicht vehement widerspricht, gilt der Vertrag als besiegelt. Natürlich sagt sie Ja, denn sie darf dem Wort des Vaters nicht widersprechen, sonst würde sie die Familienehre beschmutzen. Im Islam ist die Ehe kein Sakrament, sondern ein Vertrag zwischen zwei Familien.

Hunderte von jungen türkischen Mädchen in Deutschland verschwinden auf diese Weise jedes Jahr auf Nimmerwiedersehen in der Türkei. Kein Lehrer, kein Jugendamt, kein Polizist sucht nach ihnen, niemand weiß, wo sie bleiben. Eine unbeachtete Tragödie spielt sich da unter unseren Augen ab.

Mit 16 bekam Hatin Sürücü in der Türkei von ihrem Cousin

einen Sohn, trennte sich aber von ihrem Mann und ging als allein erziehende Mutter mit dem fünfjährigen Jungen nach Berlin zurück. Sie legte ihr Kopftuch ab, machte ihren Schulabschluss und begann eine Ausbildung zur Elektroinstallateurin. Unbewusst hat Hatün Sürücü damit die Traditionen der muslimisch-türkischen Leitkultur verletzt und musste dafür mit dem Leben bezahlen. Die Mörder sind wahrscheinlich ihre eigenen Brüder.

Die Wurzeln

Es gibt in Deutschland zwei Haltungen gegenüber der türkischen Gemeinde: Die eine ist wohlwollend, höflich und harmonisierend, sie setzt darauf, dass sich die 2,6 Millionen hier lebenden Türken im Großen und Ganzen durch Gewöhnung und Anpassung zu guten deutsch-türkischen Staatsbürgern entwickeln werden. Andere sind jedoch der Ansicht, das Kind sei schon in den Brunnen gefallen, die geografische und mentale Gettobildung sei nicht mehr rückgängig zu machen, eine Integration auf sanfte Art lasse sich demzufolge nicht mehr erreichen.

Die Türken machen zweifellos den größten Teil aller Einwanderergruppen in Deutschland aus. 1955 schloss die Bundesrepublik das erste Anwerbeabkommen mit Italien, 1960 gab es solche Abkommen mit Spanien und Griechenland, 1961 kam die Türkei hinzu, 1964 Portugal und zuletzt 1968 Jugoslawien.

Die Anwerbebedingungen waren hart, aber Nachkriegsdeutschland war da nicht zimperlich. »Im Sommer stand Ali im deutschen Anwerbebüro in Istanbul. Splitternackt stand er da, auch noch vor einer blonden Krankenschwester. Der deutsche Arzt leuchtete ihnen [den Kandidaten, d.V.] mit der Taschenlampe ins Gebiss und kniff sie ins Gesäß, wie man auf dem Viehmarkt Gäulen ins Maul schaut und auf die Kruppe schlägt«, beschreibt Theo Sommer die Prozedur in dem von ihm herausgegebenen Buch *Leben in Deutschland.* »Sie hatten schon einiges überstanden. Sie hatten schon vieles überstanden, den endlosen Papierkrieg und die fachliche Prüfung in einem Betrieb. Nun diese tief erniedrigende Gesundheitsuntersuchung, aus seuchenhygienischen Gründen.«

Die Türken im besten Alter, über die Theo Sommer schreibt, die Männer, die er im Café Marmara in Hamburg trifft und die dort Scrabble spielen, sind wahrscheinlich so gut integriert wie hunderttausende ihrer Landsleute. Aber andere – leider sind auch das hunderttausende – sorgen dafür, dass die Türken nicht als integrierte Mitglieder dieser Gesellschaft gelten. Die Migrationsforscherin und Soziologin Necla Kelek hat das Feld wie kaum eine andere Türkin abgeschritten und ist zu sensationellen Ergebnissen gekommen. Ihre Landsleute, sagt Necla Kelek in ihrem Buch *Die fremde Braut* sowie vorher in ihrer Doktorarbeit *Islam im Alltag*, kommen zwar nach Deutschland, aber sie kommen nicht an.

Auch Hans Koschnick, der ehemalige Bürgermeister von Bremen und frühere EU-Verwalter in Mostar, weiß, dass nach den Anwerbeaktionen der deutschen Industrie seinerzeit Fehler gemacht wurden. Die ersten Türken, so Koschnick in einem Brief an den Autor, »hatten kaum Integrationsschwierigkeiten. Doch schon mit der dritten Anwerbeaktion sind unter dem Gesichtspunkt ›Hauptsache gesund und arbeitswillig‹ Menschen aus dem ländlichen Raum der Türkei, in Sonderheit aus Anatolien angeworben worden, die noch fest in alten Traditionen wurzelten«. Diese Anatolier haben sich in unserer Welt nicht so zurechtgefunden, wie erhofft. »Hier kam es zu Gettobildungen«, schreibt Koschnick. »Wir hatten auch damals von Integration gesprochen, aber uns nicht ernsthaft darum gekümmert, obwohl wir erkennen mussten, dass dieser Kreis eigentlich integrationsunwillig war. Den Schlamassel haben wir heute, vor allem bei deren Kindern und Kindeskindern, die sich auch deshalb nicht einleben konnten. Das ist nach meiner Meinung veränderbar, aber es dauert viel, viel länger, als es erwünscht ist.«

Die Türken sind die mit Abstand mächtigste Gruppe unter den Zuwanderern in Deutschland. Es gibt aber auch weitere markante Gruppen, die im Unterschied zu den Türken andere oder überhaupt keine Schwierigkeiten haben, in der deutschen Gesellschaft Fuß zu fassen. Werfen wir zunächst einen kleinen Blick auf die ethnische Zusammensetzung der deutschen Bevölkerung.

Es gibt in Deutschland verschiedene Minderheiten mit Tradition: Da sind zum Beispiel die Dänen, die einen festen, von niemandem angetasteten Status in Südschleswig haben, mit einem eigenen Abgeordneten im Landtag von Schleswig-Holstein. Außerdem die Sorben, die Vorzeige-Slawen, die schon seit langer Zeit in der Lausitz leben. Und schließlich die Polen im Ruhrgebiet, bekannt als Kumpel und Bergarbeiter, Fußballspieler und glühende Katholiken in einer säkularen Umgebung.

Manche nationalen Minderheiten sind erst in der allerjüngsten Zeit hier angekommen. Da ist beispielsweise die große Erfolgsgeschichte der rund 50 000 Vietnamesen in den alten Bundesländern, die sich in Deutschland eingefügt haben wie kaum eine andere Gruppe. Wir haben die Einwanderung der Juden aus Russland, die nicht ohne Probleme ist, aber doch so läuft, dass man keine grundlegenden Isolationssorgen haben muss. Und wir haben seit Beginn des 20. Jahrhunderts die osteuropäischen Einwanderer, vor allem die Polen. Aber bei keiner Ausländergruppe verlief die Integration so schlecht wie bei den Türken in Deutschland.

»Wir kannten weder den Koranunterricht noch trug irgendeines der Mädchen ein Kopftuch, um seine Keuschheit und Reinheit unter Beweis zu stellen. Uns wurde gestattet, Kind zu sein«, beschreibt Necla Kelek ihre Kindheit in Istanbul in *Die fremde Braut*. »Dass schwimmen, turnen, schaukeln, hüpfen oder gar Fahrrad fahren für Mädchen verboten sein könnte, darauf wäre damals niemand gekommen. Jungen und Mädchen spielten gemeinsam, und auch meine ältere Schwester und mein älterer Bruder lebten lange Zeit unbeschwert und ohne größere Aufsicht, Maßregelungen und Verbote. Zwar rief aus der Ferne der Muezzin zum Gebet, aber die einzige Moschee im ganzen Viertel wurde von älteren Männern besucht.« Damals war also keine Rede davon, dass Mädchen und Jungen getrennt sein müssten, und dass alle Mädchen und Frauen verschleiert zu sein hätten.

Nie hätte Necla Kelek gedacht, dass Mohammed und der Koran einmal in ihrem Leben eine Rolle spielen würden, vor allem nicht, weil ihre Familie seit ihrem zehnten Lebensjahr in Deutschland lebte. Aber mit 13, als sie in die Pubertät kam, erklärten die Eltern plötzlich, die Deutschen seien anders als die Türken. Von einem Tag auf den anderen erlegten sie ihr zahlreiche Verbote im Umgang mit anderen auf, mit der Begründung, dass die »Ehre der Familie« in Gefahr sei. Was damit gemeint war, wusste die kleine Necla aus dem stolzen Stamm der Tscherkessen noch nicht. Für sie bedeuteten diese Verbote das Ende ihrer Kindheit.

Necla Kelek hat den Einfluss studiert, den der Islam und das Gebäude der osmanischen Tradition auf jeden ausüben, der in der Türkei geboren ist – auch auf sie selbst. Die Hochzeit, so erklärt sie, sei in der Tradition der islamischen Gesellschaft ein Ritual, das den Einfluss der Mutter auf den Sohn noch verstärkt. Die Welt ist nach islamischer Lehre aufgeteilt in Innen und Außen, in Ehre und Schande, in Gut und Böse. Mit der türkischen Hochzeit würde die Trennung zwischen Liebe und Sexualität im Leben des Mannes institutionalisiert. Er wird darin bestärkt, eine Frau zu lieben, mit der er keinen Geschlechtsverkehr haben darf: seine Mutter. Die angeheiratete Ehefrau bleibt für den Mann eine Fremde. Liebe ist der Mutter und Allah vorbehalten. Da der Sohn nicht mit der Mutter schlafen kann, wird die Ehefrau seine Sexualpartnerin, mit der er seine Kinder zeugt.

Als Necla Kelek im Jahr 1968 von Istanbul nach Deutschland kam, trug auch in der Türkei keine Frau ein Kopftuch, mit Ausnahme der alten Frauen in Anatolien. Das sei erst wieder anders geworden, berichtet sie, seit der iranische Ayatollah Chomeini von den Frauen die Verschleierung verlangte und die Revolution im Iran das Gebot blutig durchsetzte. Denn Chomeinis Hass galt ja nicht nur Schah Reza Pahlewi, sondern auch der Kaiserin Farah Diba, die für ihn den Typ der modernen, antiislamischen Frau verkörperte – antiislamisch, weil frei und emanzipiert und damit in Chomeinis Worten »ungehorsam« gegenüber der islamischen Moral. Das Kopftuch, so Necla Kelek, sei seitdem das Fähnlein geworden, mit dem die Islamisten zeigen wollen: »Wir sind hier, und wir sind viele.«

Ein entscheidendes Versäumnis in Bezug auf die Integration der in Deutschland lebenden Türken ist der Schulunterricht: Entgegen der Vorschrift unserer Verfassung gibt es Ausnahmen für türkische Mädchen und Jungen. Bis heute können türkische Eltern ihre Kinder von bestimmten Bestandteilen des Schulunterrichts, wie Schwimmen und Sport, aber auch von wichtigen Exkursionen befreien lassen. Die Jungen werden vom Sportunterricht befreit, weil türkische Eltern es als obszön empfinden, wenn ihre Kinder nach dem Sport unter der Dusche stehen und keine Badehose anhaben. Das hinterlässt Spuren in der Psyche, der Sexualität und der sozialen Identität der Kinder. Für viele muslimische Mädchen ist die Schule darüber hinaus der Ort, an dem sie Respekt und Gleichbehandlung erfahren können. Die Schule muss ihnen deshalb als Freiraum offen stehen. »Die Schule hat die Verpflichtung, junge Menschen zu befähigen, Selbstbestimmung, Chancengleichheit und Gleichberechtigung kennen zu lernen und als Grundwerte auch für ihre eigene Lebensgestaltung mitzunehmen«, schreibt Necla Kelek. Deshalb, so die gebürtige Türkin, habe auch das Kopftuch an der Schule nichts zu suchen, weder bei den Schülerinnen noch bei den Lehrerinnen, die damit den Druck auf die jungen Mädchen nur verstärken würden, das traditionelle Frauenmuster anzunehmen. Lehrerinnen und Lehrer haben dagegen jedoch keine Handhabe. Wie so oft, ist auch hier eine falsch verstandene Toleranz am Werk, die nicht das Gemeinwohl und die Integration im Sinn hat, sondern das angebliche Wohl von Schülern oder Eltern.

All dies gilt natürlich auch für Muslime anderer Nationalität, die in Deutschland leben, wie Marokkaner, Tunesier oder Bosnier. Aber zahlenmäßig fallen diese Gruppen weniger ins Gewicht als die Türken.

Ständiger Stein des Anstoßes: die König-Fahd-Akademie

Gerade weil das Thema der Türken, die sich distanziert zu Deutschland und den Lebensgewohnheiten in Deutschland verhalten, immer auch mit der Distanz bestimmter muslimischer Gruppen zur Gesellschaft zu tun hat, erwähne ich hier die König-Fahd-Akademie, die vordergründig eigentlich mit den Türken in Deutschland nichts zu tun hat.

Gerade den Menschen und Bürgern, die auf ein gutes Neben- und Miteinander zwischen Christen, Juden und Muslimen bedacht sind und ein großes Interesse an produktiven und kreativen Beziehungen zwischen allen Religionsgemeinschaften im Sinne von Hans Küngs Weltethos haben, werden den Streit um die König-Fahd-Akademie, die vom saudischen Herrscherhaus erbaute und finanzierte Schule mit angeschlossener Moschee in Bonn, als schädlich und hinderlich empfinden. Die Akademie und auch der viel zu lang geduldete »Kalifatsstaat« von Metin Kaplan in Köln sind Einrichtungen, die verhindern, dass sich ein gutes und gedeihlichen Verhältnis zwischen Christen und Muslimen, zwischen Deutschen, Türken und Arabern entwickeln kann.

Die Akademie wurde im September 1995 im Beisein des damaligen Bundesaußenministers Klaus Kinkel und des nordrhein-westfälischen Ministerpräsidenten Johannes Rau mit großem Pomp eröffnet. Die Bonner Oberbürgermeisterin Bärbel Dieckmann schwärmte in ihrer Eröffnungsrede gar, das Projekt biete »die einmalige Voraussetzung für einen vorbildlichen deutsch-arabischen und christlich-islamischen Dialog, der das friedliche Zusammenleben fördert«. Leider sollte später das glatte Gegenteil der Fall sein.

Die König-Fahd-Akademie, die eigentlich gar keine Akademie, sondern eine Kaderschule ist, liegt in Mehlem, im Süden von Bonn. Zwischen Lidl, Aldi und Dönerbuden, so der *Spiegel*, ragt der für umgerechnet 14 Millionen Euro erbaute alabasterfarbene Palast in den Himmel. Nach den spärlichen Informationen, die die Öffentlichkeit über diese Schule hat, wird hier nach den Richtlinien des saudischen Bildungsministeriums unterrichtet, und der saudische Wahhabismus gilt als eine besonders radikale Ausprägung des Islam. Wie das in Deutschland erlaubt sein kann, ist gerade denen unverständlich, die sich seit Jahren nicht nur um ein gutes Miteinander von Muslimen und Christen, von Arabern und Deutschen, sondern auch um einen aktiven Dialog und handfeste gemeinsame humanitäre Taten bemühen.

Die Schule ist offenbar sehr beliebt – knapp zweihundert der gegenwärtig fünfhundert Schüler sind deutsche Staatsbürger, viele andere halten sich dauerhaft in Deutschland auf –, sodass, wie der *Spiegel* im Oktober 2003 herausfand, ganze Gruppen verschleierter Frauen mit Kindern regelmäßig in die engen Räume des Bonner Schulamtes drängen. Sie fordern, dass ihre Kinder von der deutschen Schulpflicht befreit werden, damit sie auf die König-Fahd-Akademie gehen können. »Erst bitten sie um Erlaubnis, ihre Kinder zur König-Fahd-Akademie schicken zu dürfen, dann wird geweint und am Ende sinken sie mit lauten Klagerufen auf den Boden.«

In zwei Fällen wurde es den Beamten der Schulbehörde richtig mulmig: Die Ehemänner der Frauen machten telefonisch Druck – wenn die Anträge nicht sofort genehmigt würden, dann müsse man sich auf »schwere Schmerzen« einstellen. Trotzdem ist bisher nicht viel geschehen, um das Treiben in und um die Akademie zu unterbinden, und es ist völlig ungeklärt, was sie eigentlich ist: Ein exterritoriales Gebäude, das zur saudischen Botschaft gehört? Hat diese König-Fahd-Akademie noch weitere Rechte, die sie aus dem deutschen Schulwesen ausgrenzen? Und wie verträgt sich das mit dem Rechtssystem der Bundesrepublik Deutschland?

Die König-Fahd-Akademie, so jedenfalls die Berichte in den deutschen Medien, die auch von den zuständigen Behörden nicht bezweifelt werden, hat sich zu einem Anziehungspunkt für Islamisten entwickelt. Deshalb wird sie vom Verfassungsschutz beobachtet. Viele einschlägig bekannte Muslime, so die Erkenntnis des Verfassungsschutzes, ziehen nach Bonn, um ihre Kinder auf die Saudi-Schule zu schicken. Zusammen mit dem Konvertiten Christian Ganczarski arbeitet dort auch ein Leiter des Islamistentreffs in Duisburg, der im Zusammenhang mit dem Attentat auf die Synagoge in dem tunesischen Urlaubsort Djerba im April 2002 ins Gerede gekommen war.

Aber damit nicht genug: Die Akademie hat unter gleichen juristischen und kameralistischen Bedingungen sogar eine Tochterschule in Berlin. Sie war bereits Gesprächsthema zwischen Bundeskanzler Schröder und Kronprinz Abdallah während eines Besuchs in Saudi-Arabien Ende September 2003. Im Anschluss erklärte der Bundeskanzler, man habe sich über die Akademie-Schule und ihre gefährlichen Machenschaften geeinigt: »Das wird abgestellt werden.«

Das Fernsehmagazin *Panorama* berichtete jedoch in zwei Filmberichten 2004 und 2005 darüber dass in dieser Akademie ein Prediger in der drückend vollen Moschee im Namen Allahs zum heiligen Krieg aufgerufen haben soll. Doch damit war nicht der Dschihad im weiteren zivilen Sinn gemeint, den aufgeklärte

Muslime und Mullahs als Krieg gegen die Unbildung und den Analphabetismus verstehen. Das, was *Panorama* herausfand, sieht leider anders aus: »Ihr müsst euch um die körperliche Ertüchtigung eurer Kinder kümmern«, forderte der Prediger Anas B. von den Gläubigen. Sie sollten den jungen Muslimen schon mal Speerwerfen, Schwimmen und Reiten beibringen.

Der Kölner Regierungspräsident Jürgen Roters forderte 2004 nach Bekanntwerden dieser Umtriebe, die auch von Seiten der Akademie nicht zufriedenstellend aufgeklärt werden konnten, die Schließung der Akademie: »Mein Ziel ist es, die Schule zu schließen. Aber wir müssen es rechtsstaatlich sicher machen.« Auch der ehemalige nordrhein-westfälische Ministerpräsident Peer Steinbrück erklärte in diesem Zusammenhang: »Wir werden Intoleranz nicht tolerieren.«

Die König-Fahd-Akademie führt jedoch bis heute ihren Betrieb unbehelligt weiter: Durch Eingreifen von ganz oben, wahrscheinlich aus dem Kanzleramt, wurde die Schließung unterbunden. Gute Beziehungen zu dem wahhabitischen Königreich Saudi-Arabien sind offenbar wichtiger und mehr wert als ordentliche Integrationsverhältnisse in Deutschland.

Eine Schule wie die König-Fahd-Akademie dürfte meiner Meinung nach in Deutschland nicht erlaubt sein. Es würden sogar, wie die Rektorin einer benachbarten Schule berichtet, Kinder von der Akademie verwiesen, weil sie sich »nicht genügend dem Islam zugewendet hätten«. Die Kenntnisse der Schüler seien katastrophal, bestätigt auch die Bonner Schuldezernentin Ulrike Kretzschmar, »die können sich kaum auf Deutsch verständlich machen«.

Kein Wunder, möchte man sagen: Laut Stundenplan haben Kinder an der König-Fahd-Akademie in der ersten Klasse acht Wochenstunden Religionsunterricht, aber nur je vier Stunden Deutsch und Mathematik. Für Schüler der 11. Klasse stehen sogar bis zu zwölf Wochenstunden Religion, also Islam, und neun Stunden Arabisch auf dem Stundenplan, aber nur eine Stunde Deutsch. Das ist der Beitrag der Akademie zur Integration der Kinder von arabischen, ägyptischen, saudischen und türkischen Kindern – und so etwas lassen wir uns in unserem Land und in unserer Gesellschaft gefallen!

Die Des- und Anti-Integration eines Teils der türkischen Minderheit

Unser Staat wird so lange und zu Recht belächelt, wie er nicht in der Lage ist, die Aktivitäten verfassungsfeindlicher und sich aus dem gesellschaftlichen Normengebäude ausschließender Vereine und Gemeinschaften unter Kontrolle zu halten. Dazu gehören auch die Aktivitäten der 1985 gegründeten »Islamischen Gemeinschaft Milli Görüş« (IGMG), einem der größten islamischen Verbände in Deutschland mit engen Verbindungen zur Türkei.

Die *ZEIT* beschreibt die Veranstaltung der IGMG im Jahr 1996 in der Dortmunder Westfalenhalle: »Die Halle bebt. Delegationen aus ganz Europa werden jubelnd empfangen. Volkan Vural, der türkische Botschafter, steht am Mikrofon. Der offizielle Vertreter der laizistischen Türkei besänftigt die religiösen Eiferer: Das alte Großreich der Osmanen lebe weiter durch die Verbreitung des Islam ... Ein gelungenes Vorprogramm für Ali Yüksel, den [damaligen; d. Verf.] Vorsitzenden der Milli Görüş in Deutschland. Nun spricht er zur tosenden Gemeinde, geißelt die Demokratie und die neue Weltordnung der US-Imperialisten, die hinter einer freundlichen Fassade den Islam verleugneten und bekämpften. Er klagt die Laster der Ungläubigen an und den deutschen Staat, der zulasse, dass die Deutschen zu Drogensüchtigen und Kriminellen würden.«

Solange unser Staat nicht dafür sorgen kann, dass in Moscheen keine hetzerischen Freitagspredigten gehalten werden, bleibt die Forderung, dass auf Deutsch gepredigt werden muss. Man könnte dagegenhalten, dass auch die Polen im Ruhrgebiet noch immer ihre katholischen Gottesdienste auf Polnisch abhalten. Aber das ist im Gegensatz zum Freitagsgebet ganz eindeutig ein heimatverbundener Sprach- und Folkloreaspekt. Es ist in den polnischen Gottesdiensten auch kein Fall von Hetze gegen den Westen oder Europa bekannt geworden.

Nur beherzte Schritte werden die türkische Minderheit in Deutschland noch aus ihrer Isolation holen können. Die Politik, die großen Parteien haben die entscheidende Gelegenheit versäumt.

Die Türken, die in den fünfziger Jahren nach Deutschland kamen, waren in der Regel einfache Bauern und Landwirte aus

Anatolien, oft Analphabeten. Man hätte sie damals viel strenger an die in Deutschland bestehenden gesellschaftlichen Gegebenheiten heranführen müssen. Stattdessen ließ man zu, dass sie sich in einer Parallelgesellschaft einrichteten, aus der sie aus eigener Kraft jetzt nicht mehr herauskommen.

Nur eine Abkehr von dieser falsch verstandenen Toleranz kann noch etwas an der Desintegration der fast drei Millionen Türken in unserem Land korrigieren. Die Aufnahme der Türkei in die EU kann durch diese Minderheit erheblich gestört, ja sogar behindert werden, denn die Deutschen werden bei der entscheidenden Abstimmung vermutlich gegen eine Aufnahme votieren. Denn sie werden sich zu Recht fragen: Wenn schon drei Millionen wie ein Fremdkörper in unserer Gesellschaft wirken, wie werden sich wohl künftig hundert Millionen in einer Gemeinschaft von 28 Ländern verhalten?

Die deutsche Gesellschaft hat allerdings selbst kräftig dazu beigetragen, den Prozess der Integration rückgängig zu machen. Deshalb stehen wir heute vor einem Scherbenhaufen. Als beispielsweise der damalige CDU-Generalsekretär Heiner Geißler forderte: »Nicht der Koran, sondern das Grundgesetz muss die Grundlage des Zusammenlebens sein«, da empfanden das viele in Deutschland als eine Zumutung gegenüber den hier lebenden Türken.

Ein realistischer Analytiker würde sagen: eine große Minderheit der in Deutschland lebenden Türken ist für eine Integration schon fast verloren. Da ich aber humanitärer Optimist war, bin und bleiben werde, meine ich: Da steht uns eine riesengroße gesellschaftliche Aufgabe bevor, die nicht leicht zu lösen sein wird. Aber wenn wir sie sofort anpacken und das Thema nicht mehr unter einen Teppich aus Rührseligkeit und falscher Toleranz kehren, dann kann es eine schöne und gute Aufgabe werden. Wir werden viele Helfer brauchen, viel mehr gut ausgebildete Schulaufgabenhelfer und Integrationsanimateure. Die Aufgabe lautet nicht, die Parallelgesellschaft der Türken zu dulden und anzupassen. Die Aufgabe lautet, sie aufzubrechen, sie in unsere Gesellschaft zu integrieren.

Nur ein unmissverständlicher Entschluss der Politik kann die Entwicklung zur Des- und Anti-Integration noch umdrehen. Die

Mehrheit der Türken, das bestätigen mittlerweile auch gute Kenner der Thematik, ist in der deutschen Gesellschaft nicht nur nicht angekommen. Sie bekommt von ihrer *kaza*, ihrer Parallelgesellschaft sogar Bestätigung: lieber gar nicht ankommen in dieser verderbten Gesellschaft, sondern eine eigene Parallelgesellschaft bilden. Es gibt heute eine kontrafaktische Tradition türkischen Lebens in Deutschland, mit eigenen Läden, eigenen Einkaufszentren, eigenem geschächteten Fleisch, eigenen Gebetshäusern, eigenen Fußballvereinen, eigenen türkischen TV-Kanälen. Die deutsche Sprache, die deutsche Gesellschaft und Kultur sind da ganz unwesentliche und eher nicht benötigte Accessoires. Auch in den USA existieren viele private Fernsehkanäle für die ethnischen Minderheiten, aber die unbedingte Forderung und der faktische Zwang für die Neubürger, Englisch zu sprechen, verstehen und lesen zu können, ist davon nicht tangiert.

In Deutschland gibt es zu viele »Islam-Versteher«, auch an den Orientinstituten. Das sind Experten, die um des lieben Friedens willen nicht das sagen, was man eigentlich offen aussprechen müsste. Diese Islam-Versteher vollführen einen Eiertanz, bei dem alle Fragen ausgespart werden, über die wir uns vorher verständigt haben.

Wir Deutschen, das bestätigt uns auch Necla Kelek, leiden an einem Toleranz-Komplex: Wir lassen Menschenrechtsverletzungen zu, wenn es sich dabei um kulturelle Muster handelt, die wir nicht verstehen. Die Zwangsehe und die arrangierte Ehe sind ganz eindeutig Angriffe auf die Grundrechte, die zu dem nicht veräußerbaren Fundament unserer Gesellschaft gehören. Das hat auch Bundesinnenminister Otto Schily in einem Beitrag für den *Spiegel* im Januar 2005 betont: Schon heute könne eine Zwangsehe aufgelöst und ihre Herbeiführung als Nötigung bestraft werden. »In Zukunft sollen Zwangsheiraten jedoch regelmäßig als besonders schwerer Fall von Nötigung geahndet werden.«

Im November 2004 fand eine von der Migrationsbeauftragten und der Heinrich-Böll-Stiftung getragene Tagung statt zum Thema: »Ist die Hinwendung zum Islamismus ein Reflex verweigerter Integration?« Doch der Titel lockt auf die falsche Fährte: Es war nicht die deutsche Gesellschaft, die den Türken die Integration verweigerte. Nein, die türkische Minderheit selbst verweigerte ihre Integration – aus eigenem Antrieb. Gewiss, die furchtbaren Mordanschläge von Mölln und Solingen wurden von gemeingefährlichen rechtsradikale Gruppen geplant und durchgeführt. Doch gab es bundesweite Solidarisierungen mit den Toten und den Opfern der Anschläge.

Der Anschlag in der norddeutschen Stadt Mölln ereignete sich am 23. November 1992, angekündigt durch einen Anruf bei der Feuerwehr: »In der Mühlenstraße brennt es. Heil Hitler!« Für drei Türkinnen – eine Frau, ihre Enkelin und ihre 14-jährige Nichte – kam damals jede Hilfe zu spät.

Zwischen dem Anschlag von Mölln und der Jagd auf Ausländer, die rechtsradikale Skinheads im Jahr 1991 in Hoyerswerda veranstalteten, gab es einen entscheidenden Unterschied: Die Ausschreitungen in Hoyerswerda waren ein regelrechtes Pogrom und dauerten insgesamt sechs Tage. Teile der Bevölkerung ließen die Dinge geschehen und klatschten sogar Beifall. In Mölln dagegen gingen am Abend nach der Brandnacht ein Drittel der 18 000 Einwohner auf die Straße und protestierten wütend gegen das, was einige wild gewordene Verbrecher und Außenseiter getan und womit sie den Ruf des Ortes besudelt hatten.

Ein ähnlicher mörderischer Brandanschlag geschah am 29. Mai 1993 in Solingen – drei Tage nach der Abstimmung über den Asylkompromiss und die Ergänzung des Artikels 16 des Grundgesetzes. Der Brandanschlag von Solingen rüttelte die Gesellschaft womöglich noch gewaltiger und dramatischer auf, als es die zuvor geschehenen Brandmorde getan hatten.

Es ist unschwer zu erkennen, dass die Integration der Türken auf der ganzen Linie gescheitert ist – um das festzustellen, muss man nur mit offenen Augen durch Orte und Gegenden mit besonders hohem türkischem Bevölkerungsanteil gehen. Die von Soziologen und Publizisten gestützte Hoffnung, die Integration der dritten und vierten Generation würde sich von selbst ergeben, war eine gefährliche Illusion. Auch die jungen, in Deutschland geborenen Türken machen kaum Anstrengungen, ihre zweite Heimat zu akzeptieren. Sie bleiben Türken und wenden sich vermehrt auch wieder dem Islam zu.

Es ist fast ein Rückschritt: Auf Grund unserer falsch verstandenen Toleranz und unserer verfehlten Einwandererpolitik wurden die Türken der deutschen Gesellschaft noch mehr entfremdet als vor zwanzig oder dreißig Jahren. Heute, im Jahr 2005, muss man mit Necla Kelek sagen: Eine große Gruppe der deutschen Türken oder türkischen Deutschen, deren Zahl niemand genau kennt, will die Integration nicht wirklich. Viel zu viele nehmen an dem Zeitgespräch in der Gesellschaft nicht teil, verfolgen nicht die deutschen Medien, lesen keine deutschen Zeitungen, gehen nicht in deutschsprachige Kinofilme, schon mangels Sprachkenntnissen. Sie lesen kein Deutsch, sie haben keine privaten Kontakte zu Deutschen. Respekt findet nur jemand, der, so Necla Kelek, in einer niedersächsischen Kleinstadt eine Moschee eröffnet oder auch noch das letzte Dorf mit einem Laden bereichert, in dem es koschere Lebensmittel zu kaufen gibt.

Der Lebensrahmen ist nicht Deutschland, der Lebensrahmen bleibt die Türkei, bleiben die anderen türkischen Familien, die Koranschule, der Fußballverein, die Teestube, die *umma* – die Gemeinde und Lebenswelt der Muslime – und der türkische Nationalismus. Man bleibt unter sich. Die Debatte über die Integration der Türkei in die EU läuft völlig abseits dieser viel schwierigeren Fragen, auch die großen Parteien haben es bisher völlig versäumt, die Integration einzufordern.

Viele Türken sind nicht richtig in Deutschland angekommen, sie haben ihre Nabelschnur immer noch in die Türkei. Viele leben von dem, was die Bundesrepublik Deutschland bietet, haben aber nicht die geringste Vorstellung davon, dass das Gastland auch etwas zurückerwartet.

Die Türken als größte Einwanderergruppe sind für uns das, was für Frankreich die Algerier sind, und sie sind mit allen möglichen Insignien und Banden an die alte Gesellschaft in der Türkei gebunden. Manchmal haben sich sogar politisch extreme fundamentalistische Gruppen einfach aus der Türkei nach Deutschland ausgelagert, weil sie dort nicht solchen Repressionen und Verboten ausgesetzt sind wie in ihrem Heimatland. Mir ist bewusst, dass viele meiner türkischen Freunde nicht verstehen werden, weshalb ich das hier so hart formuliere. Ein Umdenken kann aber nur nach einer harten Analyse erfolgen, ein »Um-Handeln« ebenso.

Bis zum Anwerbestopp im November 1973 waren seit den fünfziger Jahren 910 500 Türken nach Deutschland gekommen.

Zehn Jahre später, am 28. November 1983, trat unter der Regierung Kohl das »Gesetz zur Förderung der Rückkehrbereitschaft von Ausländern«, kurz: Rückkehrförderungsgesetz in Kraft. Es bot denjenigen, die freiwillig in ihr Heimatland zurückkehrten, finanzielle Anreize. Das Gesetz sah eine Rückkehrprämie in Höhe von 10 500 DM vor, für jedes Kind gab es noch einmal 1500 DM. Das Angebot war allerdings auf ein Jahr begrenzt.

Einige der Rückkehrer gründeten nach 1983, also nach dem Rückkehrförderungsgesetz, Arbeitnehmergesellschaften (Holdings) mit dem Ziel, die Türkei zu industrialisieren. So entstand beispielsweise die Firma Türksan mit 2200 Beteiligungsaktionären in Köln. Viele andere folgten diesem Beispiel, schon bald waren es 322 solcher Unternehmungen mit nicht weniger als 345 000 Aktionären, von denen die Hälfte in Deutschland lebten. »Obwohl das Investitionsvolumen insgesamt mehr als zwei Milliarden Mark betrug, scheiterten diese Gesellschaften. Dafür gab es viele Gründe«, sagte Faruk Sen, Leiter des Zentrums für Türkeistudien an der Universität Duisburg-Essen: »Viele Arbeitnehmergesellschaften investierten in den Gegenden, aus denen ihre Mitglieder ursprünglich stammten, in Gebiete mit schwacher Infrastruktur und geringen Transport- und Absatzchancen. Allenfalls dort, wo es schon Ansätze von Industrialisierung gab, konnten die neuen Firmen volkswirtschaftliche Wachstumsimpulse geben. Viele Projekte waren falsch gewählt, zwischen Planung und Realisierung verging zu viel Zeit. Es fehlte an Krediten und kompetentem Personal.«

Das Rückkehrförderungsgesetz führte dazu, dass die Türken in Deutschland endgültig verunsichert waren, welchen Stand sie denn nun in der Bundesrepublik hatten und wofür sie gut waren. Bis 1983 waren sie offiziell immer noch Gäste der Bundesrepublik und der Deutschen gewesen. Jetzt aber forderte man sie auf zu gehen: »Der Türke hatte seine Schuldigkeit getan, der Türke konnte jetzt gehen!«

Doch die Erwartungen der damaligen Bundesregierung erfüllten sich nicht: Im Jahr 1980 hatte es in der Türkei wieder einen Militärputsch gegeben, und viele Türken wollten unter diesen Umständen nicht zurückkehren. Außerdem berichteten Rückkehrer von zunehmender Entfremdung zur bodenständigen Bevölkerung in der Türkei. Und schließlich hatten sie sich in der Zeit in Deutschland sehr an den dortigen Wohlstand gewöhnt, sodass die Umstellung nicht leicht fiel.

Eher setzte eine umgekehrte Entwicklung ein: Der Strom von Asylsuchenden aus der Türkei nahm seit Ende der siebziger Jahre stark zu. 1979 waren es 51 493, im Jahre darauf schon 107 818 Asylanträge. Dann gingen sie wieder zurück auf 19 737 im Jahr 1983, um dann bis 1992 auf 438 191 hochzuschnellen. Ein Grund für diese Entwicklung war die islamische Revolution 1979 im Iran, dem östlichen Nachbarland der Türkei, und der bereits erwähnte Militärputsch in der Türkei. Außerdem gab es in der Türkei christliche Jeziden, Kurden und alewitische Kurden, die alle Aufnahme in der Bundesrepublik suchten und sie auch zu Recht bekamen, weil sie in der Türkei verfolgt und drangsaliert wurden.

Der seinerzeitige Innenminister Wolfgang Schäuble, den ich häufiger zu genau diesen Fragen sprechen konnte, war optimistisch, dass man mit einer aktiven Politik, die aber harte und klare Rahmenbedingungen setzte, das Problem der Integration der Ausländer und damit auch der Türken hätte regeln können. Doch die Kultusministerien unternahmen damals keine Anstrengungen, um den großen Strom von türkischen Kindern aufzunehmen – es gab nicht einmal verpflichtende Sprachkurse. Zu der Zeit kämpften die deutschen Bildungspolitiker eher mit der Mengenlehre – wahrscheinlich hatten sie damit genug zu tun. Alle gesellschaftlichen Organe haben in dieser Frage versagt, aber gerade die Schulen waren und sind die wichtigsten Integrationsstellen.

Viele – natürlich nicht alle, aber ungefähr die Hälfte der Türken in Deutschland – haben sich zu einer Nicht-Integration entschlossen, die weit über das normale Maß von Fremdheit und Entfremdung hinausweist. »Langsam, aber unaufhaltsam wurden aus Gastarbeitern Türken, und aus den Türken Muslime. Und das Leben wurde einfacher – man musste sich nicht mehr um Kontakte zu den Deutschen bemühen, sich nicht mit der deutschen Sprache quälen«, schreibt Necla Kelek in *Die fremde Braut*. »Ohnehin gab es in unserer kleinen Stadt inzwischen genügend Landsleute, mit denen man sich treffen, mit denen man feiern und mit denen man sich so leichter verständigen konnte. Und die Religion gab endlich Halt und darüber hinaus noch die Gewissheit, das Richtige zu tun.«

Das Buch von Necla Kelek sollte Pflichtlektüre für alle Bundestagsabgeordneten sein. Es ist deshalb so gut, weil es nie eifert oder hetzt. Es stellt die Realität der türkischen Volksgruppe schonungslos dar und bittet herzlich und gewinnend um Änderung.

Toleranz für Zwangsheiraten?

Fallen Zwangsheiraten unter das Gebot der Toleranz oder der »Anerkennung kultureller Differenz«? Wir Deutschen, so müssen wir uns von Türken, die hier leben, sagen lassen, haben uns mit den Verbrechen der Nazizeit intensiv auseinander gesetzt, was zu dem besonders demokratischen Gepräge der deutschen Republik beigetragen hat. Aber das Schuldgefühl gegenüber Juden, Sinti, Roma und Homosexuellen verstellt den klaren Blick auf die Realität, auf Unterdrückung und Versklavung. Die Frauen, die als Import-*gelin,* als Importbräute, aus der Türkei mit dem Lockmittel Deutschland hierher gebracht werden, sind objektiv und subjektiv Sklavinnen – und das mitten unter uns.

Necla Keleks Darstellung in *Die fremde Braut* lässt keine Illusionen aufkommen: Die Türken sind nicht nur nicht angekommen in der deutschen Gesellschaft. Sie haben mittlerweile eher das Gefühl, dass sie hier gar nicht ankommen *sollen,* dass ihnen das moralisch, kulturell und religiös verboten ist von einer islamisch-türkischen Autorität, die stärker ist, als sie das je in der Türkei für sie gewesen ist. Und deshalb haben sie sich ihre eigene *kaza* geschaffen, diese türkisch-muslimische Parallelwelt innerhalb von Deutschland, in der sie die Deutschen und Deutschland nicht mehr brauchen. Die italienische Autorin und Journalistin Oriana Fallaci hat die *kaza* einmal als »zweite Stadt« bezeichnet.

Die Import-*gelin,* die Importbräute, kommen in das moderne, schicke Deutschland, wo man Kühlschränke hat und eine Küche, wo man alles Türkische kaufen kann und wo so viele andere Türken leben, dass man die Deutschen gar nicht braucht. »Die typische Importbraut ist gerade 18 Jahre alt, stammt aus einem Dorf und hat notdürftig lesen und schreiben gelernt. Sie wird von ihren Eltern mit einem ihr unbekannten Mann türkischer Herkunft aus Deutschland verheiratet. Sie kommt«, so die Beschreibung von Necla Kelek, »nach der Hochzeit in eine deutsche Stadt. In eine türkische Familie.« Dort lebt sie ausschließlich in der türkischen Familie, hat keinen Kontakt und keine Verbindungen zu Menschen außerhalb der türkischen Gemeinde. So lernt diese Frau weder die Stadt noch das Land kennen, in dem sie lebt. Selbstverständlich spricht sie kein Deutsch, hat keine Ahnung, welche Rechte sie hat und an wen sie sich wenden müsste, falls sie einmal Hilfe braucht. Wir kennen ja diese Fälle von allein gelassenen türkischen Frauen und Mädchen, seit dem legendären Film *Shirins Hochzeit* von Helma Sanders bis zu dem Film *Vierzig Quadratmeter Deutschland*, in dem Regisseur Tevfik Başer das erschütternde Schicksal einer völlig isoliert in Hamburg lebenden Türkin beschreibt.

Zeynap ist 28 Jahre alt und lebt mit ihren drei Kindern seit zwölf Jahren in Hamburg. Sie versorgt den Haushalt ihrer Großfamilie und spricht kein Wort Deutsch. Sie verlässt das Haus nur, um zur *medresse* zu gehen, in die Koranschule. Auch sie ist eine Import-*gelin*, die nur in der Parallelwelt der *kaza* lebt, ohne jeden Kontakt nach Deutschland oder zu Deutschen. Zeynap ist nach Deutschland in eine arrangierte Zwangsehe verkauft worden, die es nach deutschem Grundgesetz und deutscher Rechtstaatsauffassung gar nicht geben darf und die sofort verboten werden müsste. Aber es gibt in Deutschland tausende von Zwangsehen. Für ein gedeihliches Zusammenleben von Deutschen und Türken halte ich die Existenz solcher Zwangsehen für ähnlich katastrophal wie die Anwesenheit von zehntausend gewaltbereiten Muslimen, vor denen der bayerische Innenminister Günther Beckstein und Bundesinnenminister Otto Schily warnen. An das Problem der Zwangsehen wagt jedoch niemand zu rühren. Oder haben etwa EU-Erweiterungskommissar Günter Verheugen und Bundeskanzler Gerhard Schröder dieses Thema beim türkischen Ministerpräsidenten Recep Tayyip Erdogan angesprochen?

Weit gefehlt. Für Zeynap wie für tausende, vielleicht sogar zehntausende anderer türkischer Frauen in Deutschland gelten die deutschen Menschen- und Grundrechte nicht. Die türkischislamische Gemeinde schweigt betreten, so Necla Kelek, und grenzt sich von der deutschen Gesellschaft ab. Sie steckt die Frauen unter Kopftücher und lässt sie unter der Knute ihres Mannes allein.

Lediglich die Landesregierung von Baden-Württemberg hat im Herbst 2004 eine Bundesratsinitiative beschlossen, die die Zwangsehe bundesweit verbieten soll. »Zwangsheirat muss durch einen Straftatbestand öffentlich geächtet werden«, so der Gesetzentwurf des baden-württembergischen Justizministers und Professors für Arbeits- und Sozialrecht, Ulrich Goll. Die Anstifter von Zwangsehen sollen mit drei Monaten Gefängnis bestraft werden.

Experten verweisen jedoch darauf, dass ein solches Gesetz an der sozialen Realität nichts ändern würde. Es ist ja überhaupt die Frage, wie man die Importbräute dazu bringen kann, sich gegen die erzwungene Eheschließung zu wehren. Eine Zivilgesellschaft wie die deutsche lebt nicht von Verboten, sondern von gemeinsam akzeptierten Haltungen und Werten. Man schreckt ja auch vor einem Mord nicht allein deshalb zurück, weil darauf eine hohe Strafe steht, sondern weil die Gesellschaft Mord grundsätzlich und einvernehmlich ächtet.

Die niederländische Regierung hat dem Unwesen der Zwangsheirat am 5. März 2004 einen Riegel vorgeschoben, indem sie beschloss, dass Familienzusammenführungen wegen einer Eheschließung nur genehmigt werden, wenn beide Partner mindestens das 21. Lebensjahr vollendet haben.

In Dänemark gilt eine solche Regelung schon seit 2003; das Mindestalter bei beiden Partnern ist hier sogar auf 24 Jahre festgelegt. Derzeit sind ja die meisten Frauen, die auf Grund von »Zusammenführungen«, aber eigentlich im Rahmen von Zwangsheiraten nach Deutschland kommen, jünger als 21 Jahre.

Necla Kelek hat darauf hingewiesen, dass die deutschen Behörden und die Rechtsprechung erkennen müssen, dass die Billigung einer solchen Zwangsehe nichts mit Toleranz und Multikulti zu tun hat, sondern mit der brutalen Verletzung von Grundrechten. Es müsste daher möglich sein, die Einreise von bestimmten Bedingungen abhängig zu machen, aber dazu will sich die deutsche Verwaltung nicht bereit erklären. Der Ehepartner müsste beispielsweise nachweisen, dass er für ein ganzes Jahr ein für den Familienunterhalt ausreichendes Einkommen durch Arbeit bezieht und einen eigenen Haushalt führt.

Faruk Sen, der auch Sprecher der türkischen Gemeinde in Deutschland ist, schrieb 2004 sehr treffend und vernünftig in *E + Z*, der Zeitschrift für Entwicklungs- und Zusammenarbeit des Bundesministeriums für wirtschaftliche Zusammenarbeit: »Die Zukunft der zweiten und dritten Generation der eingewanderten Türken liegt in Deutschland. Der Grad der gesellschaftlichen Integration stellt sich allerdings für die erste und die zweite Generation unterschiedlich dar. Für die erste Generation, die sich jetzt dem Rentenalter nähert, gilt: Trotz all ihrer Bemühungen hat sie ihre Anpassungsschwierigkeiten nicht überwinden können, im Wesentlichen bedingt durch fehlende Deutschkenntnisse und eine starke Verbundenheit mit dem Heimatland.«

Vorbilder für geglückte Integration: Vietnamesen, Eritreer, Afghanen

Dass der Integrationsprozess für die Italiener und andere in Deutschland lebende EU-Nachbarn gut gelaufen ist, steht außer Frage. Im Folgenden möchte ich deshalb von drei ausgewählten Gruppen von Ausländern sprechen, bei denen wir nicht von vornherein annehmen würden, dass der Integrationsprozess besonders gut gelaufen sei.

Gerade in Bezug auf religiöse und kulturelle Andersartigkeit zeigen uns die Vietnamesen in Deutschland, wie sanft und behutsam man die eigene Kultur und Religion bewahren kann, ohne sich gleich völlig abzugrenzen und zu isolieren. Die Pagoden der buddhistischen Gemeinden sind Bestandteil des vietnamesischen Lebens in Deutschland. Rund neunzig Prozent der Vietnamesen hierzulande sind Buddhisten, ihre Pagoden beispielsweise in Hannover oder Offenbach fügen sich gut in das Gemeinschaftsleben ein. Sie sind beliebte Treffpunkte nicht nur für Vietnamesen, sondern auch für Deutsche.

Da sich unter den Bootsflüchtlingen, die wir seinerzeit in Deutschland aufgenommen haben, besonders viele Katholiken befanden, gibt es inzwischen auch an die zwanzig katholische Priester, die die vietnamesische Exilgemeinde hervorgebracht hat. Das ist statistisch gesehen eine gewaltige Leistung.

Die Kinder der Vietnamesen haben so gut Deutsch gelernt, dass alle einen Beruf oder zumindest eine Beschäftigung haben. Meine Frau und ich kennen persönlich kaum einen Vietnamesen, der sich von der deutschen Gesellschaft bezahlen und alimentieren lässt. Junge Vietnamesen können es nicht ertragen, von anderer Leute Geld zu leben. Sie nehmen lieber eine Beschäftigung an, für die sie eigentlich überqualifiziert sind, und von der sie wahrlich nicht geträumt haben. Aber sich vom Staat ernähren zu lassen, was ja heißt, vom deutschen Steuerzahler, das fällt ihnen nicht ein.

In den alten deutschen Bundesländern wurden etwa 50 000 Vietnamesen registriert. Sie mussten nicht einmal das Asylverfahren durchlaufen, denn sie waren Kontingentflüchtlinge: Auf Grund ihres Status als »*Refugee in Orbit*« – der Begriff bezeichnet einen Menschen, der überall auf der Flucht ist, weil auch sein Heimatland ihn nicht mehr zurücknehmen will – wurden sie sofort und ohne Verfahren als Asylanten anerkannt. Dazu kamen noch zweitausend Studenten, die während des Vietnamkriegs in Westdeutschland lebten und anschließend hier blieben. Die meisten Vietnamesen, genau gesagt 10 152, leben heute in Nordrhein-Westfalen; in Baden-Württemberg leben 5522, und in Niedersachsen 4226. Dazu kommen die Familienzusammenführungen. Die Länder und Städte, in denen Vietnamesen zugezogen sind, sind für diesen Zuwachs im Allgemeinen sehr dankbar und empfinden die Vietnamesen als eine Bereicherung für Kultur und Wirtschaft. Immer wieder leisten Vietnamesen in Deutschland Herausragendes: Ein junger Mann zum Beispiel, der einst von der »Cap Anamur« gerettet wurde, erhielt 2004 eines von drei begehrten Harvard-Stipendien für Abiturienten aus Deutschland.

Alle drei Jahre findet übrigens in der kleinen Gemeinde Troisdorf das Erinnerungstreffen der Vietnamesen in Deutschland statt. Es ist hoch angesehen, und auch viele Persönlichkeiten des öffentlichen Lebens lassen es sich nicht nehmen, der 70 000-Einwohner-Gemeinde bei dieser Gelegenheit einen Besuch abzustatten.

Für die Vietnamesen war es nie eine Frage, dass sie sofort anfangen mussten, Deutsch zu lernen. Niemand von ihnen erwartete, dass der deutsche Staat einen Sprachkurs anbieten würde, und niemand würde verstehen, dass man Migranten mit Sanktionen zu Sprach- und Integrationskursen drängen muss, wie das heute der Fall ist. Wir fingen bereits an Bord der »Cap Anamur« an, Deutschkurse abzuhalten. Es ist ja eigentlich auch selbstverständlich, dass man Deutsch sprechen und verstehen will, wenn man in Deutschland unter Deutschen wohnt.

Im Osten Deutschlands, in der ehemaligen DDR, waren von 1984 an etwa 60 000 vietnamesische Vertragsarbeiter gemeldet, die der vietnamesische Staat nach Ostberlin und in die ostdeutschen Städte geschickt hatte. Sie hatten Schulden des vietnamesischen Staates abzuarbeiten, bekamen aber trotz der Abzüge noch genügend Lohn, so dass diese Plätze sehr begehrt waren. Diese Menschen wurden jedoch so kaserniert und isoliert von der Bevölkerung gehalten, dass es immer wieder – ganz gegen die verordnete kommunistische Völkerfreundschaft – schlimme Vorurteile und Geschichten über sie gab. Wenn eine Vietnamesin schwanger wurde, musste sie entweder abtreiben oder fristlos das Land verlassen. Selbst die katholische und die evangelische Kirche nahmen das damals hin! Die Aufnahme in die ostdeutsche Gesellschaft konnte so natürlich nicht gelingen.

Nach dem Fall der Mauer und der Wiedervereinigung kam es auch zu Übergriffen, bis hin zu Mordüberfällen, wie wir noch von den Ausschreitungen in Rostock-Langenhagen im Jahr 1993 wissen. Im Osten Deutschlands setzte eine Entwicklung ein, die zu einer wirklich feindseligen Haltung gegenüber ausländischen Mitbürgern führte. Ich hätte damals keinem Vietnamesen das Leben in einer ostdeutschen Gemeinde gewünscht oder erlaubt. 31 500 Vietnamesen stellten in den Jahren 1990 bis 1993 einen Asylantrag, denn der vietnamesische Staat hatte sie nach der Wiedervereinigung natürlich alle wieder nach Vietnam zurückgerufen. Aber nicht einmal Nachfluchtgründe für die, die schon das zweite Mal, nunmehr aus eigener Kraft gekommen waren, konnten geltend gemacht werden.

Am 17. Juni 1993 vereinbarten die Innenminister der deutschen Länder schließlich eine hilflose Bleiberechtsregelung: Die

Gastarbeiter aus Angola, Mosambik und Vietnam sollten noch zwei Jahre im Lande blieben können, wenn sie bestimmte Voraussetzungen erfüllten: Sie mussten einen Arbeitsplatz vorweisen, damit sie nicht der deutschen Sozialhilfe auf der Tasche lagen. Dabei wären die Vietnamesen gewiss sehr gute Einwanderer geworden. Viele wurden zurückgeschickt, kehrten aber halb legal oder illegal über Moskau wieder in die Bundesrepublik zurück. Niemand weiß genau, wie viele Vietnamesen sich heute wirklich in Deutschland aufhalten.

Auch die rund 15 000 Eritreer – die Mehrzahl der etwa 20 000 aus Äthiopien zu uns Gekommenen – wären nie auf die Idee gekommen, lediglich auf staatliche Aufforderung hin die deutsche Sprache zu erlernen. Sie benahmen sich ebenfalls vorbildlich und engagierten sich aktiv für ihre eigene Sache. Sie gründeten die ERA (Eritrean Relief Association), eine vorzügliche und hervorragend organisierte Hilfsorganisation. Ihr gelang es beispielsweise, in Keren auf dem halb legalen Weg von Khartoum und Port Sudan nach Afabet eine ganze Berufsausbildungsschule einzurichten. Das war eine Leistung, die sonst bisher keiner Exilgruppe in Deutschland gelungen ist. Den vielen sudanesischen Exilanten in Deutschland beispielsweise ist es bisher nicht gelungen, Hilfe für den Süd- oder Westsudan zu organisieren.

Die Eritreer hatten ein starkes Nationalgefühl, das sie nach der Befreiung ihres Landes im Jahre 1993 in großen Scharen wieder dorthin zurückkehren ließ. Etwa um 1993 herum saß ich in einem Flugzeug von Addis Abeba nach Asmara. Beim Landeanflug hielt es keinen meiner eritreischen Mitreisenden mehr auf den Sitzen – alle stürzten an die Fenster, ein bewunderndes Raunen ging durch das Flugzeug, die Menschen waren bester Stimmung, und als die Maschine landete, machten viele ein Kreuzzeichen, andere warfen sich am Fuß der kleinen Gangway wie der Papst auf den Boden des geliebten Landes und küssten ihn.

Auch die Afghanen sind bei uns gut angekommen. Bis 1993 waren an die 46 000 in Deutschland registriert, mittlerweile geht man von rund 100 0000 aus. Die Afghanen fühlen sich wohl bei uns, sie sind innerlich stark mit Deutschland verbunden. Ein Grund dafür, dass Deutschland und Deutsche in Afghanistan sehr beliebt sind, liegt noch in der Zeit des Kaiserreichs, in der es gute und enge diplomatische Verbindungen zum Reich von König Amanullah gab. Auch deutsche Soldaten und deutsche Helfer sind in der Regel beliebt.

Unter den Exilafghanen in Deutschland gibt es viele mit den allerbesten und wichtigen Berufen, und wir hoffen, dass sie sich am Wiederaufbau Afghanistans beteiligen werden. Die Zukunft des Zusammenlebens von Afghanen in Deutschland und Deutschen in Afghanistan hat noch gar nicht begonnen. Wir könnten diese Zukunft aber noch miterleben.

Für eine neue Entwicklungspolitik

Entwicklungshilfe schadet allen, denen sie angeblich nützen soll, ganzen Ländern wie einzelnen Betroffenen. Sie muss deshalb sofort beendet werden. Ohne Entwicklungshilfe ginge es den Menschen in den Ländern der Dritten Welt besser …

Die ehemalige SPD-Bundestagsabgeordnete Brigitte Erler
in ihrem Buch *Tödliche Hilfe*

Wir stehen vor einem Scherbenhaufen

Die Entwicklungspolitik wurde von den entwickelten und reichen Industrienationen vor vier Jahrzehnten begründet, um es den Ländern Asiens, Lateinamerikas und Afrikas zu ermöglichen, stolze, selbstbewusste, aufstrebende Staaten und Gesellschaften zu werden. Alles, was die Entwicklungspolitiker einst andachten und erträumten, ist jedoch gescheitert, die gewaltigen Anstrengungen haben nichts genützt. Im Gegenteil: Wir stehen heute vor einem Scherbenhaufen und erwarten voller Sorge und Verdruss hunderttausende junger Menschen, die auf die Küsten und Grenzen der reichen Länder Europas und Amerikas zusteuern. Gleichzeitig stehen wir in Europa vor dem Problem, dass wir uns auf Grund der wachsenden und nicht mehr aufzuhaltenden Überalterung in einer Krise der herkömmlichen Alterssicherung befinden. »Immer schärfer kommt die Frage: Brauchen wir Einwanderer mit traditionell höheren Geburtenraten, um unsere sozialen Sicherheitssysteme finanziell aufrechterhalten zu können – oder müssen wir stattdessen einen Umbau der Altersversorgung vornehmen und uns auf längere Lebensarbeitszeiten einrichten?«, fragt deshalb auch Altbundeskanzler Helmut Schmidt in seinem Buch *Die Mächte der Zukunft*.

Menschen verlassen Länder und Lebensumstände, die ihnen keine Perspektive mehr geben. In Afrika waren die jungen, arbeitsfähigen Menschen lange Zeit rein technisch nicht in der Lage, dies in die Tat umzusetzen. Doch seit etwa fünf Jahren sind sie es mehr und mehr; Fernsehen und elektronische Medien allgemein öffnen den Blick für die Länder der Hoffnung und der materiellen Verheißung. Der Strom hat eine Haupt- und eine Nebenrichtung: Die Hauptrichtung geht in Richtung Nordafrika und Maghreb, die zweite Richtung Republik Südafrika, dem einzigen Hoffnungsträger in Afrika.

Die westliche Entwicklungspolitik hat dagegen mehrere Jahrzehnte so getan, als könne sie in den Ländern Afrikas das innere ökonomische und soziale Bindegewebe so stärken, dass die Menschen bleiben, und dass die wenigen, denen es irgendwann einmal gelungen war, ihre Heimat zu verlassen, wieder zurückkehren. Doch diese Rechnung ging nicht auf.

Die klassische Entwicklungspolitik stand in den siebziger Jahren kurz davor, den Ländern der Dritten Welt in Afrika, Asien und Lateinamerika *nation- and state-building* zu vermitteln. Man hatte tatsächlich vor, aus diesen Ländern, die gerade der langen Kolonialausbeutung entronnen waren, richtige Staaten, richtige Nationen zu machen und sie zu industrialisieren. In den fraglichen Entwicklungsländern wurden Flughäfen, Hospitäler, urbanisierte Zonen, ganze Industrieparks gebaut, außerdem Straßen, Brücken, Kanäle, Bewässerungsanlagen und Industriebetriebe. Fährt man heute jedoch vom Julius Nyerere International Airport in die Innenstadt von Dar es Salaam in Tansania, dann passiert man nur noch Ruinen aus der Hochzeit der Entwicklungspolitik.

Das Unternehmen *nation-building* war nach der Industrialisierung der zweite Flop. Die Industrienationen benahmen sich gegenüber einem Land wie Somalia, als sei es geteilt und amputiert. Die fünf Zacken des Sterns in der Flagge Somalias weisen auf die Irredenta hin: auf die drei großen Gebiete, die noch heim in das Reich der Somalis am Horn von Afrika geholt werden sollen. Zwei der fünf Zacken bezeichnen das alte Italienisch-Somaliland mit Mogadischu und das ehemalige Britisch-Somaliland im Norden, die sich 1960 zur Republik Somalia zusammenschlossen.

Drei weitere, überwiegend von Somalis bewohnte Gebiete werden von Somalia beansprucht: Dschibuti, Ogaden – jetzt unter der Herrschaft Äthiopiens – und Nordkenia.

Wir, die Helfer bei der großen Flüchtlingskatastrophe – nach der Niederlage im somalisch-äthiopischen Krieg 1978 flohen tausende von Somalis aus dem äthiopischen Ogaden nach Somalia –, bekamen nichts mit von der hochkriminellen Struktur des Landes, das mit eiserner und unerbittlicher Faust von Siad Jaalle Barre kontrolliert wurde, einem ziemlich mittelmäßigen, aber gleichzeitig brutalen Diktator. Die Deutschen waren damals wie besoffen von ihrem großen Erfolg, der Befreiung der Lufthansamaschine »Landshut« auf dem Flughafen von Mogadischu im Jahr 1977. Nach raffinierter Vorbereitung durch den Krisenmanager der damaligen Bundesregierung, Hans-Jürgen Wischnewski, gelang es der schnellen Eingreiftruppe GSG 9, die 86 deutschen Geiseln zu retten. Präsident Siad Barre hatte die Aktion gestattet. Allerdings war die Dankbarkeit für die gelungene Geiselbefreiung so groß, dass Somalia enorm hohe Entwicklungsgelder sowie Militärausrüstung bekam. Heute sind mehrere Milliarden Entwicklungsgelder im Orkus des Landes am Horn von Afrika verschwunden, das als Staat nicht mehr existiert, nur noch als geografische Beschreibung und Formation.

Wäre die Industrialisierung gelungen, dann hätten wir heute, im Jahr 2005, einen wirklichen Wettbewerb zwischen den Ländern und Staaten Asiens, Afrikas und Lateinamerikas, und keinen Strom hilfsloser, mittelloser junger Menschen, die in ihren eigenen Ländern keine Zukunft mehr sehen. In den Ländern Afrikas ist die Entwicklungspolitik jedoch gescheitert, in den anderen Kontinenten ist sie zu einem schönen Kredit-Zubrot für große deutsche Firmen entartet. Lateinamerika ist zu weit weg von Europa. Uns Deutschen zugewiesen sind daher die beiden Kontinente Afrika und Asien.

Die staatliche Entwicklungspolitik in Deutschland ist sich des Scheiterns der eigenen Vorhaben durchaus bewusst. Trotzdem wurstelt sie vor sich hin, indem sie der Außenpolitik der Bundesregierung Konkurrenz macht, und indem sie über die Einhaltung einer besonderen Semantik wacht. So tragen alle Vorhaben des Bundesministeriums für wirtschaftliche Zusammenarbeit und

Entwicklung (BMZ), die Bezeichnung »nachhaltig«, *sustainable*, oder Nachhaltigkeit, *sustainability*. Damit meint man, den alten Inhalten semantisch eine neue Qualität gegeben zu haben – reiner Etikettenschwindel. Auch der mittlerweile in Bezug auf Afrika geradezu inflationäre Gebrauch des Begriffs »Marshallplan« schafft noch keine neue politische Realität.

Statt des alten Wortes »Entwicklungshilfe« sind wir gehalten, nur noch das neue, strahlende Wort »Entwicklungspolitik« zu verwenden. Deshalb habe ich Überschrift und Inhalt dieses Kapitels weitgehend von dem Unwort gesäubert, das die Semantik-Glaubenskongregation der deutschen Entwicklungszusammenarbeit exorzieren möchte.

Ich habe Entwicklungspolitik nicht aus Büchern und auf der Universität, sondern vor Ort gelernt und erlebt. Fast alles, was politische Leitartikel und Diskurse postulieren, ist nach meiner Erfahrung falsch. Bis heute geht es nicht in erster Linie darum, dass die wirklich Bedürftigen etwas abbekommen von den Segnungen der Entwicklungspolitik. Bücher erscheinen und verschwinden, Experten plustern sich auf und sind wieder weg, immer neue Bundestagsabgeordnete entdecken Afrika als Thema für ihren Wahlkreis oder rechnen sich Chancen aus auf ein Ministeramt.

Aber es hilft alles nichts: Die korrupten Eliten gängeln weiterhin ihre Staaten und Länder und lassen genau das nicht zu, was mit den hehren Ansprüchen der Entwicklungspolitik immer wieder verbunden wird. Wo haben die Milliarden Dollar an Entwicklungsgeldern im Sudan, im Kongo, in Somalia eine Entwicklung bewirkt? Die Bundestagsabgeordneten, die immer mal wieder als Mehrparteiendelegationen zu dritt oder viert für einen oder zwei Tage in die Habenichts-Länder aufbrechen, bekommen das gar nicht mit, denn sie stoßen nie bis zu den Brennpunkten vor, in denen der Großteil der Bevölkerung lebt und darbt. Viele dieser Reisen sind daher völlig sinnlose Geldausgaben. Die Abgeordneten erleben das Zielland überhaupt nicht richtig. Sie erleben nicht, wie schwierig und korruptionsbelastet schon die Einreise über das aufgeheizte Flughafengebäude von Luanda oder Maputo, Khartoum oder Kinshasa ist. Sie erleben gerade mal die angenehm klimatisierten Räume der VIP-Lounge am Flughafen, in der sie warten, bis ihnen das Gepäck gebracht wird und der deutsche Botschafter ihnen einen Wagen bereitstellt für die Fahrt zum besten Hotel am Platze. Sie erleben nie das armselige Dorf in der Hochebene Jebel Mara oder die Gesundheitsstation in Assernie, wo sich tausende von Nomaden versammelt haben, da sie wegen der großen Dürre zu wenig zu essen haben.

Damit kein falscher Eindruck entsteht: Ganz sinnlos sind solche Besuche natürlich nicht. Die Abgeordneten werden in der Hauptstadt herumgereicht, in der Regel vom Ministerpräsidenten und vom Präsidenten empfangen, der deutsche Botschafter lädt zum Frühstück und zum Dinner und hat natürlich viel und oft auch sehr engagiert über das betreffende Land zu berichten. Immerhin können die Abgeordneten später dem Bundestagspräsidenten und ihrer Fraktion zufrieden berichten, dass sie in den Ländern, die sie bereist haben, überall »hochrangig« empfangen wurden.

Das Beispiel der Demokratischen Republik Kongo

Nehmen wir als Beispiel die Demokratische Republik Kongo, mit 2 345 000 Quadratkilometern Fläche der zweitgrößte Flächenstaat Schwarzafrikas, fast sieben Mal so groß wie Deutschland. Das Land hat über 9000 Kilometer Außengrenzen zu seinen neun Nachbarstaaten Burundi, Republik Kongo, Zentralafrikanische Republik, Sudan, Uganda, Ruanda, Tansania, Sambia und Angola.

Kaum jemand kennt das Land, das eigentlich die besondere Aufmerksamkeit und Fürsorge der westlichen Welt verdient hätte. Keine der Parlamentarier-Delegationen aus Europa hat sich bisher für die Menschenmassen interessiert, die in diesem endlos großen Gebiet ihr armseliges Leben fristen. Aber auch hier, in den Städten der Demokratischen Republik Kongo, gibt es reiche »Wa-Benzis«, wie der Volksmund in solchen Ländern die raffgierigen Staatsbeamten nennt, die es zu einem Mercedes als Dienstwagen gebracht haben. Den Delegationen aus Europa wird alles so mundgerecht vorgeführt, dass sie den Eindruck bekommen, in einem funktionierenden Land zu sein.

Nie vergesse ich die Begeisterung des damaligen Bundestagsabgeordneten Günter Verheugen, der sich in Angola voller Freude auf die Schenkel schlug: Er war 1993 nach Luanda, in die Hauptstadt Angolas gekommen, um mit Eduardo dos Santos, dem Staatspräsidenten auf Lebenszeit, die Bedingungen für eine mögliche Aufnahme der angolanischen Staatspartei MPLA in die Sozialistische Internationale zu besprechen. Verheugen schwärmte geradezu von Luanda, denn der Programmablauf, den das Protokoll vorbereitet hatte, klappte wie am Schnürchen. Für uns Helfer war das absurd, denn außer dem Protokoll, mit dem Staatsgäste bezirzt wurden, klappte in diesem Staat einfach überhaupt nichts.

Demokratische Republik Kongo – schon der Name ist ein Monstrum: Weder ist der Kongo eine Republik mit anerkannten und von den eigenen Institutionen, der Armee und der Polizei geschützten Grenzen, noch hat es seit der Entlassung der belgischen Kolonie Kongo in die Unabhängigkeit im Jahr 1959 und seit Ministerpräsident Patrice Lumumba einen funktionierenden Staat gegeben.

Hier funktioniert rein gar nichts. Es gibt weder eine Zentralregierung, die diesen Namen verdient, und es gibt keine wirkliche Kontrolle der Außengrenzen durch eine Armee, die das Waffenmonopol hätte. Es gibt keine zuverlässige Statistik, die uns Aufschluss darüber geben kann, ob in diesem riesengroßen Regen- und Urwaldland nun 38,5 Millionen oder 59,4 Millionen Menschen leben – das weiß schlichtweg niemand. Auch die großen Hilfsorganisationen der UNO und die Weltbank wissen es nicht, sie veröffentlichen nur hochgerechnete Zahlen.

Mehr als dreißig Jahre lang herrschte hier Mobutu Sese Seko, der sich an die Macht geputscht hatte, in einer der grausamsten und längsten Diktaturen Afrikas. Unter dem Schutzmantel des Kalten Krieges wirtschaftete er das Land und seine reiche Infrastruktur völlig herunter, die Bevölkerung verelendete. Er indes zog es vor, an der französischen Riviera und in Gbadolite im Norden des Landes zu residieren. Erst 1997 gelang es Laurent-Désiré Kabila, dem Vater des heutigen Staatspräsidenten Joseph Kabila, den alten und kranken Diktator zu stürzen.

Und in der gesamten Übergangszeit von Mobutu zum Regime Laurent-Désiré Kabilas, in all dem Chaos eines zerfallenden Landes, flogen immer wieder Delegationen aus Brüssel, Straßburg, Berlin, Wien, Bern, Paris, New York und Washington ein und machten dem Präsidenten ihre Aufwartung. Kurz nach der Machtübernahme durch Laurent-Désiré Kabila traf eine große Delegation des Bundestags in Kinshasa ein. Uschi Eid, damals noch einfaches MdB und seit 1998 parlamentarische Staatssekretärin im BMZ, war ganz glücklich, dass sie von dem ziemlich fett gewordenen Kabila empfangen wurde. Auch Harald Ganns, damals noch der mächtige Afrika-Beauftragte im Auswärtigen Amt unter Außenminister Klaus Kinkel, gab der neuen Führung eine gute Prognose. Dass sich an dem totalen Chaos und der totalen Misswirtschaft nichts geändert hatte, wollte damals niemand wahrhaben.

Heute ist das Land restlos bankrott. Gäbe es nicht die Kirchen – vor allem die katholische, aber auch die evangelische, die Ordensgemeinschaften der Salesianer und andere –, die dort ihre eigene, von Europa aus alimentierte Struktur haben, dann würde sich niemand mehr in diese Region trauen. Ein ziviles Leben mit einer gewissen Verlässlichkeit ist dort schlicht nicht möglich.

Die UNO schickte im Jahr 2003 Blauhelme, zu meinem Bedauern aber leider noch immer keine Grünhelme. Die Blauhelme sind sehr wichtig, denn ohne Militär lässt sich in dem Land überhaupt nichts ausrichten. Allerdings müssen die Blauhelme irgendwann im Norden, im Nord-Kivu, im Süd-Kivu, in Goma und Bukavu klarstellen, dass diese Regionen und Provinzen den Kongolesen gehören und nicht den Milizen, die von Ruanda alimentiert werden. Deshalb wäre es wichtig, dass dort ein Regime installiert wird, dessen Armee die Grenze kontrolliert. Die wichtigste Voraussetzung wäre, dass die reichen Bodenschätze vom Staat kontrolliert und zugunsten der Bevölkerung in andere, auch europäische Länder verkauft würden.

Bis heute hat die Demokratische Republik Kongo keine Finanz- und Steuerwirtschaft. Das Land hatte im Jahr 2001 Einnahmen in Höhe von gerade mal 335 Millionen US-Dollar. Die Einnahmen sind, wie man einem Papier der Weltbank entnehmen kann, im Jahr 2003 immerhin auf 450 Millionen US-Dollar angewachsen – eine Summe, die ein Rohstoffschmuggler im rohstoffreichen Kongo mühelos in einem Monat verdient und aus dem Land herausholt. Für 2008 rechnet man für die Demokratische Republik Kongo mit Einnahmen von einer Milliarde US-Dollar, aber das entspricht bei weitem nicht dem, was das Land mit seinen reichen Bodenschätzen – Gold, Diamanten, Kupfer und Coltan – eigentlich hergeben müsste. Und es entspricht in keiner Weise dem Investitionsbedarf des Landes. Trotz des Schuldenerlasses durch die westliche Staatengemeinschaft unter Federführung von Weltbank und IWF wird der Staat zudem in den nächsten vier Jahren noch bis zu vierzig Prozent seiner Einnahmen an den Schuldendienst abgeben müssen.

Insgesamt müssen in diesem riesengroßen Land 128 000 Kilometer Straßen wiederhergestellt werden – Straßen, die der alte, ängstlich um seinen Machterhalt bedachte Staatschef Mobutu hat verfallen lassen, um Putsche der Armee zu erschweren. Ein Kilometer Straße kostet 350 000 US-Dollar. Die Kosten für den Wiederaufbau des Straßennetzes sind aber gedeckt: Das Land bekam nach Auskunft des Bundestagsabgeordneten Hartwig Fischer von der internationalen Staatengemeinschaft in den letzten Jahren immerhin 3,8 Milliarden US-Dollar an Infrastrukturhilfe! Das ist nach Afghanistan mit 4,7 Milliarden US-Dollar das weltweit größte Entwicklungs- und Infrastrukturprogramm.

Auf einer Audienz am 29. Oktober 2004 in Kinshasa fragte Hartwig Fischer – übrigens der einzige Abgeordnete, der mit Afrika wirklich vertraut ist – Präsident Joseph Kabila nach dem Verbleib der 3,8 Milliarden US-Dollar. Kabila, der nicht gern redet, weil er keine der beiden Sprachen der Hauptstadtbevölkerung spricht – weder Lingala noch Französisch –, antwortete nach einer langen Pause verlegen: »Wahrscheinlich ist mein Planungsminister nicht kompetent genug!«

Der entscheidende Grund, weshalb alle Maßnahmen der Weltbank wie auch der Entwicklungspolitik in der Demokratischen Republik Kongo völlig nutzlos und verschenkt sind, ist jedoch folgender: Es hat bislang noch keinen echten Umbau des alten Mobutu-Staates gegeben. Die Parteigänger und die Cliquen des Diktators sind weiter an der Macht. Es gilt weiterhin das Gesetz: *Débrouillez-vous!*, was so viel heißt wie: Bedient euch selbst, ihr

Polizisten, Zollbeamten, Staatsangestellten! Nehmt euch selbst, was ihr braucht! Ernährt euch wie fette Katzen von dem, was ihr gerade raffen könnt!

Die Macht bleibt in den Händen einiger weniger konzentriert, denen eine hilflose Bevölkerung und eine schwache und zudem zersplitterte Zivilgesellschaft gegenüberstehen. Die Mechanismen der Plünderung der Rohstoffe durch die Machthaber und die internationale Mafia bleiben in Kraft, auch nach der Kritik durch die internationale Gemeinschaft. Und der private Sektor kann seine Rolle als Motor der wirtschaftlichen Entwicklung nicht spielen, da es kein Förderprogramm gibt. Das Kompetenzniveau staatlicher wie nichtstaatlicher Institutionen liegt daher unter dem Mindestniveau, bei dem das Funktionieren des Systems gegeben wäre.

Hinter den Kulissen der Ministerien und der Botschaften tobt ein heftiger Kampf um die so genannten »DDR-Maßnahmen« im Kongo, eine auf den ersten Blick irritierende Abkürzung. Dabei handelt es sich um *Disarmament, Demobilization and Re-Insertion*, also um Entwaffnung, Demobilisierung und Integration des zerfallenen Landes. Es geht um Macht, Geld und um die Mittel, die die Weltbank für die »DDR-Maßnahmen« aufbringen soll. Bisher läuft auf dem Gebiet noch gar nichts, außer dass es Daniel Kawata, dem begnadeten protestantischen Prediger einer Erweckungskirche in Kinshasa, der bislang als völlig unbescholten galt, 2004 gelungen ist, als »Coordinateur Général« die Steuerungsmechanismen des Programms zur Demobilisierung der gut 200 000 Soldaten im Kongo in die Hand zu bekommen. 30 000 davon sind Kindersoldaten. Kawatas rechte Hand in Deutschland ist Donaly Malungo, der ehemalige Mobutu-Einkäufer für Luxusgüter und Hightech in Deutschland.

Daniel Kawata hat bislang noch nicht einmal den Überblick über die genaue Zahl der Kindersoldaten, die er durch das Demobilisierungsprogramm schleusen soll. Als ich ihn im Februar 2004 zum ersten Mal in Kinshasa traf, sprach er von 20 000 Kindersoldaten, das nächste Mal von 35 000. In den vier Monaten von August bis Dezember 2004, in denen die Grünhelme versuchten, in Kinshasa ein Programm zur Einschulung und Reintegration der ehemaligen Kindersoldaten durchzuführen, erwies sich dieser Erweckungsprediger als ziemlich windiger Bursche. Und trotzdem versicherten mir die Mitarbeiter der deutschen Botschaft und der MONUC, der UNO-Behörde im Kongo immer wieder, Kawata sei ein ehrenvoller Mann!

Beispielsweise bot er uns für den Aufbau eines Zentrums zur Ausbildung, Rehabilitation und Betreuung von Kindersoldaten in Kasangulu ein Gelände an, von dem er behauptete, es sei sein eigenes. Wir hatten gerade begonnen, das Fundament für ein erstes Haus zu gießen, da verloren wir jeden Kontakt zu Kawata. Ein Vertreter der Grünhelme durfte nicht mal mehr auf das Gelände, um unsere Werkzeuge mitzunehmen. Aber für die deutsche Botschaft und die zuständigen, von der Europäischen Union und der UNO alimentierten Organisationen ist das alles kein Problem. Ob ein Programm durchgeführt wird oder nicht – wen kümmert's.

Der Mann, der der privilegierte Ansprechpartner für die Verwendung von hunderten von Millionen Dollar an Hilfsgeldern für die Demobilisierung ist, hat uns betrogen und beschwindelt. Und wenn das im Kleinen so ist, wird es in der Demokratischen Republik Kongo im Großen nicht besser sein.

Auch den Bergbau und den Holzsektor hat die Weltbank nicht im Griff. Konzessionen für sechzig Millionen Hektar Wald wurden zwar auf Geheiß der Weltbank von der Regierung widerrufen, weil sie teilweise unrechtmäßig vergeben worden waren – aber was bedeutet das Attribut rechtmäßig oder unrechtmäßig schon in einem solchen Land? Durch diese Maßnahme wurden aber auch Firmen geschädigt, die legal arbeiten. Und es wurde Geschäftemacherei der neuen Machthaber befördert. Die große Kupfermine »Gecamines« soll zudem liquidiert werden, obwohl sie noch über enorme Kupfervorkommen verfügt. Doch die Wieder-Inbetriebnahme der Mine würde so hohe Investitionen erfordern, dass das beim derzeitigen Zustand der Ungewissheit niemand wagen möchte.

Das alles zeigt, dass es weder einen Staat gibt, der sich für das Wohl der Bevölkerung verantwortlich fühlt und entsprechend agiert, noch eine internationale Treuhänderschaft, die die Reichtümer des Landes wirklich zu Gunsten der hilflosen und verarmten Bevölkerung verwalten würde. Die Behandlung des Bergbausektors durch die Weltbank gleicht, so erläuterte es mir einmal ein Diplomat, der Methode, ein Krebsgeschwür mit Jodtinktur zu behandeln.

Es gibt allerdings eine Frau, die in der Lage wäre, den Staat von Grund auf neu zu organisieren: Salua Nour, eine Deutsch-Ägypterin, Professorin für politische Wissenschaften an der FU Berlin und Leiterin des GTZ-Büros in Kinshasa. Salua Nour ist die beste Mediatorin zwischen Europa und Afrika, die man sich denken kann. Ihr einziges Interesse zielt darauf, etwas für die Millionen von Kongolesen zu erreichen. Sie sammelt und konzentriert um sich herum alle Initiativen, die im Land aktiv werden wollen. Leider hat die staatliche deutsche GTZ selber wenig Interesse an der Demokratischen Republik Kongo, obgleich sie das Monopol auf die Aus- und Durchführung aller Aktionen und Maßnahmen hat, die unsere Regierung in Entwicklungsländern durchsetzen will.

Ich würde alle Hilfsgelder für die Demokratische Republik Kongo nur über Salua Nour laufen lassen – wenn es überhaupt noch Gelder aus dem staatlichen Entwicklungsbudget für dieses Land geben soll. Ich persönlich wäre ja eher dafür, dass sich die Deutschen und der deutsche Bundestag ein oder zwei Länder in Afrika aussuchen und sich dann intensiv nur noch um diese kümmern. Im Sinne von Gunnar Myrdal, dem schwedischen Nobelpreisträger und Vorreiter der Entwicklungspolitik, und von Willy Brandt, der mir 1987 seine volle Unterstützung für das Programm von Myrdal zusicherte, müsste man der Regierung von Joseph Kabila außerdem strengste Auflagen machen, aber alles ermöglichen, was das Land wieder funktionieren lässt.

Gunnar Myrdal propagierte in einem Interview für den Deutschlandfunk, das ich im Februar 1982 in Stockholm mit ihm führen konnte, die unübertroffen radikale und bis heute für die Kontinente der Habenichtse gültige Forderung: *»Relief instead of Development Aid«* – Soforthilfe statt Entwicklungspolitik. Myrdal nannte damals die korrupten Eliten beim Namen, die ihre Länder ausbeuten, Landreformen sabotieren und dennoch von den Industrieländern gestützt werden.

»Entwicklungshilfe setzt vielfach nur Mittel für Rüstung frei«, erklärte Myrdal. So ist das zum Beispiel bei einem Liebling der internationalen Staatengemeinschaft geschehen, ohne dass es Konsequenzen gehabt hätte: in Uganda unter Yoweri Museveni. Außerdem zeigt, so Myrdal weiter, die neue Weltwirtschaftsordnung außer kostspieligen internationalen Konferenzen keine Erfolge. Dringend notwendig wären stattdessen strukturelle Reformen in den betreffenden Ländern, die allerdings nur an den herrschenden Eliten vorbei umgesetzt werden können, da sie gegen deren Interessen verstoßen. Myrdals Schlussfolgerung lautet deshalb, nur noch Basishilfe zu leisten und keine Großprojekte mehr zu fördern!

Davon sind wir jedoch meilenweit entfernt. Unsere Entwicklungspolitik ist zu einem Polittourismus ausgeartet, der sich damit begnügt, die Länder von Zeit zu Zeit zu besuchen, oberflächlich zu besichtigen und es damit gut sein zu lassen. Sowohl unter Helmut Kohl als auch unter Gerhard Schröder wurde dieser Kurs bislang uneingeschränkt weitergeführt – keine Opposition weit und breit. Entwicklungsministerin Heidemarie Wieczorek-Zeul flog beispielsweise am 28. Oktober 2004 für zwei Tage nach Kinshasa und stellte umgehend sechzig Millionen Euro in Aussicht, worüber sich alle Helfer und Diplomaten in Kinshasa die Haare rauften – einfach deshalb, weil es ja schon die 3,8 Milliarden Dollar gab, die in Kinshasa herumlagen und einfach nicht wie vorgesehen in Projekte zur Armutsbekämpfung und zur ländlichen Entwicklung flossen.

Wohin steuert die Entwicklungspolitik in Afrika?

Diese Form der Entwicklungspolitik hatte Hochkonjunktur in der langen dunklen Zeit des Kalten Krieges und des alles beherrschenden Ost-West-Gegensatzes. Alles war durch diesen Gegensatz bestimmt. Hinterletzte Regime in Afrika wurden auf Grund der geostrategischen Wichtigkeit ihres Territoriums zu entscheidenden weltpolitischen Partnern, auch wenn man die Führer dieser Staaten vielleicht verachtete. Siad Barre, Präsident des Staates Somalia bis 1991, nutzte diese weltpolitische Konstellation besonders clever aus. Er hatte sich erst auf die Seite des Sozialismus geschlagen, warf dann 1978 die sowjetischen Berater und Militärs in einer Nacht-und-Nebel-Aktion aus dem Lande und holte stattdessen die US-Amerikaner und alle westlichen Staaten, besonders die Bundesrepublik Deutschland, hinein. Ähnlich war es mit Mobutu Sese Seko in Zaire, mit Eduardo dos Santos in Angola, mit Robert Mugabe in Zimbabwe und mit Meles Zenawi in Äthiopien.

Ganz besonders war die Bundesrepublik Deutschland durch diese Situation gefangen, denn sie nutzte das Instrument Entwicklungshilfe, um gemäß der Hallsteindoktrin ihren Alleinvertretungsanspruch zu untermauern. Die Länder, die versprachen, keine diplomatischen Beziehungen zur DDR aufzunehmen, wurden belohnt. Aber wer von diesem Pfad der Tugend abwich, dem drohte ein Donnerwetter aus Bonn und der Entzug der Hilfe. Paul Frank, der spätere Staatssekretär im Auswärtigen Amt unter Außenminister Willy Brandt, hat diese Phase der konzeptionslosen Außen- und Entwicklungspolitik in seinem Buch *Entschlüsselte Botschaft. Ein Diplomat macht Inventur* sehr plastisch anhand einiger Beispiele beschrieben. »Die Nichtanerkennungspolitik wurde durch das Auswärtige Amt wie von einer Berufsfeuerwehr gehandhabt. Beim geringsten Geruch nach Anerkennung der DDR durch einen dritten Staat trat der Löschzug in Aktion. Keiner fragte so recht, wozu diese Übungen eigentlich gut sein sollten, denn eine Friedensvertragskonferenz mit Deutschland war am Horizont nicht auszumachen. Und die Bemühungen, die Anerkennung der DDR zu verhindern, absorbierten viel diplomatische Energie – und manche Million Deutscher Mark.«

Die Tätigkeiten – so Paul Frank weiter – der Auslandsvertretungen waren derart auf die Nichtanerkennungspolitik konzentriert, dass der Abwehrreflex fast automatisch erfolgte. »Die Botschaften in aller Welt wetteiferten miteinander, wer das Gras zuerst wachsen hörte. Eine falsche, meist von sowjetischen Beamten der UNO in das Jahrbuch der Vereinten Nationen hineingeschmuggelte Nomenklatur der DDR löste ganze Offensiven von Worten und Papieren aus.«

Die Hallsteindoktrin hat bis heute desaströse Folgen für die ganze Welt, besonders aber für die Länder der so genannten Dritten Welt: Die Entwicklungspolitik war nur noch ein Zuckerl zur Belohnung für Wohlverhalten oder ein Schwert zur Bestrafung für Fehlverhalten. Das hat in letzter Konsequenz dazu geführt, dass die deutschen Regierungen völlig unsinnigerweise ihr Engagement auf über 120 Länder ausdehnten, bis nach Tonga und auf die Fidschi-Inseln. Auf diese Weise hat man die Mittel so zerhackt und verkleinert, dass deren Wirkungen sinnlos verpufften.

Unvergesslich für mich ist Paul Franks Beschreibung der Ereignisse im Juni 1960, als die deutsche Diplomatie bei den neuen Autoritäten des Kongo in Leopoldville, dem späteren Kinshasa, die Frage ventilierte, ob zu den Unabhängigkeitsfeiern der neuen Provinz Kongo auch die DDR eingeladen werden sollte. Das Auswärtige Amt, so berichtete Frank später, wollte da nichts anbrennen lassen. Staatssekretär Hans von Scherpenberg kam deshalb auf die Idee, Paul Frank, den damaligen Nordafrika-Referenten, in den Kongo zu schicken. »Der sollte dort nach dem Rechten sehen, das hieß, die Einladung der DDR und ihre Anerkennung durch die Kongolesen verhindern.« Paul Frank war damals im Auswärtigen Amt als Referent eigentlich für den Maghreb und Westeuropa zuständig. Mit Schwarzafrika hatte er bis dato keine Erfahrungen.

Paul Frank kam im Juni 1960 im Kongo an. Auf dem Flugplatz begrüßte ihn ein Regierungsvertreter mit dem schönen Satz: »Was, Sie sind nicht mit einem Jet gekommen? Ich fliege nur im Jet!« Diese Einstellung, nach der Erlangung der Unabhängigkeit liege ihnen die ganze Welt zu Füßen und alles stehe ihnen zur Verfügung, hat sich bei den korrupten und unverantwortlichen Eliten in Afrika bis heute gehalten. »Die Afrikaner erwarteten die Unabhängigkeit wie ein Spielzeug, das noch viel Freude bereiten würde«, resümiert Paul Frank.

Der Auftrag von Paul Frank war schwierig, aber wie immer in diesen Jahren hatte er einen großen Teil der für den Kongo vorgesehenen Entwicklungshilfe als Manövriermasse zu seiner Verfügung. Er war befugt, eine kleine finanzielle Zusage zu machen, wenn dadurch die Anerkennung der DDR durch den Kongo vermieden werden konnte. Mit dem künftigen Chef der Jugendbewegung fing er an, Pläne zu schmieden, wie man mit Hilfe deutscher VW-Busse, Lautsprecheranlagen und Filme die kongolesische Jugend draußen im Busch erreichen könnte.

Dann kam es zu der entscheidenden Begegnung mit Patrice Lumumba, der nur ein Jahr später von Mobutu, seinem Nachfolger, auf viehische Weise ermordet werden sollte und nach dem bis heute eine Universität in Moskau benannt ist.

Patrice Lumumba saß da, schweigsam und verschlossen, eher ein indischer Guru als ein Afrikaner: groß, schlank, mit feingliedrigen Händen und einem stechenden Blick, als stünde er unter Drogen. Paul Franks Fragen schienen ihn zunächst gar nicht zu erreichen: Ob denn die Kongolesen überhaupt das Recht dazu hätten, die Teilung Deutschlands durch unbedachte Schritte zu zementieren, wo doch die Bundesrepublik ein Freund der unabhängigen afrikanischen Länder sei und seit 1918 keine Kolonien mehr besitze?

Daraufhin trat eine peinliche Stille ein, wie Paul Frank berichtet. Dann sagte Patrice Lumumba mit ruhiger Stimme und unbewegtem Gesicht: »Sagen Sie Ihrem Bundeskanzler, ich bin kein Kommunist!« Im Beisein von Paul Frank wählte Lumumba daraufhin die Nummer von Generalgouverneur Cornelis und erklärte, er sei mit der Einladung der DDR und der Anerkennung der Sowjetzone nicht einverstanden.

Nach 1989 kam es zur großen Zeitenwende, die Hoffnungen und Blütenträume auch und gerade in der Entwicklungspolitik wuchsen in den Himmel: Die »Friedensdividende« war in aller Munde. Das Umschmieden von »Schwertern zu Pflugscharen«, das in großem Stil nach dem Fall der Mauer und dem Ende des Kalten Krieges einsetzte, sollte eine Friedens- und Entwicklungsdividende beinhalten. Doch diese Hoffnungen erwiesen sich als Illusion, so Franz Nuscheler, der Doyen aller Entwicklungstheoretiker in Deutschland, im *Lern- und Arbeitsbuch Entwicklungspolitik*: »Es gab zwar eine Friedensdividende, aber die Einsparungen in den Rüstungsetats wurden nicht in die schrumpfenden Entwicklungsetats umgeleitet«, wie das seinerzeit Willy Brandt und Richard von Weizsäcker in einer gemeinsamen Initiative gefordert hatten.

Zudem ist das Ost-West-Schema mittlerweile durch ein zweites epochales Datum fast umgedreht: den 11. September 2001, das Attentat auf das World Trade Center. Jetzt heißt es eher: die westliche Welt gegen den Rest der Welt. Schlechte Zeiten für die Entwicklungspolitik.

Nuscheler erklärt, die Entwicklungspolitik sei in eine »Irrelevanzfalle« geraten, »nachdem ihr die geostrategische Schubkraft des Kalten Krieges und des Gerangels der feindlichen Blöcke um jeden Winkel der Erde abhanden gekommen war«. Meiner festen Überzeugung nach können wir dieser Falle nur entkommen durch eine Auflösung der Riesenapparate des Ministeriums für wirtschaftliche Zusammenarbeit und Entwicklung, durch eine Abschaffung des Monopolbetriebs GTZ und durch die Konzentration der Entwicklungspolitik auf wenige ausgewählte Länder. Helfer sollten sich darüber hinaus auch in ihrer Lebensführung und ihren Ansprüchen mehr an dem Land ausrichten, in das sie aus freien Stücken gehen, und sich nicht wie bisher ihre gewohnten westlichen Konsum- und Luxusgüter, ihren gesamten westlichen Lebensstil, gleichsam hinterherschicken lassen.

Die Helfer werden heute grundsätzlich nach den Tarifordnungen der Bundesrepublik bezahlt und veranschlagt. Wie die *Spiegel*-Reporterin Susanne Koelbl herausfand, gibt es ganze Bataillone von so genannten Entwicklungsagenten, die tausend Euro pro Tag verdienen. Den Titel »Helfer« sollte man für sie streichen, sonst kann man demnächst den Straßenbauingenieur, der mit seiner Firma im Tschad eine Straße baut, auch »Helfer« nennen. Ein solcher Ingenieur arbeitet zwar in mörderischer Hitze, aber ansonsten hat er Lebensbedingungen wie in Deutschland, inklusive medizinischer Versorgung, Hygiene, Essen und Entertainment. Die UNO-Angestellten auf Lebenszeit verdienen 12 000 US-Dollar monatlich in Ländern, in denen einheimische Lehrer und Ärzte im Monat gerade mal zwanzig bis vierzig Dollar verdienen; Mitarbeiter internationaler Behörden müssen darüber hinaus ihr Gehalt in der Regel nicht versteuern.

An diesen beiden Markierungen – der Konzentration auf wenige Länder und einer bescheideneren Bezahlung der Entwicklungsberater – wird sich künftige Entwicklungspolitik ausrichten müssen. Das mag zumal im zweiten Punkt heute noch utopisch erscheinen, aber es wird uns spätestens in fünf bis zehn Jahren dringend aufgegeben sein. Die Aussichten, zu solchen neuen Ufern zu gelangen, sind allerdings relativ gering. Zum einen haben die Regierungen kaum Handlungsspielräume, die hypertrophen Apparate des Ministeriums – die sich noch verdoppeln und verdreifachen durch die parallelen Dienste der GTZ, der Stiftungen und der Kreditanstalt für Wiederaufbau – werden kaum abgebaut werden können. Doch es wird notwendig sein.

Die größte Irrelevanzfalle der Entwicklungspolitik 2005 besteht allerdings in der Gewissheit, dass die Ziele, die sich die westliche Staatengemeinschaft gesetzt hat, alle unterlaufen und meist nicht ernst genommen werden. Dazu gehört das hehre Ziel, das auf der Welthandelskonferent im Jahr 1964 verkündet und versprochen wurde: 0,7 Prozent des Bruttosozialprodukts eines Industrielands sollten für die Entwicklungspolitik in den armen Ländern der Welt aufgewendet werden. Die Bundesrepublik liegt heute bei ganzen 0,268 Prozent und will in dieser Legislaturperiode gerade mal noch 0,33 erreichen.

Die Entwicklungshilfe der letzten 35 Jahre ist also gescheitert. Keine neue Evaluierung, nicht mal die Evaluierung der Evaluierer der Evaluierer kann das mehr bezweifeln. Und doch sind die nächsten Evaluierungs-Evaluierer-Bataillone schon wieder auf dem Marsch – auf Kosten der deutschen Steuerzahler.

Politik in überholten Strukturen

In einer vernünftigen Entwicklungspolitik sind der ländliche Raum und die Hilfe für die kleinen Farmer entscheidend, nicht der U-Bahn-Bau von Shanghai oder die Beratung von Regierungen. Aber gerade der ländliche Raum wurde bislang vernachlässigt. Helfer haben sich nur selten in die Gemeinden und die Dörfer hineinbewegt. Gerade im ländlichen Bereich, in den Dörfern und auf den Feldern, bei der Aufforstung und dem Bau von kleinen Schulen und Werkstätten ist das Herz der Bevölkerung zu gewinnen.

Ich sitze wie 2003 und 2004, so auch 2005 im Lehmhaus der »Grünhelme« in Totechi in der Provinz Herat, einer 2500-Seelen-Gemeinde in Afghanistan. Die Menschen hier sind durch die besondere Lebensweise des Teams der Zimmerleute und Maurer, später auch der Bauingenieure und Ärzte von den Grünhelmen und durch die den Verhältnissen angepasste Arbeit für die deutsch-afghanische Kooperation gewonnen worden. Es gibt jetzt zwei Schulen, eine davon trägt sogar den Namen von Außenminister Joschka Fischer. Eine Werkstatt bildet zwölf junge afghanische Schüler zu Tischlern aus, die jetzt schon die Elite des Dorfes darstellen. In Totechi haben die »Grünhelme« nacheinander die beiden Schulen gebaut, die Werkstatt, ein Fußballfeld. Die Schülerinnen und Schüler haben als Gegenleistung für das Geschenk der deutschen Bevölkerung, die die Schule finanziert hat, Bäume gepflanzt. Ein Schuldirektor hat angefangen Deutsch zu lernen, und er will unbedingt einmal nach Deutschland kommen.

Das alles ist nur möglich, weil die Grünhelme sich konsequent auf den Standpunkt stellen: Da, wo gearbeitet wird, müssen die Helfer auch wohnen, schlafen und essen. Die Entwicklungsarbeit besteht unserer Meinung nach eben nicht nur darin, die anstehenden Arbeiten zu erledigen, sondern miteinander zu leben und miteinander auszukommen. Fremdheiten müssen abgebaut, die Eigenheiten der jeweils anderen aber berücksichtigt und akzeptiert werden.

Solche vergleichsweise kleinen Projekte wie in Totechi sind jedoch bei weitem nicht ausreichend. In Afghanistan müssten noch 2000 Elementarschulen, vierhundert Gymnasien und 2000 Berufsausbildungswerkstätten entstehen. Würde das in einer gemeinsamen Kraftanstrengung gelingen, wäre viel gewonnen. Und es wäre realisierbar: Jede der Schulen, von denen ich berichtet habe, hat gerade mal 45 000 Euro gekostet. Als Entwicklungsministerin Heidemarie Wieczorek-Zeul im April 2004 wieder einmal zehn Millionen für den Wiederaufbau von Schulen in Afghanistan versprach, schrieb ich ihr, sie solle doch diese zehn Millionen lieber den »Grünhelmen« geben, wir würden von dem Geld 220 Schulen bauen. Dieser Brief blieb bis heute ohne Reaktion. Dabei haben mir einige Experten, die ich immer wieder bei meinen Besuchen in Afghanistan gesprochen habe, zugestimmt: Die GTZ, die das Geld vom Ministerium bekommen hat, baut dafür allenfalls zwanzig der Schulen.

Das Ministerium für wirtschaftliche Zusammenarbeit und Entwicklung hat sich mittlerweile auf Beratung spezialisiert. »Nach wie vor verteilt sich deutsche bilaterale Zusammenarbeit nicht nur auf zu viele Länder, sondern innerhalb der unterstützten Länder auch auf zu viele Vorhaben. Da die finanziellen Mittel für die bilaterale staatliche Zusammenarbeit im letzten Jahrzehnt zurückgingen, absolut um ca. 18 Prozent und relativ bezogen auf die Gesamthilfe von 46 auf 42 Prozent, bedeutet das, dass an Stelle von Investitionen eher Beratungsleistungen erbracht werden und der eigentliche Mitteltransfer immer geringer, die Verwaltungs- und Personalkosten immer höher werden.« So hat Peter Molt, Professor für Politikwissenschaft an der Universität Trier, in *Deutschland im Abseits* den Scherbenhaufen Entwicklungspolitik beschrieben. Ob Regierungsberatung tatsächlich so wirksam ist, wie behauptet wird, »und ob sie zu den vordringlichen Bedürfnissen der Partnerländer gehört, kann bezweifelt werden«.

Die Regierungsberatung läuft immer wieder darauf hinaus, dass sie den Regierungen in den Ländern, die noch nicht wissen, was Wahlen, was Regierung und Regieren, was eine simple Kameralistik und ein Steuersystem sind, einfach irgendetwas an Administration und Bürokratie überstülpt, das in keinem Verhältnis zu den eigentlichen Bedürfnissen des Entwicklungslands steht.

Der Ober- und Überbau der Entwicklungshilfe ist so kompliziert organisiert, dass man auch als so genannter Experte kaum durchblickt. Schon die Haushaltsstruktur hält Peter Molt für eine Katastrophe: Einzelne Etatposten werden nicht etwa an den Ausgaben, sondern an den jeweiligen Durchführungsorganisationen ausgerichtet. Nach wie vor werden für Innovationen, wie beispielsweise für das neue Instrument der Zinssubventionen, die Armutsbekämpfung und den zivilen Friedensdienst, neue Haushaltstitel geschaffen, anstatt die bestehenden Titel zu flexibilisieren.

Das Urteil von Peter Molt lässt an Klarheit nichts zu wünschen übrig: »Alles in allem verharrt die deutsche Hilfe im Wesentlichen in den Organisationsstrukturen der sechziger und siebziger Jahre.« Wie man mit einer solchen Organisation die Länder Afrikas, Lateinamerikas und Asiens wirklich wieder auf die Beine stellen will, ist mir schleierhaft. Aber der Apparat wird aufrechterhalten, koste es, was es wolle.

Solange die deutsche Entwicklungspolitik an das Ausführungsmonopol der Gesellschaft für technische Zusammenarbeit GTZ gebunden ist, wird es keine wirksame Entwicklungspolitik geben. Die GTZ ist ein Entwicklungshilfemonstrum, das die Politik im

Grunde längst für das Linsengericht der eigenen Annehmlichkeiten, Prämien, Beratungsgehälter und Honorare aufgegeben hat.

Die GTZ ist halb eine von Steuergeldern lebende staatliche Implementierungsagentur und halb eine AG, die gehalten ist, Gewinne über Drittgeschäfte zu machen: »Die GTZ hat 2003 ihren Umsatz um ein Prozent auf knapp 885 Millionen Euro gesteigert. Ganz besonders nahm dabei das Geschäft mit ausländischen Auftraggebern zu. Die Sparte GTZ International Services erwirtschaftete einen Gewinn von 3,5 Prozent und verdiente damit 123 Millionen Euro. Im Gegenzug fielen die Einnahmen von staatlichen Stellen in Deutschland um sechs Prozent zurück auf 750 Millionen Euro.«

Die aktuellen Geschäftszahlen zeigen jedoch auch, dass die GTZ nicht mehr so stark wie bisher durch ausländische und internationale Instanzen beansprucht wird. Der Auftragseingang bei GTZ International Services war 2003 mit 160 Millionen Euro um sechs Prozent geringer als 2002. »Die Gesellschaft«, so heißt es in der offiziellen GTZ-Mitteilung triumphierend, »war in 131 Ländern der Erde aktiv.« Immer wieder versucht die aktive und gutwillige Bundesministerin Heidemarie Wieczorek-Zeul, einer entscheidenden Konsequenz auszuweichen. Um die eigenen Ziele des BMZ sowie das Millenniumsziel 2015 zu erreichen, wäre es jedoch unabdingbar, die GTZ abzuschaffen. Das war auch der Rat, den der SPD-Bundestagskollege Hermann Scheer der frisch gewählten und nominierten Entwicklungshilfeministerin gegeben hatte, als diese ihn darum bat.

Das Millenniumsprogramm 2015 ist das Versprechen der Weltgemeinschaft, die extreme Weltarmut zu halbieren. Am 6. und 7. September 2000 trafen über 180 Staats- und Regierungschefs in New York zusammen und verabschiedeten acht Millenniumsziele, die bis zum Jahr 2015 schrittweise erreicht werden sollen. Hauptziel soll sein, den Anteil der 1,2 Milliarden extrem Armen, die weniger als einen Dollar am Tag zum Leben haben, bis 2015 zu halbieren. Diese Zielsetzung kann jedoch nur Bestand haben, wenn wir sie als eine radikale Wende in der internationalen Zusammenarbeit sehen. Denn es ist geradezu skandalös, dass nach sage und schreibe vierzig Jahren Entwicklungszusammenarbeit immer noch jeder Vierte in den Entwicklungsländern in extremer Armut lebt! Die Realität sieht jedoch so aus, dass dieses hehre Ziel in der allgemeinen Gipfelbetriebsamkeit schlicht beiseite geschoben und schließlich aus den Augen verloren wurde – absichtlich oder unabsichtlich.

Im Jahr 2004 bat mich Winfried Pinger, Professor für Zivilrecht und mehrere Legislaturperioden lang der entwicklungspolitische Sprecher der CDU/CSU-Bundestagsfraktion, dass ich mich an einer Aktion beteiligte, die jedes Jahr Anfang September, am Jahrestag des Millenniumsgipfels der Vereinten Nationen, die Erinnerung an die Verkündung der Millenniumsziele wach halten sollte. Daraus entstand die kleine, aber gefürchtete Arbeitsgruppe »Aktion 2015«, die allein dadurch, dass sie die Lücken im Millenniumsprogramm aufzeigt, im Ministerium für wirtschaftliche Zusammenarbeit Angst und Schrecken verbreitet.

Es ist natürlich nicht meine Aufgabe, der Regierung zu erklären, wie sie die GTZ abschaffen soll. Eines aber steht fest: Wenn das Monopol der GTZ nicht gekippt wird, kommt weder die deutsche Entwicklungspolitik auf einen grünen Zweig, noch erreichen wir das Millenniumsziel 2015 auch nur annähernd. Denn die Hilfe der GTZ zeichnet sich durch ein hohes Maß an überflüssiger Expertise, teuren Studien und viel Papier aus, aber die entscheidende Aktion fällt dann nach bombastischen Vorläufen oft ins Wasser oder scheitert einfach. Ich will zwei Beispielfälle erwähnen, die ich selbst erlebt habe.

Als wir mit der Organisation »Cap Anamur« nach dem Ende des Kosovokriegs im Juni/Juli 1999 zigtausende von Flüchtlingen aus den Lagern in und um Kukes in Albanien wieder in ihre Heimatstädte und Dörfer im Kosovo zurückbegleiteten, begannen wir auch gleich mit einem umfassenden Programm zum Neuaufbau der Häuser, Schulen und Ambulanzen in den Orten. Da wir Kontakt hatten mit dem Verantwortlichen der GTZ in Priština erfuhren wir, dass die GTZ gemeinsam mit einem Berufsschulexperten, der eigens aus Südafrika eingeflogen worden war, einen großen Plan ausgearbeitet hatte. Der Experte hatte seine Expertise in einem dicken Buch zusammengefasst und forderte die Einrichtung von fünf Berufsschulzentren. Doch schon die Kosten für diese Evaluierung waren so hoch, dass die Maßnahme selbst kaum noch durchgeführt werden konnte.

Also fragte man uns, ob wir diese Berufsschulzentren bauen und mit den nötigen Lehr- und Ausbildungsmaschinen bestücken könnten. Wir waren von der Idee begeistert, kalkulierten und sagten schließlich zu – unter einer Bedingung: Die GTZ sollte danach die Ausbildung der Ausbilder übernehmen und sich um die Lehrpläne, den Stunden-, Ausbildungs- und Zertifikatsplan der fünf Schulen kümmern.

Drei Schulen in Viti, Klina und Gjakova bauten wir ganz neu, zwei – in Prishtina und Glogovsk – setzten wir wieder instand. Mit Hilfe der Firma Technologie Transfer Marburg, die neue und gebrauchte Geräte in die Dritte Welt liefert, brachten wir sämtliche benötigte Maschinen und Geräte, Werkzeuge und Einrichtungen aus Deutschland in den Kosovo – und das alles zu einem sensationell niedrigen Preis.

Als wir die fünf Schulen schließlich im Jahr 2001 nacheinander übergaben, wurde uns allerdings klar, dass die GTZ eine Organisation von Bürohengsten ist, die nicht etwa herausgingen und sich vor Ort um die Schulen kümmerten, sondern im zentralen Bürogebäude in Prishtina alle möglichen Kurse und Seminare für die angehenden Lehrer organisierten. Dafür holte man wiederum kurzzeitig Experten nach Prishtina. Aber zwei Jahre später mussten Ramin Kia, der sachverständige Mitarbeiter, der die Schulen seinerzeit eingerichtet hatte, und ich mit eigenen Augen sehen, dass die Lehrer nicht in der Weise weiter ausgebildet worden waren, dass sie alle Maschine bedienen konnten. Wir hatten beispielsweise in Prishtina eine sehr moderne Abteilung für Automechanik eingerichtet, eingedenk der Tatsache, dass sich im Kosovo jeder, der das irgendwie kann, im eigenen PKW fortbewegt. Zwei Jahre nach Fertigstellung der Schulen waren die Maschinen aber immer noch fein säuberlich in Plastik verpackt. Ich habe mich mehrmals bei der Bundesministerin beschwert – ohne jeden Erfolg. Wir haben überhaupt mehrmals versucht, die Agenturen des BMZ mit der Nase auf ihre Aufgaben zu stoßen – immer vergeblich: Die deutsche Entwicklungspolitik ist gegen Kritik absolut immun, sie perlt einfach an ihr ab.

Das zweite Beispiel ist ein GTZ-Projekt in Westafghanistan. Wir Helfer von den Grünhelmen wurden gefragt, ob wir einige gescheiterte deutsche Projekte besichtigen wollten. Das eine waren Brunnen, die entlang einer großen Straße in der Hauptstadt der Provinz Herat eingerichtet worden waren, aber kein Wasser mehr gaben. Das andere Beispiel war ein Platz am Rande von Herat im Westen von Afghanistan, wo die GTZ vor knapp zehn Jahren ein Fischaufzuchtprojekt entwickelt hatte. Die Fischteiche waren alle ausgetrocknet. Auf dem Rückweg zur iranischen Grenze kamen wir an einer Siedlung mit etwa vierzig bis fünfzig Häusern vorbei, die in vier Reihen neben- und hintereinander gebaut waren nach dem Prinzip Schöner Wohnen, wie aus einer europäischen Retorte, ohne Basar und Wasserstelle und ohne Bezug zu irgendetwas, das der Lebens- und Wohnkultur der Afghanen entspricht. Klar, dass diese Häuser seit neun Jahren leer stehen. Sie wurden überhaupt nur einmal bewohnt, als Ismail Khan, der damalige Gouverneur von Herat, sie übergangsweise Binnenflüchtlingen zur Verfügung stellte. Die kurzfristigen Bewohner ließen denn auch alles Mögliche mitgehen. Wir fragten die beiden jungen Soldaten, die zur Bewachung des Geländes abgestellt waren, ob sie denn in eines dieser Häuser einziehen würden. Nein, das könnten sie sich nicht vorstellen, war die Antwort.

Die GTZ unterhält einen Zweig, die »International Services«, der Dienstleistungen in vielen Ländern anbietet und im Grunde nichts mehr mit dem eigentlichen Ziel, nämlich einer Verbesserung der Lebensverhältnisse der Bewohner der betreffenden Länder zu tun hat. Die »International Services« arbeiten eigentlich nur für Besucher, die aus dem Ausland kommen und möglichst schonend durch die chaotischen und räuberischen Verhältnisse eines Dritte-Welt-Flughafens hindurchgeschleust werden sollen.

Beispiel Kinshasa, Hauptstadt der Demokratischen Republik Kongo, ein Flughafen, der für jeden normalen Reisenden einen Spießrutenlauf bedeutet. Deshalb haben alle Botschaften und Entwicklungshelferorganisationen ihre Agenten und Attachés, die ihre Gäste durch den privilegierten, aber gebührenpflichtigen VIP-Zugang schleusen. Dabei wäre es eigentlich Aufgabe der deutschen Entwicklungspolitik, dafür zu sorgen, dass in der Landeshauptstadt Flughafen, Bahnhof, Müllabfuhr und vielleicht so etwas wie ein Parlament gut funktionieren. Stattdessen holt der Abholdienst der Deutschen »Gesellschaft für Tourismus und Zeitvertreib«, wie die GTZ im Volksmund ironisch genannt wird, jeden bedeutenden oder weniger bedeutenden Europäer ab, auch mich, so geschehen im Mai 2004.

Das ist natürlich angenehm, aber es hindert mich und alle anderen, die Realität des Flughafens wahrzunehmen. Wir werden unmittelbar nach dem Verlassen des Flugzeugs von einem Agenten der GTZ-International Services in Empfang genommen, der dem Beamten am VIP-Schalter erklärt, dass er uns durchlassen soll. Dann geben wir den Gepäckabschnitt ab, werden mit Getränken in die klimatisierte VIP-Lounge geführt – und schon hat der Aufenthalt in Kinshasa aufs Allerangenehmste begonnen.

Dass das nicht Aufgabe der deutschen Entwicklungspolitik sein darf, sondern dass sie dafür sorgen muss, die Zugangsbedingungen für alle, auch und gerade für die Einheimischen, zu verbessern, das fällt einfach unter den Tisch. Der Besucher bekommt allerdings am Ende eine gesalzene Rechnung von der Abteilung International Services, denn das Abholen und die Leistung des reibungslosen Eintauchens in die Demokratische Republik Kongo werden teuer in Rechnung gestellt. Wir blechten am Ende zu zweit über 480 US-Dollar!

Sicherlich hat die GTZ auch Verdienste: Über andere Tochterfirmen ist sie beispielsweise in der Lage, logistische Großleistungen wie die Ausrüstung der ersten und zweiten *Loya Jirga*, der Großen Ratsversammlung in Kabul in klimatisierten Großzelten und mitsamt dem notwendigen Catering in den Jahren 2002 und 2003 zu stemmen. Das hätten die Deutsche Welthungerhilfe oder die Grünhelme allerdings auch leisten können, und zwar erheblich billiger. Deshalb bleibe ich bei meiner Forderung, die GTZ zu Gunsten flexibler und kostengünstiger arbeitender Organisationen abzuschaffen.

Das Versagen der Entwicklungspolitik hat eine einschneidende Folge, die uns alle betreffen wird: Wir werden den transnationalen Wanderungsdruck an der eigenen Haut zu spüren bekommen. Helmut Schmidt hat es uns klar in *Mächte der Zukunft* gesagt: »Die transkontinentale Migration wird sich vornehmlich auf die wohlhabenden Kontinente Europa und Nordamerika richten. Sie stellt die Regierungen und Parlamente Europas und die europäischen Gesellschaften als Ganze schon heute vor sehr schwierige Fragen; noch in den 50er- und 60er-Jahren des 20. Jahrhunderts hatte man sie nicht erkannt und nicht erwartet.« Während die USA und Kanada seit Generationen mit transkontinentaler Zuwanderung leben, haben wir in Europa das alles erst noch vor uns. Und wir stehen dann vor einer dreifachen Frage: Wie viele Zuwanderer trauen wir uns zu? Welche Zuwanderer wollen wir nach Nationalität, Sprache, Religion, Fähigkeiten zulassen? Und wie können wir unerwünschte Einwanderung abwehren?

Heilmittel Mikrofinanzierung

Die beiden wichtigsten Ziele von Entwicklungspolitik waren und sind die Entschuldung von Ländern der Dritten Welt und Programme für die Mikrofinanzierung.

Fünf Jahre nach dem großen Kölner Gipfel kam es zu einer weiteren Größtentschuldung durch die G_8-Länder: Im Jahr 2005 wurden 18 der ärmsten Länder Schulden in Höhe von 40, letztlich sogar 55 Milliarden Dollar erlassen. Alle diese Staaten liegen in Afrika. Ob sich dadurch aber irgendetwas an den Rahmenbedingungen in diesen Ländern verbessern wird, ist zu bezweifeln. So haben die G_8-Staaten versäumt, die Mahnung des deutschen Bundespräsidenten zu beherzigen und klarzumachen, dass ein solcher Schuldenerlass nur eine einmalige Aktion sein kann. »Wer in den Entwicklungshilfekrediten eine unzumutbare Last für die Empfängerländer sieht, der kann nicht mit Sinn und Verstand für die Vergabe neuer Kredite plädieren. In inhaltlichem Einklang mit dem Schuldenerlass stünde die Vergabe direkter Entwicklungshilfezuschüsse (*grants*), die von den Empfängerländern nicht zurückzuzahlen sind.« So schreibt Claus Tigges in der *Frankfurter Allgemeinen Zeitung* vom 14. Juni 2005.

Kenia hat sich auch schon beklagt: Ein Land, das versucht, den Schuldendienst überhaupt zu bedienen, wird bei dieser überheblichen Entwicklungshilfeshow einfach außen vor gelassen. Die Entwicklungshilfeministerin Heidemarie Wieczorek-Zeul wird nicht müde, der staunenden Umwelt auch weiter klarzumachen, dass es in allererster Linie darum gehe, die massiv verschuldeten Länder zu entschulden. Alles andere würde sich dann wie in einer Form von sublimiertem *Trickle-Down*-Effekt erledigen.

»*Trickle down*«, diese semantische Wortblase, hält sich weltweit, seit es Entwicklungspolitik gibt. Sie besagt, dass wie durch übernatürliche Gnade etwas vom Wohlstand der ganz Großen durchsickern würde zu den Habenichtsen. Doch dieses Prinzip hat sich in den letzten 35 Jahren weder bewährt noch bewahrheitet. Aber kaum einer fragt nach. Vikram Nehru, ein Mitarbeiter der Weltbank, hat uns das 2004 anlässlich einer Debatte in der Zeitschrift *Entwicklung und Zusammenarbeit* ins Stammbuch geschrieben, so dass wir alle wie die begossenen Pudel dastanden. Die Entschuldungs-Initiative sollte ja Geld für die Armutsbekämpfung liefern. Was aber geschah häufig? »Sobald die Schulden erlassen sind, sind die begünstigten Länder nicht mehr an Bedingungen gebunden. Denn das Kontrollregime der HIPC [*Heavenly Indebted Poor Countries*, d. V.]-Gläubiger endet mit dem Abschlusszeitpunkt.« Die entschuldeten Länder können, wenn sie wollen, mit dem frischen Geld ganze Divisionen ausrüsten, Panzer kaufen, Kriege anzetteln, die neuen Präsidenten können sich Flugzeuge anschaffen. Vikram Nehru belegt das am Beispiel von Uganda, wo der Präsident nachweislich die durch Entschuldung frei gewordenen Gelder für die weitere Aufrüstung seiner Armee verwendet hat.

Es gibt aber ein Mittel, das man anwenden kann, und das überall da, wo es angewandt wurde, riesengroßen Erfolg gehabt hat: die Mikrokredit-Finanzierung. Damit kann man die Zielgruppe der extrem Armen zu hundert Prozent erreichen. Die Rückzahlungsquote ist mit 95 bis 98 Prozent exorbitant hoch, geradezu sensationell, und die Langdauer dieser Mikrofinanz-Institutionen ist durch kostendeckende Zinsen gesichert. Kostendeckende Zinsen erhöhen den Grad der Selbsthilfe und fordern zusätzliche Anstrengungen der Armen.

Winfried Pinger sagt in einem Text für die »Aktion 2015«: »Dies bedeutet nicht zuletzt, dass die Armen als Kreditnehmer einer Mikro-Finanzinstitution keine Subventionen oder Almosen bekommen, sondern eine volle Gegenleistung erbringen. Sie brauchen daher auch nicht ständig eine Dankbarkeit gegenüber irgendeinem ›Geber‹ zu zeigen. Sie sind echte Partner der Entwicklung.«

Mikrofinanzierung ist eines der wirksamsten Instrumente, um Menschen aus armen Ländern davon abzuhalten, den Schleuser-

oder Schleppermarsch in den gelobten Kontinent Europa oder Richtung USA, Kanada und Australien anzutreten. Kein Mittel ist so geeignet, ganzen Stämmen und Bevölkerungsgruppen die Perspektive zu geben, dass sich in ihren Geburts- und Herkunftsländern etwas drastisch verändert und verbessert.

Der Papst dieser Art von Entwicklungshilfe, die als Einzige bisher großen Zulauf und Erfolg hatte, ist Muhammad Yunus, Professor und Leiter des »Rural Economics Program« an der Universität von Chittagong und Gründer der berühmten Grameen-Bank in Bangladesch. Das Motto von Yunus war und ist: »*Microfinance is not charity, it is business.*« Er hat dafür gesorgt, dass das Geld nach dreißig Jahren immer noch da ist. Mikrokredite sind keine Almosen oder milden Gabe. Der Kunde eines solchen Instituts kann hocherhobenen Hauptes und stolz sein Elend überwinden, aus eigener Kraft.

Wieso dieses Instrument, das allein in Bangladesch mit der Grameen-Bank inzwischen 2,4 Millionen Ärmste als Kreditnehmer hat, die weitaus meisten davon Frauen, nicht stärker in die Entwicklungspolitik eingebaut wurde, ist mir schleierhaft. Es kann meiner Meinung nach nur daran liegen, dass wir viel zu stark auf die Bataillone der Berater und die »n.A.«, die »nützlichen Aufwendungen« – unter dieser Abkürzung konnten Schmiergelder abgerechnet werden – für die großen Firmen in Deutschland gesetzt haben. Es besteht auch der Verdacht, den Kurt Gerhardt, einer der entwicklungspolitisch informiertesten Journalisten der Bundesrepublik, 2004 äußerte: Da müsse etwas faul sein mit den bisher gehandelten Mikrofinanz-Agenturen, sonst wäre dieses Instrument weiter und stärker ausgebaut worden. Was aber, wenn dieser Verdacht falsifiziert werden kann?

Es gibt schon jetzt tausende von leistungsfähigen Mikrofinanz-Institutionen in Afrika, Asien und Lateinamerika. Diese haben zusammengenommen mehrere Millionen Kreditnehmer. So kräftig wie in Bangladesch wurde das Instrument bisher allerdings nirgends ausgebaut: Neben der Grameen-Bank gibt es dort noch fünf weitere Mikrofinanz-Institutionen, die zusammen mehr als eine Million Kunden haben.

Gäbe es dieses Instrument schon in den meisten Habenichts-Ländern, dann könnte man viele Menschen dorthin zurückschicken, die Völkerwanderung von Millionen Menschen könnte gestoppt werden. Doch von solchen Erfolgen lässt sich in der Entwicklungspolitik bisher nur träumen. Immerhin gibt es jetzt bereits weltweit sechzig Millionen extrem Arme, die sich mit dem Mikrokredit selbst aus Armut und Elend befreien. Die »Aktion 2015« forderte im September 2004 auf einer Pressekonferenz im Presse- und Informationsamt der Bundesregierung die Verzehnfachung dieser Zahl in den nächsten zehn Jahren, um das Millenniumsversprechen der Halbierung der extremen Weltarmut bis 2015 wahr zu machen.

Ein Sprecher des Bundesministeriums für wirtschaftliche Zusammenarbeit hat als Antwort auf die Forderung der »Aktion 2015« Mikrokredite ein »Mittel aus der Mottenkiste« der Entwicklungspolitik genannt. Aber das genaue Gegenteil ist der Fall: Die erfolgreiche Mikrofinanzierung setzt eine professionelle Durchführung der Kreditvergabe und des Sparens voraus. Dabei sind Kriterien zu beachten, die sich alle schon längst in der Praxis bewährt haben: beispielsweise die Gruppenhaftung, die regelmäßige Rückzahlung und die Steigerung von einem anfänglichen Kleinstkredit zu größeren Beträgen.

Wie Franz Alt in vielen seiner Publikationen dargelegt hat, ist diese Form der Entwicklungshilfe extrem geschlechterabhängig. Männer verpulvern solche Kleinkredite häufig für Zigaretten, Mopeds oder Alkohol. Die Frauen hingegen haben die Verantwortung für die Familie und sind deshalb überwiegend tüchtig und fleißig. Deshalb sind Frauen eindeutig die besseren Kreditnehmer.

Solche Mikrofinanz-Institutionen gibt es jetzt auch in einigen Staaten Afrikas, in Staaten, die eine gewisse Stabilität erreicht haben, obwohl das Ausmaß an Korruption und *bad governance* exorbitant ist. »*Fa ulu*« ist ein Suaheli-Ausdruck und bedeutet »weiterkommen«. So nennt sich auch ein Mikrofinanz-Institut für Kleinstkredite in Nairobi. Es hat 17 000 Kunden, die zu den Ärmsten in Kenia gehören. Die meisten von ihnen leben in den großen Slums von Nairobi. Wer aber meint, dass die Kreditnehmer unzuverlässig seien, weil sie arm und womöglich farbig sind, der hat sich massiv geirrt. Dazu der Leiter von FA ULU, Gerald Macharia: »Die Slumbewohner sind unsere loyalsten Kunden.«

Ein Mikrokredit ist mit dreißig, fünfzig oder maximal hundert US-Dollar als Anfangskredit verdammt klein. Er wird für zwölf Monate an einen einzelnen Kunden vergeben. Die Haftung übernimmt eine Gruppe von fünf bis 15 weiteren Kreditnehmern, die sich zu einer Selbsthilfegruppe zusammengeschlossen haben. Würden die Kreditnehmer diese Chance nicht nutzen, wäre das für die ganze Gruppe katastrophal: Alle Mitglieder würden von der weiteren Kreditgewährung ausgeschlossen.

Bei pünktlicher Zurückzahlung erhöht sich der nächste Kredit jedes Jahr um bis zu fünfzig Prozent. Nach fünf Jahren kann er fünf Mal so hoch sein, also maximal fünfhundert Dollar betragen. Mit der sinnvollen Investition des Kredits steigt das Einkommen, das Lebensgefühl verbessert sich, der Kreditnehmer hat sich eine Arbeit, einen Laden, einen Handel zugelegt. Er ist jetzt sein eigener Chef.

Speziell für Frauen gibt es den Kenia Women Finance Trust (KWFT) in Nairobi. Das Institut hat schon 87 000 Frauen als Kunden und Zweigstellen in allen Provinzen. Die Rückzahlungsquote beträgt 97 Prozent. Wie bei allen Mikrofinanz-Institutionen kommt der Kunde nicht zur Bank, sondern die Bank kommt zum Kunden. Der KWFT hat 160 so genannte *credit officers*, die jeweils durchschnittlich 550 Kunden in den Gruppen betreuen. Die Gruppen werden monatlich besucht, um die Ratenzahlungen entgegenzunehmen.

Der KWFT war schon 1975 als Nichtregierungsorganisation für arme Frauen tätig und gewährte auch von Anfang an Kleinstkredite. Es sollten revolvierende Fonds gebildet werden, deren Gelder immer als Kredite weitergegeben werden. Aber dieses Vorhaben scheiterte. Die Kredite wurden nicht zurückgezahlt, es wurden auch keine kostendeckenden Zinsen genommen. Die jeweiligen Kreditfonds schmolzen weg.

Deshalb hat sich das Institut 1992 umstrukturiert. Seitdem erhebt es kostendeckende Zinsen in Höhe von zwanzig Prozent. Die jeweilige Gruppe wird für die Zahlung in Haftung genommen, der *credit officer* ist verantwortlich dafür, dass die Kunden zahlen. Seit 1992 liegt deshalb die Rückzahlungsquote stets über 95 Prozent. Das bedingt auch, dass der KWFT selbst kreditwürdig bleibt und seinerseits Gelder von Kapitalgebern erhält.

Die Uganda Micro Finance Union (UMU) hat 45 000 Ärmste als Kreditnehmer. Diese zahlen kostendeckende Zinsen. Dadurch ist UMU in der Lage, auf dem Kapitalmarkt Geld aufzunehmen und darauf zehn Prozent Zinsen zu zahlen. Auf die Weise hat UMU die nötigen Mittel, um ständig die Kapazität und die Zahl der Kreditnehmer zu erhöhen.

Wer keine Sicherheit bieten kann, bekommt keinen Kredit. Nun können aber extrem Arme keine Sicherheiten anbieten, sie können auch keine Hypotheken eintragen lassen. Die Alternative zu den zwanzig bis 35 Prozent kostendeckenden Zinsen pro Jahr an das Mikrokredit-Institut sind daher Geldverleiher. In Enugu, der Hauptstadt von Biafra, nimmt ein Geldverleiher 45 Prozent pro Monat. Kurz: Der Mikrokredit ist *die* Hoffnung für Millionen von Ärmsten.

Die Hilfe konzentrieren

Nach Angaben der Weltbank gibt es gegenwärtig 10 000 Klein- und Kleinstinstitute im Mikrokreditbereich in Asien und Lateinamerika, weniger in Afrika. Durchschnittlich haben diese Institute 6000 Kunden. Insgesamt sind das also sechzig Millionen Kreditnehmer unter den Ärmsten der Armen. Um das Millenniumsziel 2015 zu erreichen, müsste sich diese Zahl bis 2015 allerdings verzehnfacht haben, es müsste dann also sechshundert Millionen Kreditnehmer geben. Aber wir haben die alten Versprechungen bislang nicht eingehalten.

Die Bundesregierung, so schrieb der politische Journalist Carl Graf Hohenthal in der *Welt* vom 7. Oktober 2004, solle doch ihre Entwicklungshilfeprogramme für Indien und China überprüfen, denn diese Länder hätten das Entwicklungsstadium längst hinter sich gelassen. Daraufhin meldete sich Barbara Wieland, die Sprecherin des BMZ, ein paar Tage später ebenfalls in der *Welt* zu Wort und erklärte, diese Einschätzung widerspräche sowohl den Verhältnissen in den Ländern selbst als auch der Realität der deutschen Entwicklungspolitik. »Moderne Entwicklungsarbeit nämlich bedeutet, gemeinsam mit den Partnerländern eine nachhaltige Gestaltung von Strukturen in Politik, Wirtschaft und Gesellschaft zu schaffen.« Diese Prozesse gelte es auch in Indien und in China mit zu unterstützen. »Wir müssen in Deutschland als Exportnation ein fundamentales Interesse daran haben, in wachsenden Märkten und Regionen präsent zu sein. Bei aller Dynamik in Indien und China darf man aber auch nicht vergessen, dass mehr als die Hälfte aller Armen dieser Welt in diesen beiden Ländern lebt. Es wäre fahrlässig, diese Länder bei der Armutsbekämpfung außen vor zu lassen.«

Darauf wiederum antwortete Carl Graf Hohenthal, man erwecke durch solche Erklärungen den Eindruck, als sei es eine wichtige Aufgabe des BMZ, andere Länder Deutschland gegenüber gewogen zu stimmen, damit sie ihre Beziehungen zu Deutschland ausbauten. »Das wäre freilich eine interessante neue Definition, denn damit würde Deutschland die Entwicklungshilfe vor allem für sich selbst leisten.« Was ja wohl auch so ist: Riesige Apparate finden immer neue Definitionsgebäude und erklären, dass schwarz eigentlich weiß ist und A nicht Z. China sei in der Lage, so Graf Hohenthal, Astronauten ins All zu schicken, wofür Peking etwa zwei Milliarden Euro ausgegeben hat. Der Staat unterhalte ein umfangreiches Atomprogramm und entwickele sich wirtschaftlich so schnell, »dass die Regierung derzeit versucht, die Konjunktur durch Kreditverknappung zu bremsen«.

Mit Indien, so der Autor, sei es das Gleiche. Indien sei längst eine der großen Industrienationen der Neuzeit mit einer hoch entwickelten Raumfahrt-, Elektronik- und Nuklearindustrie. Natürlich lebten dort viele Millionen Menschen an der Hungergrenze. Es stelle sich aber eben doch die Frage, »ob es eine deutsche Aufgabe ist, diesen Armen zu helfen. Und ob diese Staaten nicht längst selbst dazu in der Lage sind«. Der von der Ministerin immer wieder behauptete Transfer deutscher Erkenntnisse und Technologien sei windig, »weil China geistiges Eigentum immer noch nicht akzeptiert, vielmehr werden westliche Technologien gern illegal kopiert – natürlich ist es richtig, umfangreiche Beziehungen aufzubauen«. Doch sei das eben Sache der Wirtschaft. »Entwicklungshilfe – so muss sich das Ministerium sagen lassen – soll sich lieber auf wirklich bedürftige Staaten konzentrieren«.

Herausforderung Afrika

Pegasus, du alter Renner,
Trag mich mal nach Afrika,
Alldieweil so schwarze Männer
Und so bunte Vögel da.
Aus *Fipps, der Affe* von Wilhelm Busch

Der Kontinent ist uns aufgegeben

Warum widme ich in einem Buch über Flucht und Asyl ein eigenes Kapitel dem Nachbarkontinent Afrika? Ganz einfach: Es wird für Europa in den nächsten zwanzig Jahren keine größere Herausforderung geben als den Umgang mit den Problemen Afrikas. Der Kontinent ist uns Europäern aufgegeben. Niemand hat das schöner und klarer gesagt, als Horst Köhler in seiner ersten Rede nach seiner Wahl zum Bundespräsidenten am 1. Juli 2004. »Unsere Menschlichkeit entscheidet sich am Schicksal Afrikas«, erklärte er. »Ist es nicht eine Frage der Selbstachtung Europas, sich mit Blick auf unsere eigenen Fundamente, unsere Werte und Geschichte in Afrika ehrlich und großzügig zu engagieren?«

Was der Bundespräsident nicht sagte: Die afrikanischen Regierungen und Eliten, die Administrationen und die politischen Klassen machen es mittlerweile allen, die sich an der Erneuerung der Gesundheits- und Sozial-, der Wirtschafts- und Einkommensverhältnisse beteiligen wollen, wahnsinnig schwer. An manchen Eingangstüren zu afrikanischen Ländern wird man behandelt wie der letzte Dreck. Oft muss man sich demütig in irgendeine Schlange einreihen und förmlich darum betteln, etwas zur Verbesserung der Situation von Schwerkranken und Sterbenden, von Straßenkindern und Kindersoldaten tun zu dürfen. Die vornehmen Delegationen, die weiterhin die Entwicklungshilfe-Budgets garantieren sollen, die Abgeordneten der europäischen Parlamente und die Minister werden so etwas kaum erleben. Sie aber bestimmen die Politik, und die Politik setzt weiter darauf, Geld in Länder hineinzupumpen, in denen die räuberischen Eliten eine vernünftige Verwendung zugunsten der Ärmsten der Armen gar nicht zulassen.

Horst Köhler wünschte sich in seiner Antrittsrede »ein Europa, das die Entwicklungsziele der Vereinten Nationen nicht nur mit Worten, sondern auch mit Taten vorbildlich unterstützt«, und zwar konkret »durch weitere Öffnung der Märkte für die armen Länder und auch mehr öffentliche Entwicklungshilfe«. Das bedeutet, dass gerade für Afrika, den Kontinent der Ärmsten mit seinen 53 zum Teil zusammenbrechenden Staaten, das Millenniumsversprechen für 2015 besonders ernst genommen werden muss: Die Halbierung der extremen Weltarmut.

Staaten, die keine mehr sind

Mittlerweile gibt es in Afrika bereits vier Staaten, die man unter die Rubrik *failed states*, gescheiterte Staaten einordnen kann: die Demokratische Republik Kongo, den Sudan, Sierra Leone und Somalia. Diese Feststellung trifft jedenfalls der Präsident der World Peace Foundation, Robert J. Rotberg, in seinem Buch *State Failure and State Weakness in a time of Terror.* Wobei ich noch zusätzlich darauf bestehen würde, dass einer dieser gescheiterten Staaten auf der Landkarte bereits nicht mehr auszumachen ist, nämlich Somalia. Die genannten drei anderen befinden sich meiner Meinung nach in einem Zustand staatlicher Schwindsucht – *failed, but not collapsed.*

Die Demokratische Republik Kongo, die ich ja bereits als Beispiel für gescheiterte Entwicklungspolitik ausführlicher beschrieben habe, ist nach den grauenhaften Wirren am Ende der Mobutu-Zeit wie auch nach den Bürgerkriegskämpfen unter und nach Laurent-Désiré Kabila nur noch der Schatten eines Staates. Das Staatsbudget – wenn von so etwas bei den dortigen Verhältnissen überhaupt die Rede sein kann –, beläuft sich gerade mal auf 450 Millionen Dollar. Die UNO versuchte, mit der Blauhelmtruppe

MONUC ab 2003 im letzten Moment noch etwas zu bewirken. Das geschah interessanterweise durch die Einrichtung von Flughäfen und Flugverbindungen, die auch die 10 800 Soldaten der internationalen Friedenstruppe benutzten, sodass man sich im Land immerhin wieder bewegen konnte. Bei der ersten ernsthaften Bewährungsprobe, nämlich den beginnenden Kämpfen zwischen einer von Ruanda alimentierten Miliz und Regierungstruppen in Bukavu Ende Juni 2004 ist dieser Versuch jedoch schon fast wieder gescheitert.

In den Sudan pumpte Deutschland zwischen 1970 und 1989 mehrere Milliarden Mark, ohne dass es etwas genutzt hätte. Das Land zerfällt in mindestens zwei große Teile: in den arabischen Norden und den schwarzafrikanischen Süden. Der Norden hat bisher nichts getan, um die Stämme im Süden aus ihrer steinzeitlichen Rückständigkeit herauszuholen. Der einzige Grund, weshalb der Norden und Khartoum sich den Süden als Teil des eigenen Landes wünschen, sind die Ölvorkommen, die bei Benthiu und anderen Orten im Süden exploriert wurden. Mannesmann baute 1995 eine 1400 Kilometer lange Pipeline bis nach Port Sudan im äußersten Norden, um die Ölvorräte für den Norden zu sichern. Der Süden hat von einer Politik der Armutsbekämpfung oder einer Strategie zur Erfüllung der Grundbedürfnisse der Schwarzafrikaner noch nie etwas mitbekommen. Die Stämme im Süden haben allenfalls miterlebt, wie ihnen die Flugzeuge der WHO mit Basis in Lokichokio an der Grenze zu Kenia Nahrungsmittel auf die Köpfe warfen.

Auch Sierra Leone ist eigentlich kein Staat mehr, der über klare Grenzen und eigenes Territorium verfügt und dieses beschützen und kontrollieren könnte. Im Jahr 2000 galten nach einem Angriff der brutalen, völlig enthemmten Kinder- und Jugendsoldaten der Revolutionary United Front auf Freetown unsere beiden deutschen Helferinnen Aino Töniste und Roswitha Standschus-Ludwig als verschollen, wir mussten schon fast mit ihrem Tod rechnen. Die beiden Medizinerinnen arbeiteten damals im Kinderhospital von Freetown. Gemeinsam mit dem einheimischen Mitarbeiter Hassan Basma flohen sie in dessen Haus. Draußen patrouillierten die Kindersoldaten, drinnen mussten sich alle mucksmäuschenstill verhalten. Im letzten Moment gelang es mir damals über Umwege, mit einem Privatflugzeug nach Freetown zu gelangen, sie dort ausfindig zu machen und lebend in die Arme zu schließen.

Somalia galt uns Deutschen als ein geteiltes Land mit verwandten Schwierigkeiten: Mit seinen 3000 Kilometern Küste war Somalia im Kalten Krieg geostrategisch von großer Bedeutung gewesen, doch es zerfiel nach 1992 in seine einzelnen Bestandteile und konnte sich nicht mehr erholen. Heute siecht es als Land mit insgesamt mindestens sechs Regierungen vor sich hin: Es gibt eine Regierung in Somaliland, eine weitere in Puntland, zwei parallele Regierungen befehden und bekämpfen sich in der Hauptstadt Mogadischu, und es gibt noch eine fünfte in Kismayo. Die UNO kam 2002 auf die glänzende Idee, den Somalis eine weitere Regierung unter dem Premierminister Ali Mohammed Ghedi zu verpassen. Ihre Mitglieder werden von UN-Geldern alimentiert und leben auf großem Fuß in Nairobi. Als der Premier ohne Land am 1. Mai 2005 zum ersten Mal Somalia besuchen wollte, flog zu seiner Begrüßung gleich eine Rakete ins Stadion von Mogadischu. Zum Glück kam niemand ums Leben, aber die Aktion erreichte ihr Ziel: Ali Mohammed Ghedi ist heute wieder in Nairobi.

Die Clique der Uralt-Regenten

In keinem anderen Kontinent gibt es so viele regierende Dinosaurier wie in Afrika. Selbst diejenigen, die einstmals als Hoffnungsträger galten, entblöden sich heute nicht, die Verfassung ihres Landes zu ändern, um zum dritten, vierten oder fünften Mal wiedergewählt zu werden.

Paul Biya lenkt die Geschicke des Landes Kamerun seit 22 Jahren. Das Land hat seither außer im Fußball keine Fortschritte gemacht. Biya ist jetzt 71 Jahre alt und »häufiger Gast in Schweizer Sanatorien«, wie die *Frankfurter Allgemeine Zeitung* berichtet. Im Oktober wurde er für sieben weitere Jahre gewählt, mit unglaubwürdigen 75 Prozent der Stimmen. Kamerun gilt als ähnlich korrupt wie Nigeria, und nur wer Nigeria kennt, kann sich das Ausmaß des Desasters in Kamerun vorstellen. Trotz des hohen Alters

Biyas und seiner gesundheitlichen Malaisen darf sich die Opposition in Kamerun jedoch keine Hoffnungen machen: Madame Biya, »la Chantal«, steht schon bereit, das Zepter im Vaterland zu übernehmen.

Drei Jahre länger, nämlich 25 Jahre, hat Eduardo dos Santos schon Angola unter seiner Fuchtel, auf Grund der Ölvorkommen sowie der Bodenschätze, vor allem Diamanten, eines der reichsten Länder Afrikas. Für dos Santos war der Fall der Mauer und der Abzug der Kubaner kein Epocheneinschnitt, ihm ging es lediglich darum, an der Macht zu bleiben. Der Stellvertreterkrieg im eigenen Land brachte die Intervention von 50 000 Kubanern auf der Seite Moskaus. Sie kamen im November 1975, als sich Holden Roberto mit seiner aus 2000 Angolanern, 1200 Zairern sowie 120 Söldnern und CIA-Beratern bestehenden FNLA, der Nationalen Front für die Befreiung Angolas, aufmachte, um Luanda zu erobern. Am 10. November 1975 wurde diese westlich unterstützte Streitmacht von der kommunistisch ausgerichteten Volksbewegung für die Befreiung Angolas und Kubanern bei Quifangondo, zwanzig Kilometer nördlich von Luanda, geschlagen. Im Jahr 1977 besuchte Fidel Castro diesen historischen Ort. Von nun an kämpften die kubanischen Soldaten bis 1999 gegen die Südafrikaner, die versuchten, nach Namibia auch Angola einzunehmen.

Nach dem Ende des Kalten Krieges wurden die Kubaner nach Hause geholt. Eduardo dos Santos blieb Präsident Angolas und schickte seine russische Frau in ihre Heimat zurück. Sie war für die Zeit des Kalten Krieges gut gewesen, jetzt hatte sie ihre Schuldigkeit getan und durfte gehen. Stattdessen angelte er sich eine Stewardess der angolanischen Fluggesellschaft und heiratete sie vor dem Altar – mit dem Segen der katholischen Kirche. Häufig besucht Eduardo dos Santos am Sonntag die Kathedrale in Luanda, gemeinsam mit seiner First Lady, aber nicht, ohne dass das Staatsfernsehen dabei ist und über den frommen Präsidenten berichtet.

Eduardo dos Santos hat mit seinem Land eigentlich sehr wenig am Hut. Vor der Küste und auf dem Festland, zumal in Cabinda, wird so viel Erdöl gefördert, dass Angola mit den arabischen Staaten mithalten könnte – wenn da nicht die völlig korrupte Regierung wäre. Mit den Petrodollars, die er von Chevron bekommt, hat dos Santos weder den Wiederaufbau des Landes in die Hand genommen noch die 13 Millionen Landminen räumen oder die zerstörte Infrastruktur des Landes wiederherstellen lassen. Das überlässt er gerne den internationalen Nichtregierungsorganisationen und den europäischen Regierungen, die großzügig das Geld ihrer Steuerzahler in ein nachweislich reiches afrikanisches Land stecken. »Jedes Jahr«, so schreibt Thomas Scheen in der *Frankfurter Allgemeinen Zeitung* im Oktober 2004, »verschwindet bis zu eine Milliarde Dollar aus den Öleinnahmen. Im Jahr 2005 sollen in Angola Wahlen abgehalten werden – finanziert natürlich vom Westen. Wer wird kandidieren? Eduardo dos Santos.«

Den Weltrekord – gemeinsam mit Fidel Castro – hält ein vergleichsweise kleiner, napoleonähnlicher Mann namens Omar Bongo. Seit sage und schreibe 37 Jahren herrscht er als Präsident über Gabun, das bei uns noch durch Albert Schweitzer und sein Urwaldkrankenhaus in Lambarene bekannt ist. Mittlerweile ist auch Gabun ein reiches Ölland geworden, vor der Küste im Atlantik lagern beträchtliche Rohölvorkommen. Bongo hat immerhin eine gewisse Stabilität in seinem kleinen Land geschaffen und lässt die Bevölkerung am Reichtum teilhaben. Mittlerweile ist er zum Alleinherrscher aufgestiegen und hat sich vom Volk zum Präsidenten auf Lebenszeit einsetzen lassen. Peinlich war nur, dass die Zahl der Ja-Stimmen höher war als die Zahl der wahlberechtigten Gabuner …

Denis Sassou-Nguesso, der Präsident der Republik Kongo, dem ehemaligen Französisch-Kongo, gehört nur bedingt in diese Reihe, denn er wurde zwischendurch für ein paar Jahre aus seinem Palast in Brazzaville verjagt. 1979 hatte er sich an die Macht geputscht. Auch Sassou-Nguesso war bis 1990 wie Eduardo dos Santos Marxist oder tat so, als ob er das sei. Dann überzeugten ihn Frankreich und der Ölkonzern Elf Aquitaine – die heutige TotalFinaElf – davon, dass das mit dem Marxismus nichts war und er sich dem globalen Markt für die französische Firma öffnen musste. 1990 kam es zu der großen frankofonen Afrikakonferenz von La Baule unter der Ägide von François Mitterrand. Danach verlor Sassou-Nguesso im Jahr 1992 die ersten richtigen Wahlen gegen seinen ewigen Widersacher Pascal Lissouba, aber fünf Jahre später war er mit ihm loyal ergebenen und von Elf Aquitaine bezahlten Soldaten wieder zur Stelle und wurde erneut Präsident. In der Republik Kongo leben heute siebzig Prozent der Bevölkerung unter der Armutsgrenze von einem Dollar pro Tag – und das, obwohl das Land beträchtliche Ölvorkommen hat und Gewinne macht.

Auch Togo, das einstige Lieblingsland nicht deutscher, aber zu Zeiten von Franz Josef Strauß zumindest bayerischer Entwicklungshilfe und ehemals französisches Völkerbundsmandat, hatte bis zum 5. Februar 2005 einen »Zwanzigjährigen« aus dem Klub der Dinosaurier an der Spitze: Gnassingbé Eyadéma. Bei seinem Tod durch Herzattacke war Eyadéma 37 Jahre lang Präsident gewesen und hatte gegen die Verfassung und alle demokratischen Sitten verstoßen – man sagt, er habe im Jahr 1963 eigenhändig seinen Vorgänger Sylvanus Olympio umgebracht.

Als Bayern nach dem Tod von Franz Josef Strauß das Interesse an Togo verlor und sich die Rosenheimer Firma Merz und andere ebenfalls zurückzogen, wandte sich Eyadéma wieder Frankreich zu. Jacques Chirac nahm Eyadéma 2001 das Versprechen ab, 2003 nicht mehr zu kandidieren, aber der konnte doch nicht von der Macht lassen: 2003 wurde er infolge massiver Wahlfälschung wieder gewählt.

Nach dem Tod von Eyadéma kam alles noch schlimmer: Die Armee, die vom Stamm des Präsidenten dominiert wird, erhob sofort Faure Gnassingbé, den 39-jährigen Sohn des verstorbenen Herrschers, zum neuen Präsidenten. Demonstrationen gegen diesen Verfassungsbruch warf die Armee blutig nieder. Im Februar trat Faure Gnassingbé unter internationalem Druck zurück, und am 24. April 2005 kam es zu Wahlen, welche die Afrikanische Union und die Westafrikanische Wirtschaftsgemeinschaft allerdings erst durchsetzen mussten. Die Wahlkommission erklärte Faure Gnassingbé zum Präsidenten, gegen den Widerstand der Opposition, die den Sieg für sich reklamierte. Als ein Minister der alten Regierung Zuflucht in der deutschen Botschaft fand, wurde als Vergeltung die Bibliothek des Goethe-Instituts in Brand gesetzt. Es besteht die Gefahr, dass die Milizen beider Parteien sich einen für das Land zerstörerischen Bürgerkrieg liefern.

Die Situation in Togo, so sagte es noch vor der Wahl Harry Olympio, der Sohn von Sylvanus Olympio, sei »ein Testfall für ganz Afrika. Wenn die Führer in Afrikas Staaten jetzt nicht stark und klar sind, dann wird das heißen, dass sie nie mehr irgendeine Glaubwürdigkeit haben werden, über Freiheit und Demokratie in Afrika zu sprechen. Sie können jetzt nur prinzipientreu sein oder irrelevant werden«. Der »Test«, so kann man wohl sagen, wurde nicht bestanden: Auch Togo gehört zu den *almost failed states*.

Der Letzte in der Riege der Uralt-Regenten hat eine ganz besondere Fähigkeit, das eigene Land mit Wonne und Lust kaputtzumachen. »*Après nous le déluge*«, nach uns die Sintflut – das scheint die Devise des altersstarrsinnigen Robert Mugabe zu sein, des Präsidenten von Simbabwe. Seit 24 Jahren ist er ununterbrochen an der Macht, er hat die Demokratie nur noch pro forma aufrechterhalten. Aus der ehemaligen Kornkammer des südlichen Afrika hat er ein Land gemacht, das heute auf Nahrungsmittelimporte und das Welternährungsprogramm (WFP) der UNO angewiesen ist. Simbabwes Bevölkerung wurde in den letzten beiden Jahren zu mehr als fünfzig Prozent vom WFP der UNO ernährt. Man geht davon aus, dass diese Nahrungsmittel für mehr als vierzig Prozent der Bevölkerung wirklich lebensrettend waren, aber Präsident Mugabe hat die Hilfe durch das Welternährungsprogramm nicht ein Mal und schon gar nicht öffentlich erwähnt. Im Juni 2004 ist der Vertrag mit der Regierung ausgelaufen, das Welternährungsprogramm darf nur noch ganz ausgewählte Bevölkerungsgruppen beliefern, wie beispielsweise Aidswaisen.

Solange kleine Organisationen noch Zugang in Simbabwe haben, erhalten sie Gelder vom Bundesministerium für wirtschaftliche Zusammenarbeit und von der EU-Kommission. Aber die Art, wie sich der Staatschef Hohn lachend über jede Bedingung hinwegsetzt und gleichzeitig die eigene Landwirtschaft verkommen lässt, rückt diese Form der Hilfe auf Dauer in ein schlechtes und anrüchiges Licht.

Im Spätherbst 2004 erklärte der Diktator-Präsident, dass Simbabwe in dem Jahr eine Rekordernte eingefahren habe. Doch bald stellte sich heraus, dass die Maissilos in Wirklichkeit leer waren, und es wurde auch bekannt, dass sich Robert Mugabe von einer US-Firma aushalten lässt, die ihm einen Kredit von sage und schreibe siebenhundert Millionen US-Dollar für den Kauf von Mais eingeräumt hat. Doch das mit dem Kredit hat auch nicht geklappt: Heute, im Jahr 2005, fehlen fast zwei Millionen Tonnen Mais; die Ernte hat nur 300 000 Tonnen erbracht. Achtzig Prozent des benötigten Maismehls muss das Land nun importieren.

Nicht auf der Liste der Uralt-Regenten ist auch König Mswati III. von Swasiland, weil er mit 36 Jahren noch viel zu jung ist, und dennoch gehört er dazu. Er regiert sein Land seit 16 Jahren wie ein Duodezfürstentum. Mit Demokratie hat er so wenig am Hut wie mit Rechtsstaatlichkeit, Oppositionsführer Mario Masuku beispielsweise lässt er auf Schritt und Tritt beschatten. König Mswati III. tut zwar nichts für die Aidskranken im Land – 39 Prozent der Schwangeren sind HIV-infiziert –, lässt aber für je 14 Millionen US-Dollar einen neuen Palast für jede seiner Frauen bauen – womöglich aus Entwicklungshilfe-Geldern. Der König hat im Mai 2005 zum elften Mal geheiratet. Zwei Frauen verließen den Harem und schafften es gerade so, außer Landes zu kommen. Die eine ging nach London, die andere nach Johannesburg. Mswati III. entlässt Regierungsmitglieder, wie es ihm gerade beliebt. So musste der Parlamentspräsident zurücktreten, weil er den König und das Parlament davon überzeugen wollte, nicht in Kaufverhandlungen über einen Luxusdüsenjäger für den König einzutreten, der 110 Millionen US-Dollar gekostet hätte.

Mswati III. hat die Idee der Demokratie einfach zu den Akten gelegt. »Demokratie ist nicht gut für unser Land, denn Gott gab uns unseren eigenen Weg, Regierungsangelegenheiten zu erledigen«, erklärte er im September 2004 der *International Herald Tribune*.

In Kenia kam nach dem Ewigkeitspräsidenten Daniel Arap Moi (1978-2002) im Dezember 2002 eine neue und mit großen Vorschlusslorbeeren bedachte Regierung unter Mwai Kibaki, dem Anführer der oppositionellen Regenbogenkoalition, an die Macht. Kibaki versprach, alles ganz anders zu machen und vor allem die Korruption zu beenden, aber schon ein Jahr später musste man feststellen: Die neuen Herren sind die alten.

Es gab einen merkwürdigen Vertrag über den Druck von Pässen, der über 2,85 Milliarden kenianische Schillinge ausgeschrieben war. Dieser Deal überschattete schon Ende 2004 das Image der Regierung von Kibaki. Eine neue Regierungskaste, durchsetzt mit Leuten, die auch schon zur Zeit von Daniel Arap Moi am Ruder saßen, versucht so, sich ein Stück vom Kuchen des großen Staatsbudgets abzuschneiden.

Als Mwai Kibaki die Regierungsgeschäfte und die Macht übernahm, wurden einige – leider nur wenige – der uralten räuberischen Hechte aus dem Karpfenteich gejagt. Andere wiederum durften bleiben. Besonders verhängnisvoll machen sich die hohen Ausgaben für die Verteidigung und für die Armee bemerkbar.

Von Befreiern zu korrupten Herrschern

Immer wieder gab es in Afrika die ersehnten und erwarteten epochalen Neuanfänge, immer wieder sollte sich alles radikal zum Besseren wenden. Mit der Nairobi-Rede des Weltbankpräsidenten Robert McNamara im Jahr 1973 fing es an, mit den Lomé-Abkommen mit den so genannten AKP-Staaten des afrikanischen, karibischen und pazifischen Raumes setzte es sich fort. Mit dem Sieg von mehreren Befreiungsbewegungen in den Jahren 1986 bis 1992 schien Afrika endgültig das Ufer der Demokratie und der Konsolidierung der eigenen Souveränität erreicht zu haben. Voller Begeisterung sprachen alle in den Jahren nach 1986 von der *new breed of leadership*. Damit waren die neuen Herrscher in Äthiopien und Eritrea, Meles Zenawi und Isayas Afewerki, gemeint, und ganz besonders Yoweri Museveni, der strahlende Sieger im Guerilla-Befreiungskampf der National Resistance Army (NRA) gegen das menschenverachtende Regime seines Vorgängers Milton Apollo Obote in Uganda. Es waren junge, dynamische Führer, vermeintlich unfähig zu so etwas Hässlichem wie Korruption. Als sei es gestern gewesen, erinnere ich mich noch daran, wie wir in Kampala nach Musevenis Amtsübernahme Ende Januar 1986 seine erste große Rede als Präsident von Uganda im Autoradio hörten. Mit der Hilfsorganisation »Cap Anamur« waren wir zu viert gerade auf dem Weg zum Hospital im Westen der Hauptstadt. Museveni begann seine Rede in einem solch großen, schönen und selbstbewussten Ton, dass wir am Straßenrand anhielten, um die Ansprache zu Ende zu hören.

Nach dem Ende der grässlichen Schreckensherrschaft von Idi Amin Dada im Jahr 1979 war es in Uganda im Jahr 1980 nach zwei kurzfristigen Übergangsregierungen erneut zu Wahlen gekommen. Mit Hilfe des Nachbarlands Tansania und seiner Armee, die nach Uganda einmarschiert war, um Idi Amin aus dem Land zu jagen, kam der ehemalige Präsident Milton Apollo Obote aus dem tansanischen Exil zurück nach Uganda. Die Wahlen, durch die Obote erneut Präsident wurde, waren weltweit milde gesagt umstritten. Von den 72 Parlamentssitzen entfielen 51 auf die Partei Obotes, den Ugandischen Nationalkongress UPC. Es begann eine Schreckensherrschaft, die im Luwero-Dreieck fast zur Auslöschung der Baganda führte, der größten ethnischen Gruppe in Uganda. Die Schätzungen belaufen sich auf mindestens 200 000 Tote.

Yoweri Museveni ging in den Untergrund und begann einen verlustreichen Guerillakrieg gegen diese Regierung, den er tatsächlich Ende Januar 1986 gewann. Musevenis National Resistance Army hatte sich im ganzen Land durch äußerste Disziplin und eine Hilfsbereitschaft gegenüber der Bevölkerung ausgezeichnet, die in der Geschichte des Landes bislang ohne Beispiel war.

Nun hielt Museveni seine Rede als einer der Exponenten der *new breed of leadership*. Dieses Land hatte er sich wirklich in einem beispiellosen Befreiungskrieg erobert. Ich konnte mich noch daran erinnern, wie wir im Luwero-Dreieck bei der Arbeit im Krankenhaus in Nakaseke im Radio hörten, dass ein Soldat, ein Guerillakämpfer von Musevenis NRA, von seinem Offizier drakonisch bestraft worden sei, weil er einem Bauern eine Ziege gestohlen hatte. Soldaten der neuen moralisch hoch stehenden Befreiungsbewegung – so hieß es damals im Radio – durften aber der Bevölkerung nichts wegnehmen.

Museveni war der strahlende Held des ganzen Kontinents. Bei einer ersten Tagung der OAU, der Organisation Afrikanischer Einheit, wagte er es, in seiner Rede den geballten Opportunismus der afrikanischen Präsidenten und Staatseliten anzuprangern. Hatten die Präsidenten Afrikas etwa gegen Idi Amin Dada

Stellung genommen? Wer hatte den Diktator Ugandas wegen seiner grauenhaften Maßnahmen gegen die eigenen Bürger verurteilt? Wo stand die öffentliche Meinung Afrikas? Waren etwa Daniel Arap Moi in Kenia, Eduardo dos Santos in Angola, Siad Barre in Somalia gegen dieses Regime gewesen?

Doch das hoffnungsvolle Dreigestirn – neben Museveni die beiden anderen jungen Präsidenten, Isayas Afewerki im neuen Eritrea und Meles Zenawi in Äthiopien – entwickelte sich katastrophal. Von Hoffnung kaum mehr eine Spur. Museveni wollte in den ersten Monaten des Jahres 2005 die Verfassung von Uganda einfach nur deshalb ändern, weil er dann weiter und auf Lebenszeit Präsident bleiben konnte. Wegen des Drucks der internationalen Staatengemeinschaft zögert er diese Verfassungsänderung noch hinaus.

Bartholomäus Grill, einer der kenntnisreichsten Afrika-Journalisten, widmet in seinem Afrika sehr liebevoll zugewandten Buch *Ach, Afrika* ein ganzes Kapitel der Enttäuschung, die sich immer wieder einstellte, wenn wir uns einem neuen Staatsführer oder einer neuen Regierung in einem afrikanischen Land voller Hoffnung, Erwartung und auch Vertrauen zuwandten. Als im März 1988 der damalige deutsche Bundespräsident Richard von Weizsäcker einen Besuch bei Robert Mugabe in dem wunderbaren Hoffnungsland Simbabwe absolvierte, fragte Grill ihn einen Tag nach den gemeinsamen Gesprächen und Begegnungen während einer Fahrt zu den Victoriafällen nach seinen Eindrücken: »Ein kluger, besonnener Politiker, der um Ausgleich bemüht ist«, war von Weizsäckers Antwort. Vermutlich würde er das von heute aus gesehen lieber nicht gesagt haben.

Heute müssen wir alles zurücknehmen: Im Jahr 1980 übernahm der damals 56-jährige Mugabe ein wohlhabendes, in der Infrastruktur außerordentlich intaktes und gut bestelltes Land. Simbabwe wurde für die Europäer, zumal für die linke studentische Jugend, *das* Hoffnungsträgerland. Hier hätte am ehesten ein politisch und wirtschaftlich starker Staat entstehen können. Zu Beginn des 21. Jahrhunderts, so Bartholomäus Grill, steht Simbabwe jedoch an der Abbruchkante zum wirtschaftlichen Ruin und zu einer finsteren Diktatur. Die ehemalige Kornkammer Afrikas exportierte in guten Jahren eine halbe Million Tonnen

Mais, woran ich mich gut erinnere, weil wir Mitte der achtziger Jahre auch überlegten, ob wir nach Äthiopien nicht besser Mais und Weizen aus Simbabwe statt aus Europa importieren sollten. Heute jedoch hungern hier sechs Millionen Menschen.

Politische Führungspersönlichkeiten, die kraft natürlicher Autorität und nicht kraft militärischer Macht regieren, sind in Afrika selten. Das gilt erst recht, so sagt uns Helmut Schmidt in *Die Mächte der Zukunft*, für Führer, die über die Grenzen ihres Landes hinaus wirken. Politiker wie Nasser und Anwar al-Sadat zählen dazu, oder Nelson Mandela und der nigerianische Staatspräsident Olusegun Obasanjo. Afrika leidet unter miserablen, nichtsnutzigen Regierungen, unter mangelnder Infrastruktur und unter Korruption. Es hat völlig unzulängliche Schul- und Bildungssysteme und ist medizinisch katastrophal unterversorgt.

Die Führergestalten sind fast immer eine Enttäuschung. Isayas Afewerki, der große Chef der eritreischen Befreiungsarmee und Führer der Eritreischen Volksbefreiungsfront EPLM, den ich 1987 noch ganz bescheiden zuhörend in seinem Hauptquartier erlebte und für den ich die Hand ins Feuer gelegt hätte, dass er ein vorbildlicher Führer und Fürsorger seines starken, disziplinierten Volkes werden würde – dieser große Chef wurde ein misstrauischer Tyrann. Isayas Afewerki wollte seinem jungen Staat und seinen Bewohnern nicht das Glück des Wohlstands und des möglichen Wohllebens nach der Unabhängigkeit gönnen. Er gründete einen »National Service«, der zugleich eine permanente militärische Mobilisierung der gesamten jungen Bevölkerung darstellt. Niemand sollte es besser haben als er selbst, der Jahre im Untergrund verbringen musste. Er tat das mit der Bemerkung: »Die jungen Leute meines Landes kennen nicht mehr die Härte des Befreiungskriegs ...«

So wird man misstrauisch: In Simbabwes Hauptstadt Harare traf ich im Januar 2004 Morgan Tsvangirai, den Chef der einzigen Oppositionspartei Movement for Democratic Chance (MDC). Früher war Morgan ein furchtloser Gewerkschaftsboss und ein Mann des Volkes gewesen. Die beständigen, sturen Versuche dieser Partei, weiterhin eine demokratische Opposition zu bilden und nicht gegen das Regime zu den Waffen zu greifen, nötigen mir immer noch Achtung ab. Aber auch dieser Parteiführer kann natürlich irgendwann eine faule Nuss werden, kann vielleicht auch so enden wie sein Vorgänger Mugabe, oder wie der zweite Präsident von Sambia, Frederick Chiluba, der nach der jahrzehntelangen Herrschaft von Kenneth Kaunda als Präsident eine große Enttäuschung wurde. Deshalb wurde Chiluba abgewählt und musste den Präsidentensessel für Levy Mwanawasa räumen.

Die Ratschläge, die wir Afrika geben, sind in der Regel verlogen und heuchlerisch. »Öffnet eure Märkte, privatisiert«, das ist nur eine der vermeintlichen Patentlösungen. Die feinen Krawattenträger mit den schicken Samsonites, die natürlich nur in Quartieren wohnen, die mit den Bedingungen einer afrikanischen Großstadt und womöglich mit denen in der Altstadt, der Kasbah, nicht das Geringste zu tun haben, haben nicht die leiseste Ahnung von den Bedingungen, unter denen afrikanische Ökonomen und Beamten arbeiten müssen, und sind deshalb keine wirkliche Hilfe.

Wenn Helfer darum bitten müssen, helfen zu dürfen

Eine Hilfsorganisation, die das Wahnsinnsunternehmen auf sich nimmt, in einem Land wie der Demokratischen Republik Kongo zu arbeiten, muss mit mindestens vier Monaten Grabenkämpfen mit der Beamtenschaft in diesem durch und durch korrupten Land rechnen, um überhaupt die Erlaubnis für einen Einsatz zu bekommen. Als wir im November 2004 die Grünhelme registrieren lassen wollten, sollten wir unter anderem sechs notariell beglaubigte Statuten des Vereins, die polizeilichen Führungszeugnisse aller Vereins- und Vorstandsmitglieder, die Adressen von mindestens zwanzig Mitgliedern des Kuratoriums (darunter auch die von Wolfgang Thierse und Marieluise Beck), die Etatverhältnisse und unsere Besitzverhältnisse sowie die Lebensläufe von Vorsitzenden und Stellvertretern offen legen. Unter diesen Umständen beschlossen wir, das Handtuch zu werfen und keine Grünhelme in das Land zu schicken.

Aber warum arbeiten trotz dieser Schikanen so viele Hilfsorganisationen in dem Land? Franz Nuscheler gibt im *Lern- und Ar-*

beitsbuch Entwicklungspolitik dafür eine einleuchtende Erklärung: »QUANGOS«, Quasi Non Governmental Organizations, setzen ihm zufolge darauf, Gelder der Europäischen Union für ein Projekt zu bekommen. Sobald sie diese Gelder haben, spielen Reibungsverluste keine Rolle mehr, die werden alle in die Abrechnungsbücher und Berichte hineingeschrieben. Um Billigkeit und haushälterische Pfleglichkeit muss man sich dann nicht mehr bemühen. Man bekommt sogar sieben Prozent der Projektsumme für die eigene Organisation. Eine QUANGO ist somit eine Organisation, die sich um die Finanzierung durch private Spenden nicht mehr kümmern muss. Die EU-Subventionierung lässt ein gutes, reiches, auch urlaubsreiches Leben in Afrika sehr gut zu. Die Helfer erfahren dadurch nichts oder wenig von den Problemen Afrikas und seiner Bewohner, und sie erfahren nicht, dass sie eigentlich nur wenig bewirken können.

Angola gehört zur Kategorie von *almost failed states*. Darunter fallen Staaten und Regierungen, die gar nicht mehr wissen, dass sie für das Überleben ihrer Völker, für Gesundheit und Wohlfahrt sowie für die Infrastruktur ihres Landes verantwortlich sind. Angola ist das frappierendste Beispiel, Simbabwe ist ein weiteres. Hier darf Staatschef Robert Mugabe Hohn lachend vor den Augen der gesamten Welt die eigene Landwirtschaft ruinieren und sein Land kaputtorganisieren – ein kriminelles Unternehmen, das unsere Bundesregierung durch Subventionen für das Welternährungsprogramm WFP auch noch unterstützt.

Dass wir Europäer weiterhin darum betteln, Regierungsgelder in einem solchen Land ausgeben zu dürfen und damit Staatschef Mugabe auch noch gleichsam adeln, dass die UNO-Töchter, an der Spitze das Welternährungsprogramm, antichambrieren müssen, um Nahrungsmittel im Land verteilen zu dürfen – all das wird sich auf Dauer rächen.

Das Gleiche gilt übrigens für Nordkorea, wo ebenfalls ein knallhartes Regime die Konditionen für die Hilfe diktiert. Und die Hilfsorganisationen nehmen diese Bedingungen an, obwohl sie dem Grundgedanken jeder Hilfe Hohn sprechen: Man darf keinen Kontakt zur Bevölkerung haben, man darf im Grunde nicht kontrollieren, was in den Krankenhäusern und Dörfern vor sich geht. Eigentlich müssten die staatlichen und die nicht staatlichen Organisationen einschließlich der UNO-Agenturen einen Boykott der Hilfe beschließen. Doch für einen solchen Schritt fehlt den Regierungen der Mumm.

Der einzige Deutsche unter den Helfern, der Afrika gut verstanden hat, indem er sich nur einem einzigen Land zugewandt hat, ist Karlheinz Böhm. Schon zu Beginn seiner Aktivitäten wusste er, dass er sich mit seinem Hilfswerk »Menschen für Menschen« nicht um alle 53 Staaten Afrikas würde kümmern können, sondern dass es effektiver ist, in nur einem Land zu helfen, dort aber auch wirklich Wurzeln zu schlagen und heimisch zu werden. Karlheinz Böhm entschied deshalb, sich den kulturell, ethnisch und religiös vielgestaltigen Kosmos Äthiopien zu Eigen zu machen.

Das ist, ich muss es immer wieder sagen, die neue Richtschnur für die Entwicklungshilfe in Afrika. Konzentration auf maximal zwei Länder ist das Gebot der Stunde, denn keines der Länder Afrikas ist bisher eine wirkliche Erfolgsgeschichte geworden, mit einer Ausnahme: die Republik Südafrika. Dorthin fliehen immer wieder Menschen aus Mosambik und Simbabwe, weil es dort Arbeit gibt – etwas, das in ihren Herkunftsländern absolute Mangelware ist.

Hoffnung für Afrika

Die Länder Afrikas haben wegen ihrer riesigen Regenwälder eine exorbitant hohe Bedeutung als Lunge der Welt. Bisher haben Ökologen und die Leute von Greenpeace und dem World Wildlife Fund WWF ihre ganze Aufmerksamkeit dem Amazonasgebiet gewidmet, und sie hatten Recht damit. Aber das, was Präsidenten wie Charles Taylor in Liberia und Mobutu Sese Seko in der Demokratischen Republik Kongo gemacht und zugelassen haben, war ebenfalls ein Verbrechen an der Weltökologie. Sie haben rücksichtslos die kostbaren Regenwälder abholzen lassen, nur hat das Gott sei Dank immer noch nicht dieselben katastrophalen Folgen haben können wie in Lateinamerika oder in Äthiopien. Aber in zwanzig Jahren könnten wir an dem Punkt angelangt sein.

Die Regenwälder sind ein Argument, weshalb Afrika eine globale Bedeutung hat und es Hoffnung für den Kontinent gibt. Das zweite Argument ist die sufitische Milde des afrikanischen Islam. Wir haben es in Afrika mit einem viel friedvolleren Islam zu tun als in den meisten asiatischen Ländern. Ob in Kinshasa oder Kisangani, in Goma oder Bukavu, in Kigali, Gitarama oder Accra – überall ist mir diese andere Form des Islam begegnet. Eine Ausnahme ist Nigeria. Hier haben sich ganz offenbar die Sendboten der wahhabitischen Auslandspropaganda eingenistet und die muslimische Gemeinde aufgehetzt und fanatisiert gegen die Christen, die im Süden unter den Ibos und in Biafra die Mehrheit bilden – noch.

Die muslimischen Gemeinden in Ruanda sind hauptsächlich in den Städten Kigali und Gisenyi konzentriert, Muslime machen dort etwa zehn Prozent der Bevölkerung aus. Neben dem großen Versagen der beiden christlichen Kirchen während des Völkermords von 1994, zumal der katholischen – es waren Priester am Völkermord beteiligt, wohl auch ein Bischof, so dass zumindest die katholische Kirche ihre Hände nicht in Unschuld waschen kann –, darf man der islamischen Gemeinde ein Zeugnis aktiver Gegnerschaft und aktiver Gegenarbeit ausstellen. Die vergleichsweise kleine islamische Gemeinde hat als einzige den Völkermord nicht mitgemacht. Dass das bei uns nicht bekannt ist, hat mit der geringen Aufmerksamkeit zu tun, welche die Medien positiven Nachrichten immer schon entgegenbringen.

Es ist mit Afrika nicht anders als mit den Ländern der muslimischen Welt: Ohne die genaue Kenntnis der Religionen wird man die Mentalität und die besondere Identität dieser Völker nicht verstehen. Wer sich nur noch in den säkularen Bezügen der biologischen Existenz seines Lebens versteht, hat hier von vorneherein verloren.

Und doch gibt es Hoffnung. Neben Wole Soyinka, dem ersten Literaturnobelpreisträger Afrikas, der 1998 nach dem Tod des Usurpators General Sani Abacha den Weg in sein geliebtes, gehasstes, kritisiertes Nigeria zurückgefunden hat, ist im August 2004 ein zweiter großer Schriftsteller Afrikas in sein Heimatland zurückgekehrt: der Kenianer Ngugi wa Thiongo. Er machte damit etwas wahr, was er vor dreißig Jahren geschrieben und in einer Sammlung von Essays publiziert hatte: *Homecoming*.

Es lohnt, sich klar zu machen, dass es Ngugi nicht möglich war, in Kenia zu arbeiten, zu leben und zu atmen. Schon 1977 kam einer seiner bekanntesten Romane heraus: *Verbrannte Blüten (Petals of Blood)*, ein Buch, in dem er den schwierigen Prozess seines Landes von der Kolonialzeit zur Unabhängigkeit beschreibt. Im gleichen Jahr erschien das lustvolle Theaterstück *Ngaahika Ndeenda*, zu Deutsch etwa: »Ich werde heiraten, wenn ich es will.« Es wurde in einem Freilufttheater in Limuru welturaufgeführt und nahm die Ungleichheiten und erkennbaren Ungerechtigkeiten der neuen unabhängigen nachkolonialen Gesellschaft so gekonnt auf die Hörner, dass sich der damalige Präsident Jomo Kenyatta bemüßigt fühlte, das Theater zu zerstören und Ngugi ins Gefängnis zu werfen.

In der Haft benutzte der Schriftsteller Toilettenpapier, um in der Sprache seines Stammes, der Kikuyu, seine Gedichte und Erzählungen niederzuschreiben. Sein nächstes Buch *Der gekreuzigte Teufel (Devil on the Cross)* war denn auch noch kritischer gegenüber der Entwicklung in der kenianischen Gesellschaft: In dieser Novelle beschrieb Ngugi, wie Diebe und Räuber sich gegenseitig darin Konkurrenz machen, wer die Leute am besten und wirkungsvollsten ausrauben kann. Schließlich erschien sein eindrucksvollstes Buch, das ihn unter Arap Moi vollends zur persona non grata machte: *Kaltgestellt: Gefängnistagebuch (Detained: A Writer's Prison Diary)*.

Ngugi ging ins Exil, als er in London die Novelle *Der gekreuzigte Teufel* vorstellte. Von dort aus fuhr er fort, die fetten Katzen und die »Wa-benzis« in seiner Heimat zu kritisieren. *Matigari,* eine fiktive Geschichte von 1986, veranlasste die Regierung unter Daniel Arap Moi, einen Steckbrief herauszugeben auf den Mann, der in diesem Buch die Küstengegend unsicher machte auf der Suche nach seinem Recht. Als die Behörden den Mann nicht finden und seiner nicht habhaft werden konnten, setzten sie *Matigari* auf den Index. Von nun an konnte man Thiongos Bücher in Kenia nicht mehr kaufen.

Ngugi hatte geschworen, er werde erst dann in sein geliebtes Heimatland Kenia zurückkehren, wenn Arap Moi nicht mehr Präsident sei. Im Dezember 2002 trat Arap Moi überraschenderweise zurück, nicht ohne vorher mit der Opposition auszuhandeln, dass er für den Raub des Volksvermögens zu seinen eigenen Gunsten nicht gerichtlich belangt würde. Sofort nach seiner

Rückkehr machte Ngugi die erste Erfahrung mit einem Staat, der nicht mal seine eigene Hauptstadt sichern kann: Am 11. August 2004 wurde er gemeinsam mit seiner Frau und einem Freund von vier bewaffneten Dieben überfallen und ausgeraubt. Einer der Gangster drückte mehrmals seine Zigarette auf dem Gesicht des berühmten Schriftstellers aus. Dennoch hielt Ngugi an seinem Entschluss zur Rückkehr fest.

Die Tageszeitung *Daily News* hieß ihn in einem großen Artikel willkommen, unter der ganzseitigen Überschrift: »*Welcome to the New Kenya, Sir!*« In dem von Lucy Oriang verfassten Beitrag hieß es: »In den alten Tagen vor 1982 mussten Sie mit den politischen Gangstern in diesem Land fertig werden. In diesen Tagen müssen Sie Augen für beide Formen von Räuberei haben, für die politische und die kriminelle.«

Da die Regierung Arap Moi all seine Bücher aus Kenia verbannt hatte, war Ngugi wa Thiongos Name nur bei einer winzigen intellektuellen Elite als Geheimtipp bekannt. Doch seit seiner Rückkehr ist Ngugi wa Thiongo zu einer berühmten Persönlichkeit in Kenia geworden.

In seinen ersten Erklärungen nach seiner freiwilligen Rückkehr macht uns Ngugi wa Thiongo Mut. Er hat die Kraft der Selbstkritik, die afrikanische Gesellschaften so bitter nötig haben. Jetzt ist das ja möglich. Denn das Kenia, das er vor 25 Jahren verließ, ist nicht das gleiche wie das, in dem er jetzt wieder lebt. Damals war es nicht gut, wenn man den Mund zu weit aufmachte. Dann endete man leicht in »Nyayos Haus«, Arap Mois Spezialgefängnis für besondere Staatsfeinde, mit einer Folterkammer im Keller.

Ngugi sagte bei einer ersten Pressekonferenz in Nairobi: »Solange es in Kenia eine Trennung, eine Scheidung gibt zwischen der Führung und dem Volk, sind wir schwach. Solange es soziale Unterschiede zwischen den Gruppen der Gesellschaft gibt, sind wir schwach. Und solange wir solche Spaltungen und Rivalitäten haben inmitten von Afrikas Nationen und Staaten, sind wir schwach.«

Als Ngugi und seine Frau Njeeri erstmals wieder kenianischen Boden betraten, knieten sie nieder und küssten ihn, wie die *International Herald Tribune* berichtet. Und wo immer er jetzt hingeht, spricht er zu den einfachen Bürgern in ihrer eigenen Sprache: »Ich trage in mir weder Bitterkeit noch Rache. In der Kultur wie in der Politik ist die einzige wertvolle Revanche diejenige, sich für eine positive Veränderung heute einzusetzen gegen die negativen Kräfte von gestern.«

Wir hören schon seit drei oder vier Jahrzehnten von den gewaltigen Strukturanpassungsprogrammen der Weltbank und des Internationalen Währungsfonds für Afrika. Fast all diese Programme sind jedoch in den Sand gesetzt. »Ich stelle mir beim Betreten eines halb verfallenden Ministeriums irgendwo in Afrika manchmal vor«, sagte mir Bartholomäus Grill im Jahr 2004, »wie es wohl wäre, wenn die Starökonomen aus Harvard oder die Starexperten aus dem Kieler Institut für Weltwirtschaft hier einziehen würden, um ihre Ratschläge in die Praxis umzusetzen.« Sie würden nicht mal den ersten Tag auf die Reihe bekommen: Es fehlt in der Regel an allem – an Papier, an Schreibgerät, an Material, ständig fällt der Strom aus. Wenn Telefon und Fax funktionieren, dann ist das ein Glücksfall. Computer gibt es praktisch keine, und wenn, dann werden sie geklaut.

Afrikas Anteil am globalen Sozialprodukt und den Direktinvestitionen ist auf unter zwei Prozent gesunken, und davon gehen vermutlich 1,6 Prozent auf die Wirtschaftskraft Südafrikas zurück. Deshalb muss es schon neben besseren Handelsbedingungen für die landwirtschaftlichen Produkte auch um eine gewaltige Anstrengung gehen.

Wir lügen uns regelmäßig in die Tasche, wenn wir behaupten, die winzigen »*small is beautiful*«-Initiativen beispielsweise der Kolpinggemeinde von Troisdorf oder des Strickstrumpf-Vereins der St.-Elisabeth-Gemeinde in Hagen/Westfalen, wo ich aufgewachsen bin, seien die wirksamsten Agenten der Entwicklungspolitik. Auch ich habe mich an solchen anmutigen Gesprächen und Veranstaltungen immer wieder beteiligt und werde das auch weiterhin tun, weil ohne diese Basisaktivitäten alles, was die Großbetriebe der Staatengemeinschaft machen, wirkungslos bleibt.

Es ist fünf Minuten vor zwölf in Afrika, und da hilft nur noch ein ganz großer Plan. Wir brauchen nicht hundert Schulen, wie wir bei den Grünhelmen immer sagen, sondern 100 000 in ganz Afrika! Das jedenfalls hat einer gesagt, der als Präsident der Weltbank seit 1995 ein Umdenken eingeleitet hat: James Wolfensohn. Bei den 100 000 Schulen aber stellt sich die Frage, wie wir in der Entwicklungshilfe in Bereiche von Millionen oder Hunderten von Millionen kommen. Er fährt fort: »Wir müssen, um Erfolg zu haben, die Regierungen und die Völker einbinden, mit denen wir es zu tun haben. Wir müssen sie zu einem Teil der Lösung machen, nicht zu Spendenempfängern. Wir denken außerdem nicht langfristig. China hat 25 Jahre gebraucht, um dreihundert Millionen Menschen aus der Armut herauszuholen. Dafür hatten sie einen Siebzig-Jahres-Plan.«

Allein durch den Agrarprotektionismus in Europa und den USA gehen den afrikanischen Ländern zwanzig Milliarden Dollar pro Jahr an Exporteinnahmen verloren. Das ist rund das Doppelte, was Europa und Nordamerika an Entwicklungshilfe geben! Die Europäer müssen deshalb drastisch ihre Subventionen auf landwirtschafliche Erzeugnisse reduzieren, müssen ihre Marktzitadellen schleifen. Es ist doch der Gipfel an böswilliger Bigotterie, wenn wir durch unsere Subventionen mehr Geldzuflüsse in die Länder Afrikas verhindern, als wir mit der anderen Hand durch Entwicklungshilfe geben – ganz im Sinne der herrlich ironischen Formel: »Brot für die Welt, aber die Wurst bleibt hier!«

Eine Kuh aus Irland beispielsweise bekommt hundertmal so viel Subventionen wie ein Milchbauer in Kenia an EU-Spenden. Wie soll er da mit der Billigbutter aus Kerry, die auf den Supermärkten in Nairobi und in Kampala, in Entebbe und Mombasa verkauft wird, konkurrieren?

Helmut Schmidt traut sich in *Die Mächte der Zukunft*, dies klar auszusprechen: »Es ist eine Schande, wenn westliche Staatsmänner den Entwicklungsländern moralische Vorhaltungen machen und sie gleichzeitig dazu überreden, ihre Grenzen für den Import westlicher industrieller Produkte und kurzfristigen Kapitals zu öffnen, während sie selbst den Export von Zucker und Reis, von agrarischen Produkten nach Kräften behindern und sogar unmöglich machen.« Dabei verstoßen unsere Länder und Regierungen gegen unsere eigenen langfristigen Interessen, und das wird sich noch bitter rächen. Denn wenn die gegenwärtige weltweite Wirtschaftsflaute anhält, wird es in vielen Entwicklungsländern, zumal in Afrika, zu vermehrtem Wanderungsdruck kommen, und dieser wird sich auf die USA und auf Europa richten – auf wen sonst?

Die EU-Zuckerordnung ist ein schlagendes Beispiel für die gesamte westliche Landwirtschaft. Kein Landwirt in Europa oder in den USA könnte seine Produkte so kostengünstig auf den Markt bringen wie einer in Brasilien, Kenia oder Thailand. Europas Bauern und Agrarbetriebe werden daher durch ein weit verzweigtes Netz von Zöllen und Zuschüssen geschützt, und dies seit vierzig Jahren – ein ausgesprochen ungesunder Zustand, den die Regierungen mittragen, und das nicht nur zur Wahlzeit. Nach Berechnungen des Europäischen Rechnungshofs belaufen sich die Subventionskosten für uns, die EU-Bürger, auf 6,5 Milliarden Euro pro Jahr, also etwa zwanzig Euro pro Kopf. Wen das nicht vom Hocker haut, den kann wahrscheinlich überhaupt nichts mehr erschüttern.

Im Sommer 2004 legten deshalb Brasilien, Thailand und Australien, die größten Zuckerexporteure, stellvertretend für alle anderen Länder, zumal Afrika, vor der Welthandelsorganisation WTO Beschwerde ein gegen die EU-Subventionen für Zucker. Damit stellten sie die Glaubwürdigkeit des Westens, der immer freie, nicht-subventionierte Marktwirtschaft predigt, auf eine harte Probe. Die Europäische Union, so die Argumentation der Klägerländer, überschwemme den Weltmarkt mit subventionierten Exporten, darunter vier Mal so viel Zucker, als nach den WTO-Regeln erlaubt ist. Damit werde das Leben der armen Landwirte in den Ländern der Dritten Welt massiv verschlechtert. Allein den drei afrikanischen Ländern Mosambik, Malawi und Äthiopien gingen durch die EU-Subventionen seit 2001 Einnahmen in Höhe von 238 Millionen Dollar verloren.

Am 8. September 2004 errangen die Klägerländer einen ersten Sieg: Die Welthandelsorganisation entschied, dass die EU ihre Zuckersubventionen drastisch um ein Drittel kürzen müsse. »*Trade, but not aid*« – das ist die erhoffte Wirkung für die Länder Afrikas, Asiens und Lateinamerikas. Diese Kürzung wäre, wie die *Süddeutsche Zeitung* am 9. September 2004 schreibt, jedoch eine »einschneidende Veränderung für Europas Rübenbauern, die vierzig Jahre lang völlig geschützt waren und bis zu zwei mal so viel verdienen wie andere Bauern«. Profiteure der Subventionen sind auch verarbeitende Industrien wie der größte Zuckerkonzern der Welt, die mehrheitlich den Landwirten gehörende Mannheimer Südzucker AG.

Was also tut eine selbstbewusste Politik, die man dabei ertappt, dass sie ihre Glaubensgrundsätze nicht beherzigt? Sie geht in Berufung! Das WTO-Urteil müsse nun, so der Pressesprecher der EU, »sorgfältig geprüft werden«. Als Normalverbraucher und Entwicklungshelfer kann ich das nicht verstehen: Wenn das Urteil eins zu eins umgesetzt würde, wären wir in dieser Welt schon einen großen Schritt weiter.

In der 2004 angelaufenen Welthandelsrunde stieg durch das Zuckerurteil und durch den Schiedsspruch gegen die US-Baumwollsubventionen in Höhe von 3,7 Milliarden US-Dollar der Druck auf die nur vermeintlich großzügigen Industrieländer. Die Dritte Welt reitet nun Attacke, sie lässt sich das alte Gesäusel nicht mehr gefallen und drängt jetzt heftiger denn je darauf, dass die reichen Länder ihre Agrarmärkte öffnen.

Der Schiedsspruch der WTO zwingt die EU zu einer weit radikaleren Reform, als sie selbst sich das so schön ausgedacht hatte. EU-Agrarkommissar Franz Fischler wollte die Zuckerproduktion in Europa von rund zwanzig auf 17 Millionen Tonnen reduzieren. Das klang schon merkwürdig, ist aber der klare Ausdruck unserer Unfähigkeit, das Richtige und das dann auch konsequent zu tun. Die WTO-Schiedsentscheidung kann die EU ja nicht einfach ignorieren, selbst, wenn sie das liebend gerne täte. Die WTO hat außerdem gegen die merkwürdige »Entwicklungshilfe«-Praxis gewettert, mit der die EU Zucker von armen Staaten aufkauft und anschließend mit EU-Subventionen versüßt und verteuert wieder in den Weltmarkt drückt.

Der Schiedsspruch bedrohe, so heißt es aus Brüssel, die seit Jahrzehnten mit den Staaten Afrikas, der Pazifik- und Karibikregion sowie mit Indien ausgehandelten Präferenzregelungen für den Zugang zum Markt der Europäer. Die britische Organisation OXFAM hat diese Begründung jedoch bereits widerlegt. Von wegen Bedrohung der Entwicklungsländer! Auch nach dem WTO-Spruch sind natürlich weiterhin Präferenzen für bestimmte Entwicklungsländer erlaubt.

NEPAD – neues Label oder neuer Inhalt?

NEPAD – New Partnership for Africa's Development – heißt das neue Zauberwort, mit dem die ganz große Zusammenarbeit zwischen Europa und den Habenichts-Ländern eingeläutet werden soll. Bartholomäus Grill meint in *Ach, Afrika*, es wäre schon viel geholfen, wenn die Weltwirtschaftsmächte die NEPAD unterstützen würden – ein kontinentales Wiederaufbauprogramm nach dem Modell des Marshallplans. Der Kerngedanke: »Die Afrikaner mobilisieren ihre Selbsthilfekräfte und bringen die überfälligen wirtschaftlichen Kurskorrekturen auf den Weg. Der Norden verstärkt die finanzielle Zusammenarbeit, erlässt die Schulden und schafft jene Handelsstrukturen ab, die den Süden marginalisieren.« Alle Regierungen in der Ersten wie der Dritten Welt loben, dass in der NEPAD-Urkunde von 2001 außerdem ein sensationell neues Zugeständnis an die Afrikaner enthalten sei, nämlich das von den NEPAD-Mitgliedern mitunterschriebene Bekenntnis, »dass sie für ihr Wohl und Wehe in erster Linie selbst verantwortlich sind«.

Aber wenn das wirklich so ist – warum gewährt die deutsche Bundesregierung Angola, einem Land, das im Wohlstand schwimmen könnte wie Oman oder Saudi-Arabien, noch weiter Entwicklungshilfe? Irgendetwas ist doch grundlegend falsch und faul im Gebäude der europäischen Entwicklungspolitik!

Manchmal muss man sich wirklich fragen, warum die Menschen in den Ländern Afrikas – mit Ausnahme von Südafrika und den vier Maghreb-Staaten – nicht schon alle verhungert sind! Die Antwort ist einfach und klar: Es liegt an den Frauen. Sie rackern sich unter unsäglichen Bedingungen ab und sind sicherlich unendlich viel fleißiger als wir Europäer. Hunderte von Millionen von Frauen pflügen bei extremer Hitze die Felder, jäten Unkraut und bringen die Ernte ein. Die Dinka- und Nuer-Frauen im Südsudan gehen jeden Tag kilometerweit, um Brennholz zu sammeln und Wasser zu holen und müssen dabei meist noch ein kleines Kind auf dem Rücken tragen.

Das widerspricht ganz klar einem der schlimmsten Vorurteile an deutschen Stammtischen: Wir seien so reich, weil wir tüchtig sind, und die Afrikaner seien so arm, weil sie faul sind. Dieses

Märchen muss auf jeden Fall aus der Welt geschafft werden. Es mag sein, dass es uns Europäern vielleicht ganz gut in den Kram passt, aber es stimmt nicht. Doch damit ist Afrika noch nicht gesundet und schon gar nicht Partner am Tisch des globalisierten Welthandels. Afrika ist weit und furchtbar zurückgefallen. Immer wieder wird hervorgehoben, dass Ghana und Südkorea noch 1960 auf einer Stufe standen. Beide Länder benötigten damals Nahrungsmittelhilfe von der UNO. Heute ist Korea ein aufstrebender Tiger auf dem Weltmarkt, und auch Ghana ist im Vergleich zu den anderen afrikanischen Ländern ein Erfolgsland, aber nicht annähernd ein Konkurrent auf dem Weltmarkt.

Die Tatsache, dass sich immer mehr junge Afrikaner auf den Weg nach Norden machen, hat zum einen damit zu tun, dass sie gehört haben, dass es anderswo besser vorangeht und dass sie dort auf einen Schlag mehr verdienen können. Zum anderen ahnen sie wohl, was auch der ehemalige Weltbankpräsident James Wolfensohn und alle Diplomaten und Helfer in Afrika wissen: Afrika wird das Millenniumsziel der Halbierung der Weltarmut nicht erreichen, zumindest nicht zum geplanten Termin, sondern wohl erst frühestens Mitte des 21. Jahrhunderts.

Die Realisierung auch dieses Zieles wird jedoch davon abhängen, ob Politik und Wirtschaft in Südafrika nicht abstürzen – was immer noch passieren kann. Sie wird auch davon abhängen, ob sich die inneren Verhältnisse in Nigeria unter Obasanjo bessern – weg von der wahnwitzigen Korruption und hin zu mehr Transparenz. Weitere Länder, in denen vielleicht etwas vorankommen wird, sind Mosambik, Uganda, Kenia und eventuell noch Äthiopien.

Was tun?, fragt man sich da unwillkürlich. James Wolfensohn machte in diesem Zusammenhang in einer seiner letzten Amtserklärungen, bevor er das Zepter an Paul Wolfowitz weitergab, unmissverständlich klar: »Die Afrikaner müssen etwas für den Regionalismus tun, für den Aufbau von Märkten, den Abbau von Handelshemmnissen und die Beachtung des Verhaltenskodex, wie wir ihn bei NEPAD haben. Es ist ja nicht so, dass die Afrikaner nicht die Probleme verstehen.«

Wie viel wir uns gerne vormachen in dieser Welt, ist mir nie so deutlich geworden wie am 19. September 2000, als der neu gekürte Interimspräsident von Somalia, Abdiqassim Salad Hasan, eine Rede vor der Vollversammlung der Vereinten Nationen hielt – um der ganzen Welt vorzugaukeln, dass es noch einen Staat Somalia gibt. Er forderte internationale Unterstützung, um die Infrastruktur des Landes wieder aufzubauen. Tatsächlich gab es damals so etwas wie Hoffnung für Somalia, auch durch die Arbeit der so genannten Arta-Gruppe, die sich im Jahr 1998 monatelang in Arta in den Hügeln vierzig Kilometer außerhalb von Dschibuti getroffen hatte und schließlich Abdiqassim Salad Hasan gekürt hatte. Doch dieser Interimspräsident ist 2004 schon wieder in der Versenkung verschwunden, wie das ganze Land am Horn von Afrika.

Da nicht sein kann, was nicht sein darf, ignorieren internationale Diplomatie und Politik weiterhin, dass der Globus gewissermaßen ein Loch hat: Das Loch heißt Somalia. Es hat keine Regierung, es ist nicht mehr auf der Landkarte verzeichnet, es hat keine Verwaltung, es lebt von Luft, Liebe, Bananen, dem Wasser des Shebelle-Flusses und dem *Life Stock*. Somalia wird irgendwann sicherlich wieder auferstehen, aber nicht durch die Kraft von UNO-Agenturen, die weiterhin in Mogadischu und Hargeisa ihre Büros unterhalten. Auch nicht durch die Kraft der Konferenzen von Nairobi, deren Teilnehmer fast jede Verbindung mit den Lebensbedingungen ihrer Völker verloren haben. Es wird eine neue Generation stolzer und gebildeter Somalis geben, die ihren Staat – oder eine Föderation somalischer Bundesstaaten – auferstehen lassen.

China setzt auf Afrika

Das einzige Land der Erde, das zu Afrika nur gute Zahlen und gute Prognosen hat, ist China. »Vierzig afrikanische Länder haben jetzt Handelsvereinbarungen mit China«, erklärte am 8. September 2004 Li Xiaobing, der verantwortliche Direktor-Stellvertreter im chinesischen Handelsministerium, während eines Besuchs in Harare, der Hauptstadt Simbabwes. Dort haben sich inzwischen ganze Bataillone chinesischer Geschäftsleute unter privilegierten Einreisebedingungen niedergelassen. Man realisiere gerade ein großes Eisenbahnprojekt in Nigeria, chinesische Firmen hätten den Auftrag für den Bau eines Sheraton-Hotels in Algier sowie für ein Mobilfunknetz in Tunesien erhalten. »*We are all over Africa now*«, so der Funktionär zufrieden.

Der Handel Chinas mit Afrika fing zunächst klein an und hatte im Jahr 2003 bereits ein Volumen von 18,5 Milliarden US-Dollar – eine Zunahme von fünfzig Prozent in nur drei Jahren! Und nach den Prognosen des Handelsministeriums in Peking wird es auch weiterhin große Zuwachszahlen geben. Dieser Schub und diese optimistischen Prognosen sind umso erstaunlicher, als Afrika in der globalisierten Wirtschaftswelt eigentlich nur eine bescheidene Rolle spielt.

Der Grund für den enormen Anstieg des Handels zwischen Afrika und China liegt im Hunger nach Rohstoffen, der sich in der am schnellsten wachsenden Volkswirtschaft der Welt breit macht. Besonders der Ölreichtum zieht die Chinesen nach Afrika. Schon heute deckt China 25 Prozent seines Bedarfs mit afrikanischem Öl aus Nigeria und Gabun.

China hat den enormen Vorteil, dass es in Afrika keine koloniale Vergangenheit hat, die den Europäern ja so heftig nachhängt. Die chinesische Staatsführung unter Präsident Hu Jintao hat zudem große Anstrengungen unternommen, um Afrika in der öffentlichen Wahrnehmung aufzuwerten. Hu Jintao reiste im Januar und Februar 2004 zu ausführlichen Besuchen nach Ägypten, Gabun und Algerien. Die diplomatische Maschinerie scheute keine Mühen und Anstrengungen, den afrikanischen Führern klar zu machen, dass sie wichtige Partner seien. Auch Premierminister Wen Jiabao und der stellvertretende Premierminister haben im vergangenen Jahr den afrikanischen Kontinent besucht.

Auch von afrikanischer Seite gibt es große Sympathien: Die chinesische Wirtschafts- und Handelsphilosophie schmeckt den afrikanischen Staaten natürlich besser als die immer schon konditionierte europäische Diplomatie und Entwicklungspolitik. Die Europäer stellen sich quer und fordern ständig demokratische Wahlen, die Einhaltung von Mindeststandards bei Verfassung und Menschenrechten, und sie verlangen, dass der Militärhaushalt und die Kosten für Waffen die Ausgaben für Bildung und Gesundheit nicht übersteigen. Das alles kümmert China und die chinesische

Politik wenig bis gar nicht. Im Gegenteil: China nimmt jede sich bietende Gelegenheit wahr, Robert Mugabe, dem Präsidenten von Simbabwe, Waffen zu verkaufen. Anfang 2005 waren es sechs Düsenjäger zu je 120 Millionen US-Dollar. China verspricht nicht nur Nichteinmischung in die inneren Verhältnisse der Länder, mit denen es Handel treibt. China ist ein reiner Geschäftspartner und nicht mehr wie noch zu Zeiten des Kalten Krieges ein politisches Gegengewicht gegen die USA und gegen die Sowjetunion.

Das wurde jüngst deutlich, als Präsident Hu Jintao im Februar 2004 Gabun und den ewigen Staatspräsidenten Omar Bongo besuchte. Bongo regiert sein Land unbeeindruckt von allen politischen System-Moden seit 1967. Gabun rangiert schon deshalb weit oben auf der Liste der Länder, die China nahe stehen, weil es ein verlässlicher Öllieferant ist. Deshalb lief auch die Beschwerde des im Kalten Krieg von China privilegierten politisch-ideologischen Partnerlands Benin ins Leere: »Wir sind ein marxistisch-sozialistisches Land, und wir hatten dreißig Jahre lang herzliche Beziehungen zur Volksrepublik China. Aber jetzt müssen wir erleben, dass der chinesische Präsident an uns vorbeifliegt, um Gabun zu besuchen«, zitierte die *South China Morning Post* einen beleidigten Diplomaten aus Benin. »Das sagt mir, dass China keine Freunde hat, sondern nur Interessen.«

China wurde auch ein vitaler und wichtiger Partner für Afrikas flächenmäßig größtes Land, den Sudan – und das ausgerechnet in einer Zeit, da dieses Land von der internationalen Staatengemeinschaft und vom US-Kongress des Völkermords angeklagt wird. »Im Sudan haben wir bei null angefangen«, berichtet Direktor Li Xiaobing im chinesischen Handelsministerium den europäischen Abgeordneten, die sich scharenweise in Peking einfinden. »Zu Beginn unserer Beziehungen war der Sudan noch Öl-Importeur. Jetzt aber sind sie schon Öl-Exporteure. Wir haben dort Raffinerien, Pipelines und eine Produktion im Feld gebaut.« Er weigert sich jedoch, irgendetwas zur Menschenrechtssituation im Sudan zu sagen. »Wir importieren Öl aus jedem Land, wo wir es bekommen können.« Das tun übrigens die Bundesrepublik Deutschland, die USA und Frankreich auch. Genauso gern greifen alle auf das Öl der Saudis zurück, auch wenn aus

Saudi-Arabien die Hauptspeerspitze und die Angriffsformation für das kommt, was wir den internationalen Terrorismus nennen. Der stellvertretende Außenminister Zhou Wenzhong sagte es jüngst noch deutlicher: »*Business is business.*«

Eines muss man ganz klar feststellen: Im Nahen Osten halten sich die westlichen Staaten im Grunde an genau das gleiche Rezept. Aber im Sudan tun sie plötzlich so, als würden sie sich für die Rechte der Schwarzafrikaner einsetzen. In Wirklichkeit passiert jedoch wenig. Und das Wenige ist zu allgemein: UNO-Resolutionen, Besucherdelegationen auf höchstem Niveau – nur der Papst wurde noch nicht durch die potemkinschen Flüchtlingslager geführt, die die geschickte Regierung für die Kurzbesuche der internationalen Delegationen eingerichtet hat. Aber all das hat keine Konsequenzen. Die vielen Hilfsorganisationen können das andauernde Morden, die Vertreibungen, die Vergewaltigungen nicht verhindern. Und wenn Afrikaner mit atemberaubender Schnelligkeit abgeschlachtet werden vor den Augen der ganzen Welt, was tun wir dann? Wir schauen weg. So geschehen in Ruanda nach dem 6. April 1994.

Fortschritte im Verhältnis Europas zu Afrika

Doch es gibt auch Fortschritte zu vermelden im Verhältnis zwischen Europa und Afrika. Die Europäer haben aus der faschistischen Vergangenheit gelernt. Das »Rassepolitische Amt« der NSDAP hatte seinerzeit ganz eindeutige Vorstellungen über die Unterschiedlichkeit der »Rassen«: »Der deutsche Überseebesitz«, hieß es in den Forderungen zu einer künftigen Kolonialgesetzgebung 1939, die Gott sei Dank nie in Kraft getreten ist, »soll weder als Siedlungsgebiet für Europäer noch als Ausbeutungsobjekt einer kapitalistischen Wirtschaftsform dienen, sondern die wirtschaftliche und rohstoffmäßige Lebensgrundlage der deutschen Nation verbreitern und sichern helfen. Am Anfang aller dieser Betrachtungen muss die Überzeugung stehen, dass die Völker dieser Erde verschieden sind und dass es Rassen von verschiedener Qualität gibt. Der Charakter eines Herrenvolkes lässt sich also nicht abstreiten, wenn sich eine Rasse auf Grund des allgemeinen Lebensrechts gegenüber anderen als die stärkere und durch ihre staatsbildenden Fähigkeiten als schöpferisch und konstruktiv erwiesen hat. Sie kann daraus dann auch das Recht ableiten, niedere Völker zu führen und ihren Schutz zu übernehmen.« So erfahren wir es in Dirk van Laaks hochinteressantem Buch *Imperiale Infrastruktur. Deutsche Planungen für eine Erschließung Afrikas*, das uns noch einmal deutlich macht, welch irrwitzige imperiale Träume und Pläne die Nazis nicht nur für Osteuropa, den Balkan, Arabien und Nordafrika hatten, sondern auch für Afrika. Das klang so, als würde man die Nürnberger Rassengesetze nicht nur auf die Juden, sondern auch auf die Schwarzafrikaner anwenden.

Man dürfe, so hieß es damals, die »Eingeborenen« nicht durch die christliche Taufe entwurzeln und ihnen eine Gleichheit einreden, die sie nun mal nicht hätten. Die Grenze zwischen Europa und Asien, so der Leiter des rassenpolitischen Amtes der NSDAP, Günter Heck, solle in der Sahara liegen. Man wolle die Afrikaner eine »arteigene« Kultur in den Schulen lehren, und es sei dabei an den Weißen, die Eingeborenensprache zu lernen, nicht umgekehrt. Natürlich gelte ein strenges Ehe- und Verkehrsverbot, und natürlich dürfe sich kein Arier mit einem schwarzafrikanischen Kebsweib abgeben. Als Richter seien nur Weiße denkbar. Für die Schwarzen sollte es auf unterer Ebene eine eigene Rechtsprechung sowie eine eigene Religion geben, außerdem wollte man für sie eigene Filmtheater und Bierstätten zur Erholung einrichten.

Rudolf Karlowa, im Stab des Stellvertreters des Führers für Afrika-Fragen zuständig, bekannte, es könne nicht darum gehen, den Afrikanern ein ihnen wesensfremdes System einzuimpfen und ihnen europäische Halbbildung zu verpassen in dem Bewusstsein, dass Voll- oder Ganzbildung bei ihnen nicht verfangen könne. Die eingeborenen Völker hätten ein »Recht auf Schutz vor seelischer und völkischer Entwurzelung«, das heißt, sie sollten das Recht haben, im Kral auf der untersten Stufe hängen zu bleiben. Auch bei ihm rege sich »der Mythos des Blutes«.

Gott sei Dank haben wir diese schrecklichen Zeiten hinter uns gelassen. Wenn ich höre, wie sich Entwicklungsministerin Heidemarie Wieczorek-Zeul im Jahr 2004 in Namibia in einer Rede anlässlich des hundertsten Jahrestags der Niederschlagung des Herero-Aufstands durch deutsche Kolonialtruppen geäußert hat, dann empfinde ich großen Respekt: »Ich bin mir der Gräueltaten schmerzlich bewusst. Die deutschen Kolonialherren hatten Ende des 19. Jahrhunderts die Bevölkerung von Ihrem Land vertrieben. Als sich die Herero, als sich Ihre Vorfahren dagegen wehrten, führten die Truppen des Generals von Trotha gegen sie und die Nama einen Vernichtungskrieg.« Ungeschminkt und zerknirscht fährt die Ministerin in ihrer Rede fort: »In seinem berüchtigten Schießbefehl hatte General von Trotha befohlen, jeden Herero zu erschießen – auch Frauen und Kinder nicht zu schonen. Die Schlacht am Waterberg 1904 endete damit, dass die Überlebenden in die Omaheke-Wüste getrieben, ihnen jeder Zugang zu Wasserstellen verwehrt wurde und sie verhungern und verdursten mussten. In der Folge der Aufstände wurden überlebende Herero, Nama und Damara in Lagern gefangen gehalten und zu Zwangsarbeit gezwungen, deren Brutalität viele nicht überlebten.« Die Ministerin kann sich in ihrer Rede eines Zeugen aus der Vergangenheit bedienen, der schon damals ein Gegner dieses Unterdrückungskriegs war: »Einer der Kritiker war der damalige Vorsitzende der SPD, der ich angehöre, August Bebel. Er hat die Unterdrückung der Herero im deutschen Reichstag auf das Schärfste kritisiert und ihren Aufstand als gerechten Befreiungskampf gewürdigt.«

Es ist ein großer Fortschritt, dass bei der Erinnerung an dieses schändliche Verbrechen eine Ministerin der deutschen Bundesregierung so klare und unmissverständliche Worte sprechen kann: »Vor hundert Jahren wurden die Unterdrücker – verblendet von kolonialem Wahn – in deutschem Namen zu Sendboten von Gewalt, Diskriminierung, Rassismus und Vernichtung. Die damaligen Gräueltaten waren das, was heute als Völkermord bezeichnet würde – für den ein General von Trotha heutzutage vor Gericht gebracht und verurteilt würde. Wir Deutschen bekennen uns zu unserer historisch-politischen, moralisch-ethischen Verantwortung und zu der Schuld, die Deutsche damals auf sich geladen haben. Ich bitte Sie im Sinne des gemeinsamen ›Vater unser‹ um Vergebung unserer Schuld.«

Solche Worte, die noch vor gut sechzig Jahren in einer Zeit des Rassenwahns und der faschistischen Verblendung ganz und gar undenkbar gewesen wären, sind Meilensteine einer besseren Basis unserer Beziehungen zu Afrika und den Völkern Afrikas – von Gleich zu Gleich. Das Volk von Namibia – so erklärte die Ministerin bei der Eröffnung des Kulturzentrums in Okakarara 2004, habe sich mit der Unabhängigkeit die Chance erkämpft, »die Vision der Freiheit, des Rechts des gegenseitigen Respekts und der Achtung der Menschenrechte zu verwirklichen. Ich bin«, so die Ministerin, »froh, dass es für diesen Unabhängigkeitskampf und darüber hinaus vielfältigste Unterstützung auch aus unserem Lande gab.«

Afrika lässt uns nicht in Ruhe. Einerseits möchten wir den Kontinent sich selbst überlassen und die Staaten ihre Aufgaben alleine lösen lassen. Andererseits regen sich alte Verantwortlichkeiten, deren fast koloniale Motive wir uns kaum eingestehen möchten. In meiner Heimatgemeinde Troisdorf unterhielt ich mich kürzlich mit Marlies Nussbaum, einer klugen Entwicklungshelferin und Krankenschwester. Sie war gerade nach einem halben Jahr aus Ghana zurückgekommen und erlebte dort das Problem des so genannten *brain drain* mit: Menschen werden am Missionshospital ausgebildet und müssen sich dann eigentlich für die nächsten fünf Jahre dort verpflichten, um die Ausbildung in gewisser Weise zu amortisieren. Aber, so Marlies Nussbaum, nach zwei Jahren spätestens sind diese Menschen weg. Sie gehen in die USA, nach Kanada, nach Europa, nach Großbritannien. Jedes afrikanische Land hat mehr Ärzte in Europa als im eigenen Land, und die Europäer schicken ihre Ärzte wiederum als Helfer nach Afrika – eine absurde Situation. Die einen kommen auf dem direkten Weg zu uns, die anderen – das Lumpenproletariat – machen sich an die Küsten des Mittelmeers auf, um in irgendeinem Schlauchboot oder einem Seelenverkäufer zu den Verheißungen des gelobten Kontinents zu gelangen.

Ich kann nur sagen: Wir werden uns in Europa warm anziehen müssen. Wir können Afrika nicht links liegen lassen. Entweder wir kümmern uns um den Kontinent – aber auf eine radikal andere Weise als bisher –, oder der Kontinent macht sich auf den Weg nach Europa und in die USA. Es drohen keine unmittelbar akuten Gefahren aus Afrika, das hat Helmut Schmidt in *Die Mächte der Zukunft* richtig gesehen. Wohl aber werden schleichende Gefahren wie transkontinentaler Wanderungsdruck und Seuchen die Welt belasten.

Hoffnung auf eine neue Gesellschaft

Man muss versuchen zu lernen, dass man sein Sein, sein Leben nur suchen kann, indem man für die anderen tätig ist. Darin liegt die Wahrheit. Es gibt keine andere.

Jean-Paul Sartre im Gespräch mit Rupert Neudeck, Paris, 2. Februar 1979

Die vier demografischen Konflikte

Nun haben wir in den bisherigen Kapiteln dieses Buches die weiten Felder des Asyls und der Migration abgeschritten. Wir haben gesehen, dass Deutschland unter verschiedenen Bezeichnungen schon seit langem eine so große Zahl von Ausländern ins Land geholt hat, dass dies nach Einschätzung des Bevölkerungswissenschaftlers Herwig Birg wenn nicht die Welt-, so doch die Europameisterschaft innerhalb der westlichen Länder bedeutet. Der Kongress samt dem Manifest zur Illegalität, den der Jesuitenpater Jörg Alt in Berlin vom 2. bis 4. März 2005 veranstaltete, war ein weiterer Meilenstein auf dem Weg zu einer offeneren Gesellschaft.

Das Manifest nahm vorweg, was die spanische Regierung in einem mutigen und richtungweisenden Schritt einfach tat: Alle illegalen Einwanderer durften sich in einem Zeitraum von drei Monaten legalisieren lassen. Bis zum 8. Mai 2005 waren das nicht weniger als 700 000, hauptsächlich Lateinamerikaner vor allem aus Ecuador, sowie mehrere tausend Ukrainer und Bulgaren. Die spanische Regierung sprach von einem »Modell« für die Beseitigung der Schattenwirtschaft, doch in Deutschland sind Politik und Gesellschaft immer noch nicht bereit, solche beherzten Entscheidungen zu treffen und umzusetzen. Dafür sorgt auch die typisch deutsche Tradition einer ausufernden Bürokratie und eines Regularien-Positivismus, den niemand mehr überschaut. Inzwischen haben sich aber auch die Kirchen stark gemacht für eine solche Schlussstrichregelung, so dass die berechtigte Erwartung und Hoffnung besteht, dass Deutschland in absehbarer Zeit mit Spanien gleichziehen wird.

Die deutsche Gesellschaft ist, wie ich gezeigt habe, nicht so ausländerfeindlich und xenophob, wie sie sich selbst viel zu oft weismachen möchte. Sie hat bestimmte Eierschalen abzustreifen, die ihr immer noch aus den Jahren der nationalsozialistischen Vergangenheit und Verblendung anhaften. Für mich selbst sage ich klar: Ich werde diese Eierschalen in diesem Leben nicht mehr abstreifen. Aber es ist wichtig, dass wir Politik für die gegenwärtige wie für die künftige Generation nicht davon abhängig machen. Das Asylrecht als Nadelöhr des einzigen Zugangs zur Bundesrepublik war jedoch ein Irrweg, von dem sich spätestens die Zuwanderungskommission am 4. Juli 2001 verabschiedet hat. Im Bericht der Zuwanderungskommission lesen wir jetzt: »Asylbewerber machten bis Anfang der Siebzigerjahre weniger als ein Prozent der Zuwanderung von Ausländern aus, im jährlichen Durchschnitt kamen etwa 70 000 Personen. Ihre Zahl stieg zu Beginn der Neunzigerjahre stark an, erreichte im Jahr 1992 mit 438 191 Personen ein historisches Maximum, ging in den folgenden Jahren aber stark zurück.« Insgesamt zogen seit 1954 31 Millionen Volksdeutsche und Ausländer in die Bundesrepublik, im gleichen Zeitraum verließen etwa 22 Millionen Menschen das Land. Der bürokratisch so genannte Wanderungsgewinn betrug also neun Millionen Menschen. Im Durchschnitt kamen in diesem Zeitraum jährlich 200 000 Ausländer mehr in die Bundesrepublik als aus ihr fortzogen.

Herwig Birg hat uns in der *Frankfurter Allgemeinen Zeitung* zwischen dem 24. Februar und 3. März 2005 die vier großen demografischen Konflikte aufgezeigt, die uns Deutschen bevorstehen und die ich hier nochmals zusammenfassen möchte. Wer allerdings geglaubt hat, diese sensationellen und zugleich nüchternen Erkenntnisse der Zerreißprobe, vor der unsere Gesellschaft stehen wird, würden den Bundestag, also die Vertreter des Volkes, so aufrütteln, dass sie gleich eine Fragestunde zur Lage der Nation angesetzt hätten, sieht sich getäuscht.

Die demografischen Veränderungen werden unsere Gesellschaft spalten, denn die lange, über ein halbes Jahrhundert andauernde

Aufschwungphase des Wirtschaftswunders ist heute eindeutig beendet. »Lastenausgleich« war das große Ziel der deutschen Politik nach 1949, also nach der unmittelbaren Besatzungszeit: Ausgleich zwischen den ins Land strömenden 13 Millionen Vertriebenen, denen, die aus der Kriegsgefangenschaft heimkehrten, den jungen Leuten, die noch nicht studiert hatten und alles nachholen wollten, aber auch das Sühne- und Wiedergutmachungsabkommen mit Israel, das der kluge Konrad Adenauer im Jahr 1952 auf den Weg brachte. Weitere Etappenziele waren der Länderfinanzausgleich und die Gleichstellung von Mann und Frau. Daran hat die Bundesrepublik hart gearbeitet, und die Welt bewunderte sie dafür. Doch jetzt beginnt die demografische Zeit der Ungleichheit und der Ungerechtigkeit. »Wie die Gesellschaft damit umgeht«, so Herwig Birg in der *Frankfurter Allgemeinen Zeitung* vom 2. März 2005, »ob sie sie durch ein wesentlich höheres Maß an Solidarität entschärft oder ob sich die Spannungen konfliktreich entladen, das lässt sich nicht berechnen.« Das ist der massive erste Konflikt, dem wir uns uneingeschränkt werden stellen müssen.

Konflikt Nummer zwei ist die demografische und damit auch die soziale Entwicklung der deutschen Bevölkerung, welche uns in den nächsten Jahren überraschen wird. Dank des Aktualitätsterrors und der permanenten Fröhlichkeitsspiele im Heimkino Fernsehen wird uns das vielleicht noch zwei, drei oder maximal vier Jahre verborgen bleiben können, doch dann – unabhängig von den nächsten und übernächsten Wahlen – wird uns diese Wirklichkeit einholen. Die Zahl der über Sechzigjährigen wird bis 2050 um rund zehn Millionen zunehmen. Im gleichen Zeitraum wird die Gruppe der Zwanzig- bis Sechzigjährigen trotz gewaltiger angenommener Einwanderungsschübe von geschätzt etwa 170 000 jüngeren Menschen pro Jahr um 16 Millionen schrumpfen. Die Zahl der unter Zwanzigjährigen nimmt nochmals um acht Millionen ab, die der Geburten geht bis 2050 von 700 000 auf 440 000 pro Jahr zurück.

Noch einmal, um die ganze Dramatik dieser Entwicklung wirklich deutlich zu machen: Heute, im Jahr 2005, ist die Zahl der über Sechzigjährigen noch so groß wie die der unter Zwanzigjährigen. Im Jahr 2050 wird die Zahl der über Sechzigjährigen dagegen drei Mal so hoch sein wie die der Jüngeren. Und die Zahl der über Achtzigjährigen verdreifacht sich von drei auf zehn Millionen. Insgesamt wird die deutsche Bevölkerung in den nächsten 45 Jahren von 82 auf 68 Millionen Bürger schrumpfen.

Wir werden eine solche Entwicklung in spätestens zehn bis 15 Jahren in allen Lebensbereichen drastisch erleben, auch wenn es uns heute, im Jahr 2005, noch wie Science-Fiction erscheint. Der gesamte Alltag wird sich ändern, der Verkehr, die Verkehrswege, die Verkehrsmittel – alles wird der Langsamkeit und der Gebrechlichkeit älterer Menschen angepasst werden müssen. Altenheime werden immer mehr und üppiger werden, die Bedürfnisse von Jüngeren und Älteren werden massiv auseinanderklaffen.

Die Zahl der Einwanderer wird dagegen nach den Schätzungen und Prognosen der Demografen bis zum Jahr 2050 auf 19 Millionen wachsen, auch wegen des deutlich größeren Kinderreichtums in dieser Bevölkerungsgruppe und durch weitere Einwanderungen. Im gleichen Zeitraum wird die rein deutsche Bevölkerung, wenn man das so sagen darf, infolge des Geburtendefizits auf 68 Millionen schrumpfen. Damit haben wir den dritten demografischen Konflikt. Es wird natürlich auch eine großzügige Änderung unseres Staatsbürgerschaftsrechts geben müssen, sodass dann der schwäbische Türke Cem Özdemir oder die Hamburger Türkin Necla Kelek wirklich nur noch deutsche Staatsbürger sind, und zwar nicht bloß auf dem Papier, sondern in unser aller Bewusstsein.

Das sind die Daten, die wir vor Augen haben sollten, wenn es darum geht, eine erheblich großzügigere Familien- und Kinderpolitik zu machen, von der in Deutschland heute noch nicht einmal ein Ansatz zu erkennen ist. Zum anderen aber sollten diese Zahlen uns den letzten Anstoß geben, wirklich eine beherztere Einwanderungspolitik und auch eine großzügigere Asylpolitik zu praktizieren, als wir sie uns bisher zugetraut haben.

Der vierte demografische Konflikt liegt darin, dass die durchschnittliche Geburtenrate in Deutschland so gering ist: Die Sterbeüberschüsse in den städtischen Gebieten können nicht mehr durch die Geburtenüberschüsse in den ländlichen Räumen ausgeglichen und bilanziert werden. In allen 440 deutschen Stadt-

und Landkreisen wird die für den Fortbestand der Gesellschaft notwendige Zahl von 2,1 Kindern pro Frau unterschritten. Spitzenreiter ist übrigens die Stadt Cloppenburg mit durchschnittlich 1,9 Kindern, das Schlusslicht bildet – wahrscheinlich wegen des hohen Anteils von Studentinnen – Heidelberg mit 0,88 Kindern pro Frau.

Eine neue Asylpolitik

Wir sollten eine mutigere, nicht mehr nur juristische Asylpolitik betreiben, die bisher den Anwälten so viel Arbeit verschafft hat. Wir brauchen eine Asylpolitik, die die Rechte von wirklich bedrohten Menschen wahrnimmt und vertritt und sie nicht nur auf dem juristischen Fach-Tischtuch der Interessenlagen austariert.

Es muss so klar sein, wie es der damalige Bundeskanzler Helmut Schmidt 1981 in einer bewegende Ansprache sagte: »Wir haben genug Asylbewerber und Ausländer. Aber es gibt einige, die müssen wir weiter aufnehmen. Da sind die Afghanen, die auf der Flucht vor der sowjetischen Okkupation sind. Und da sind die Vietnamesen, die auf kleinen Nussschalen auf das Südchinesische Meer unter Gefahr für Leib und Leben herausfahren. Diese Menschen müssen wir weiter aufnehmen.«

Ähnlich klar sollte sich meiner Meinung nach auch der amtierende Bundeskanzler zum Thema Asyl und Asylpolitik äußern. Die, die es heute aufzunehmen gilt, obwohl wir – zumal bei einer Zahl von über fünf Millionen Arbeitslosen – genug Ausländer und genug Asylbewerber in Deutschland haben, sind zum Beispiel die Tschetschenen, die auf der Flucht sind vor den russischen Truppen und vor den von außen, von Saudi-Arabien alimentierten Mudschaheddin. Wir müssen diejenigen Tibeter aufnehmen, denen es gelingt, aus ihrem Land herauszukommen. Und solange die Palästinenser keinen richtigen eigenen Staat haben, müssen wir auch sie hier akzeptieren. Wir müssen die jungen Frauen, die als Import-*gelin*, als Importbräute in die Bundesrepublik geschickt wurden, unterstützen und wir sollten ihnen Asyl anbieten, wenn eine von ihnen sich aus ihrem familiären Gefängnis befreien will.

Auch für Arbeitsmigranten müssen wir in ganz anderer Weise und sehr offensiv die Grenzen öffnen, denn wir werden sie noch dringender brauchen, als uns heute klar ist und als das der Süssmuth-Kommission vor vier Jahren klar war. Die Schleuserbanden wird man nicht aufhalten können. Aber man könnte mit einer klugen Politik einigen das Wasser abgraben. Dazu aber bedürfte es radikaler Schritte, die einen radikalen Abbau der Bürokratie in Deutschland voraussetzen. Mit der GTZ könnte man eine solche neue Politik, mit der man den Schleuserbanden das Wasser abgräbt, nie und nimmer durchsetzen.

Heribert Prantl von der *Süddeutschen Zeitung* hat mir gegenüber seine Sorge geäußert, dass mit der Visa-Affäre vieles Vernünftige aus dem Zuwanderungsgesetz und der Bewegung hin zu mehr Offenheit gegenüber Ausländern und Einwanderern, die sich in Deutschland manifest macht, über Bord gespült wird. Entgegen seiner Einschätzung habe ich zwar nicht die Sorge, dass Haltungen, die innerhalb der Gesellschaft fest verankert sind, durch solche aktuellen Ereignisse außer Kraft gesetzt werden können. Ich bin aber voller Sorge, dass wir aus wahltaktischen Gründen und weil es uns peinlich ist, die Tatsache ausblenden, dass es um die Ausländerfreundlichkeit in unseren Gemeinden, Kommunen und Bundesländern noch nicht ausreichend gut bestellt ist. Wir müssen noch stärker an den schlechten Verhältnissen arbeiten, die zu Gettobildungen führen, wir sollten auch die Jugendlichen in den neuen Bundesländern verstärkt für Aktivitäten und Wiederaufbau-Netzwerke gewinnen und damit eine neue Solidarität mit Ausländern schaffen.

Mittlerweile müssen wir uns ja viel selbstbewusster auf eine ganz neue Form von Ausländerfreundlichkeit und Zusammenarbeit einlassen. Wir müssen aus dem Mief der Duldung heraus, müssen dafür sorgen, dass auch in Zeiten höchster Sicherheitsgesetze und Reglements die Menschen, die wir brauchen, ebenso zu uns kommen können, wie diejenigen, die auf unser freiheitliches Asylrecht angewiesen sind.

Einer der wenigen, die in der ganzen aufgeregten Debatte um den Visamissbrauch noch einen kühlen Kopf bewahren, ist Daniel Cohn-Bendit. Man müsse das Reisen auf jeden Fall erleichtern, sagt er in der *ZEIT* im März 2005. Da das Visum aber immer nur in der jeweiligen Hauptstadt erhältlich sei, hätten nur verhältnismäßig wenige Menschen aus der politischen Jetset-Klasse die Möglichkeit zu reisen, anderen bleibe sie schon aus organisatorischen Gründen verschlossen. »Wenn man öffnet«, so Cohn-Bendit, »dann muss man näher zu den Menschen, muss Konsulate in Odessa oder anderswo haben. Und es muss eine entsprechende Vervielfachung des Personals geben.« Der Grünenpolitiker am Europaparlament in Straßburg hält die Bonitätsprüfung für gefährlich, ja für asozial. Sie treffe auch den Studenten, der nur seinen Kommilitonen in Deutschland besuchen will. Außerdem werde es in Zukunft keine Durchleuchtungen und Grenzkontrollen mehr geben, denn die EU-Regierungen würden ja bald die Öffnung aller Grenzen verlangen. Und wo gibt es die größten Schleuserprobleme? In Bulgarien und Rumänien, die als Beitrittsländern schon andere Visabedingungen genießen.

Die Grünen, so Cohn-Bendit, hätten sich schon im November 2004 politisch erklären müssen, also zu dem Zeitpunkt, als die Vorwürfe wegen des Volmer-Erlasses bekannt wurden. Sicherheitsdenken und Terrorabwehr haben laut Cohn-Bendit in der Vergangenheit immer wieder dazu geführt, dass die Reform des Ausländerrechts und die Verabschiedung des Zu- oder Einwanderungsgesetzes verzögert wurden. Zwar hätten wir jetzt eine legale Einwanderung über das Zuwanderungsgesetz, aber die Zeit, die bis zu seiner Verabschiedung ins Land gegangen sei, könnten wir kaum noch aufholen.

Diese Entwicklung müsse man jetzt durchbrechen, denn die Probleme seien in ganz Europa zu groß. »Wenn in Spanien eine Million Illegale legalisiert werden, kommt prompt der Besserwisser aus Berlin, Schily, mit seinen Sicherheitsbedenken, ohne zu berücksichtigen, dass sein spanischer Kollege der Legalisierung zugestimmt hatte. Das ist der Teufelskreis und das grüne Problem. Man kann nicht gleichzeitig Menschenrechtsbeauftragter und Polizeipräsident sein.«

Heiner Geißlers Wutanfall

Nur wenn wir sehr viel auf den Kontinenten der Hungernden tun, können wir erreichen, dass nicht alle zu uns kommen wollen. Und wir können das nur erreichen, wenn wir unser Ziel effektiv und mit einem großen Erfolgs- und Wirkungsbedürfnis verfolgen.

Immer wieder erlebe ich, dass öffentliche Gelder einfach mit offenen Händen und in großen Summen über Ländern abgeworfen werden, deren Bewohner davon nicht die Spur zu sehen bekommen. Wenn Altbundeskanzler Helmut Schmidt anlässlich des Erscheinens meines Buches *Die Menschenretter von Cap Anamur* geschrieben hat, mein Ziel sei es immer gewesen, etwas zu bewirken, dann kann ich nur sagen: Ich fühle mich regelrecht durchschaut.

Die Ungleichheit in der Welt grassiert. Wir leben in einer schlimmeren Welt-Klassengesellschaft der Ausbeuter und der Ausgebeuteten, als es Karl Marx und Friedrich Engels je für Großbritannien oder Deutschland vorausgesagt hatten. Etwas mehr als ein Tausendstel der Weltbevölkerung – genauer gesagt 7,7 Millionen der etwa sechs Milliarden Menschen – sind Dollar- oder Euro-Millionäre. Knapp ein Prozent dieses Tausendstels, nämlich 70 000, sind wiederum so genannte *ultra high net worth individuals,* also Menschen mit einem Vermögen von mehr als dreißig Millionen Dollar. Im Vorgriff auf das *Kommunistische Manifest*, das jetzt für die ersten zehn Jahre des 21. Jahrhunderts noch einmal neu geschrieben werden müsste, muss ich es einfach aussprechen: Diese 70 000 Menschen – das entspricht der Einwohnerzahl meiner kleinen Heimatgemeinde Troisdorf – schämen sich nicht, dass sie so viel verdienen, während täglich 6000 Kinder und 24 000 Erwachsene elendiglich vor die Hunde gehen. Diese Zahl verdeutlicht die Ausbeutungsverhältnisse, die zwischen den Gesellschaften der Besitzenden und denen der Habenichtse bestehen.

Wir alle sind Kollaborateure dieses täglichen Massenmords, egal, ob wir das wollen, ob wir protestieren, ob wir Politik machen, ob wir reisen, ob wir Informationen austauschen. Auch wenn wir Widerstand leisten gegen mörderische Systeme, Regierungen, Strukturen – wir sind ihre Nutznießer, wir wollen unseren Wohlstand erhalten. Wir kämpfen nicht gegen Robert Mugabe, der objektiv in Simbabwe sein Volk unterdrückt und der sich nicht im Allergeringsten um sein Land kümmert. Wir jagen nicht den stinkreichen Eduardo dos Santos aus Angola, der durch Korruption und Gewinnstreben genauso viele Verbrechen an Land und Bevölkerung begangen hat wie sein Vorgänger Jonas Savimbi. Wir zwingen nicht den russischen Präsidenten Wladimir Putin, den Tschetschenen ein menschenwürdiges Überleben zu ermöglichen. Wir zwingen nicht den israelischen Ministerpräsidenten Ariel Scharon, endlich den Raub palästinensischen Landes auf der Westbank einzustellen. Wir sorgen nicht dafür, dass das Regime von Kim Jong Il in Nordkorea beseitigt wird, der ein ganzes Volk in Hunger, Elend und Sklaverei hält, sondern setzen weiter darauf, dass es besser ist, dort hunderttausenden das nackte Überleben zu ermöglichen. Wir geben diesem Regime Millionen von Tonnen an Gütern, von denen, wie wir wissen, ein Großteil an die Armee geht. Und wir sorgen nicht dafür, dass die Tibeter unter ihrem gewaltfreien Dalai Lama in Tibet das Recht auf freie Religionsausübung und Autonomie bekommen.

Heiner Geißler hatte einen Wutanfall bekommen, der am 11. November 2004 in der *ZEIT* abgedruckt wurde, so wie auch ich beim Schreiben dieses Buches immer wieder Wutanfälle bekommen habe. Da sind so viele Menschen, die wir aufnehmen möchten, die wir aber nicht aufnehmen können, weil wir weiter in einer Anarchie leben, in der es uns bislang nicht gelungen ist, die Wohlstandsverhältnisse in der Welt einigermaßen erträglich auszugleichen. In Europa geht nicht mehr das Gespenst des Kommunismus um, sondern das Gespenst der Angst. Angst vor dem Verlust der Arbeit, Angst vor den Gefahren neuer Krankheiten, Angst vor einer ungesicherten Altersversorgung, Angst vor den Gefahren eines Nuklearkriegs. Der große englische Schriftsteller und vehemente Kolonialismuskritiker Graham Greene hat das schon gesehen, als er seinerzeit im Kongo, in Liberia und in Sierra Leone war. Es gibt ja nichts, worauf die Menschen in den Habenichts-Ländern Anspruch haben. Das Einzige, was ihnen und ihren Kindern bleibt, ist die Angst.

Unter Berufung auf angebliche Gesetze des Marktes reden wir in Mitteleuropa einer anarchischen Wirtschaftsordnung das Wort, die über Leichen geht. Heiner Geißler erklärt, dass allein in Europa und den USA hundert Millionen Menschen von Arbeitslosigkeit bedroht seien. Drei Milliarden Arme – das ist mindestens die Hälfte der Menschheit – hätten zusammen »ein geringeres Einkommen ... als die vierhundert reichsten Familien der Erde«.

Ich möchte es noch schärfer ausdrücken: Diese drei Milliarden klagen an. Sie klagen die Adepten einer Shareholder-Value-Ökonomie an, die keine Werte mehr kennt jenseits von Angebot und Nachfrage, die Spekulanten begünstigt und langfristige Investoren behindert. Sie klagen auch die Staatsmänner und Abgeordneten der westlichen Welt an, die sich von den multinationalen Konzernen erpressen und gegeneinander ausspielen lassen. Doch wir müssen darüber hinaus das Meinungskartell von Wirtschaftsprofessoren und Publizisten anklagen, die meinen, die menschliche Gesellschaft könne funktionieren wie DaimlerChrysler, und die sich beharrlich weigern anzuerkennen, dass der Markt, auch der Weltmarkt, auch der afrikanische Markt, geordnet werden muss, dass er globale Regeln einhalten muss und dass Lohndumping die Qualität der Arbeit und der Produkte verschlechtert.

Wir müssen dafür sorgen, dass wir weiterhin Flüchtlinge und Migranten aufnehmen, weil wir ja immer mehr von ihnen brauchen. Die zweite, mindestens genauso wichtige Aufgabe aber ist, dass wir in die betroffenen Länder gehen und vor Ort etwas für die Menschen tun.

Wir sind Kollaborateure der Weltwirtschaft

Beide Fragen – die des Asyls bei uns und die einer langfristigen gerechten Wirtschaftsordnung in der Welt – gehören eng zusammen. Auch ich bin ein Kollaborateur der globalen Ausbeutung, weil ich nicht verhindere, dass Landminen aus Deutschland in die Dritte Welt geliefert werden – beispielsweise von Dynamit Nobel in Troisdorf –, und auch nicht verhindere, dass Deutschland teuflische Waffensysteme in Krisenregionen verkauft. Ich verhindere nicht, dass der Bundestag die Subventionen im Bundeshaushalt für das Welternährungsprogramm WFP weiter aufrechterhält. Das WFP aber bringt völlig unsinnig und kontraproduktiv weiterhin hunderttausende von Tonnen an Nahrungsmitteln, vor allem Weizen von den Weizenbergen Europas und den USA, nach Afghanistan. Dabei braucht das neue Afghanistan kein Gramm Nahrungsmittelhilfe mehr, denn es gab dort bereits 2003 eine Rekordernte von Weizen, Reis und Mais. Im Gegenteil: Die zusätzlichen Gratisnahrungsmittel bewirken einen eklatanten Preisverfall, mit der Folge, dass einige Bauern in Afghanistan wieder beginnen, Mohn anzubauen, weil sie damit mehr verdienen.

All das verhindern wir nicht. Auch wenn ich ein Buch wie dieses schreibe, bleibe ich Kollaborateur. Natürlich möchte ich weiterhin für mich und meine Mitarbeiter die Versicherungsleistungen der Berufsgenossenschaften genießen, obwohl uns das nicht leicht gemacht wird. Versichert wird nämlich nur, wer bereits in Deutschland Mitarbeiter und bezahlter Angestellter der Firma oder der Organisation war. Einen Fall wie die »Grünhelme«, eine idealistische Gruppe von Menschen, die drei Monate ihres Lebens herschenken, um Obdachlosen in Sumatra ein Dach über dem Kopf zu errichten oder für Kinder in Afghanistan eine Schule zu bauen und dafür nur hundert Euro Taschengeld pro Monat bekommen, kann man sich ja kaum vorstellen. So etwas ist in den Regelwerken der Berufsgenossenschafts- wie der Auslandsversicherung nicht vorgesehen. Will einer von diesen selbstlosen Mitarbeitern etwas tun, was nicht erlaubt und nach den Risikoberechnungen nicht möglich ist – nämlich beispielsweise einfach noch drei Wochen länger im Land bleiben, um eine Schule in einem afghanischen Dorf fertig zu stellen –, dann gibt es einen solchen Wust an bürokratischen Erfordernissen, dass einem wirklich der Kragen platzt.

Wir führen weiterhin ein richtiges Leben im falschen, wissen aber, nicht nur durch die Religion, das Evangelium, den Glauben und die Philosophen, dass es kein richtiges Leben im falschen geben darf. So bleiben wir immer Kollaborateure der schlechten, ausbeuterischen Verhältnisse. Wir können es drehen wie wir wollen: Solange sich Europäer beispielsweise nicht im entscheidenden Moment weigern, evakuiert zu werden wie zu Beginn des Völkermords in Ruanda im April 1994, werden wir immer Kollaborateure bleiben. Wir werden erst dann diesen Status ablegen, wenn wir in einer konkreten Situation nicht darauf bestehen, bevorzugt behandelt zu werden, beispielsweise indem wir Helfer uns im Bürgerkrieg in Jugoslawien weigerten, Splitterschutzwesten anzuziehen, wenn sie nicht auch für unsere bosnischen Mitarbeiter verbindlich wurden.

Ich bin und bleibe der Kollaborateur dieses Systems, aber ich werde mich nicht wundern, dass Millionen von Habenichtsen keine Lust mehr haben, in ihren Heimatländern zu bleiben. Der Schweizer Peter Niggli, ein alter Kämpfer für die Habenichtse und die Schmuddelkinder dieser Welt, den ich noch aus Äthiopien kenne, schreibt in seinem Buch *Nach der Globalisierung*: »Die Weltbank und unsere Regierungen klassieren die 1,2 Milliarden oder 24 Prozent der Menschen, die von weniger als einem Dollar pro Tag leben, als die Ärmsten. Ihre Zahl soll durch tatkräftige internationale Hilfe bis 2015 halbiert werden. Die sechshundert Millionen Ärmsten, denen es 2015 besser gehen soll, verdienen dann vielleicht bis zu zwei Dollar pro Tag, was dem jetzigen Tageseinkommen von drei Milliarden Menschen oder der Hälfte der Weltbevölkerung entspricht.«

Man muss sich das klar machen: Niemand von uns, wo immer wir wohnen, wie einfach wir auch leben, niemand von uns Mitteleuropäern, ganz gleich ob Bayern, Österreicher oder Schweizer – niemand von uns kann sich vorstellen, mit einem Dollar pro Tag auszukommen. Das Bruttosozialprodukt der ärmsten Länder betrug nach Weltbankangaben im Jahr 2002 im Durchschnitt 430 US-Dollar, also rund 1,17 Dollar pro Tag. Davon müssen die überproportionalen Einkommen der Machthaber, der Kapitalbesitzer und der Generäle der leider immer großen Armeen abgezogen werden, die für ihren Machterhalt genau diese Summe brauchen.

Der Weltbankexperte Branko Milanovic hat ausgerechnet, wer in unserer Welt reich ist. Dabei hat er die »Reichen« als diejenigen definiert, die im Jahr mehr als 8000 US-Dollar verdienen, kaufkraftbereinigt. Das entspricht dem Durchschnittseinkommen eines Italieners. Ein UNO-Angestellter mit einem Monatsverdienst von 12 000 US-Dollar zählt da schon zu den Superreichen.

Wenn die Menschen in einem Dorf in Afghanistan heute Hubschrauberlärm hören, dann bedeutet das für sie Gefahr, nichts anderes. Dieses Land wird jedoch erst dann auf dem richtigen Weg sein, wenn ein Hubschrauber nicht mehr Tod und Verderben ankündigt, sondern medizinische Hilfe bringt. Wann, so frage ich mich, wird ein Land wie Afghanistan sich so weit entwickelt haben, dass es auf dem Gebiet der Medizin so weit ist wie die reichen Industrienationen?

Die große jüdische Widerstandskämpferin Dorothy Naor, die immer wieder als Eine-Frau-Widerstandsorganisation ihre Freunde und Genossen weltweit aufruft, etwas gegen die Unterdrückung der Palästinenser zu tun, schrieb Anfang des Jahres 2005 eine E-Mail an hunderte von Empfängern:

»Ich, eine Kollaborateurin.
Ich schaue allem nur zu. Ich schaue auch dem zu, was vor meinen Augen gegen meine Überzeugung verwirklicht wird. Und ich muss mir sagen: Eigentlich arbeite ich mit den Besatzungsmächten überall in den palästinensischen Territorien zusammen. Gewiss, meine Kollaboration ist nicht freiwillig. Aber nichtsdestotrotz ist sie da. Fast alle unsere Aktionen und unsere humanitären und politischen Aktionen hängen davon ab, dass wir die Regeln befolgen. Was ein anderer Weg ist, vor der Besatzungsmacht den Kotau zu machen. Wir haben keine andere Option, als die Besatzungsmacht um Hilfe zu bitten. Wenn wir sie um Hilfe bitten, kooperieren wir natürlich mit ihr und halten uns an die Spielregeln der Regierung. Unfreiwillig assistieren wir der Regierung und dem Militär, die die Besatzung durchführen. Dadurch verlängern wir die Besatzung auch. In diesem Sinne, ob ich das mag oder nicht, kollaboriere ich. … Wenn wir nicht die Regeln der Besatzungsmacht mitbefolgen, werden wir ausgeschlossen von dieser Besatzungsmacht und können nicht mal mehr Solidarität mit den Palästinensern üben!«

Das meiste, was getan werden muss, ist bekannt und längst ausdiskutiert. Es gibt nichts hinzuzufügen, man muss nur die Erkenntnisse umsetzen. Aber wir haben uns bei den Fragen, wie wir selbst helfen wollen, in Situationen hineinmanövriert, die uns als Helfer untauglich machen.

Die drei Säulen einer neuen Entwicklungspolitik

Ganz neue Formen der Politik in Bezug auf Migration und Asyl sind heute gefragt. Die Flüchtlingsströme werden zunehmen. Wenn Klaus Töpfer Recht hat – und Töpfer hat natürlich Recht –, dann werden es Millionen von Flüchtlingen sein, die in den kommenden Monaten und Jahren an die nächste erreichbare Küste streben. Der Menschenstrom wird größer werden, und er wird nicht mehr mit Mätzchen abgewehrt werden können. Deshalb müssen die Parlamente aller EU-Länder radikale und großzügige Lösungen überlegen und verabschieden. Ich bin, wie bereits dargelegt, dafür, dass wir Kontingente einführen, wie manche EU-Länder das bereits tun. Eines ist jedenfalls klar: Wir können nicht so weitermachen wie bisher.

Eine nächste Forderung wird sein, dass wir uns um die Neuankömmlinge richtig kümmern, ihnen aber selbstverständlich auch Leistung abverlangen. Zum Beispiel, ich wiederhole es noch einmal in aller Deutlichkeit, muss jemand, der bei uns arbeiten will, auch wenn es nur auf Zeit wäre, natürlich die deutsche Sprache lernen. Denn wie soll jemand ohne Sprachkenntnisse bei uns leben, arbeiten, überleben können?

Wie kann das geschehen? Man muss auf drei Schienen heftig an die Arbeit gehen. Erstens: Die Entwicklungshilfe muss völlig umgebaut werden. Es müssen junge Leute rekrutiert und in die betreffenden Länder geschickt werden, die für eine solche Arbeit die richtigen Berufe und die nötige Courage haben, und die nicht darauf bestehen, in der Hauptstadt ein Häuschen mit Garten, Swimmingpool und drei oder vier Hausangestellten zu bekommen, wie das die Helfer der großen UN-Organisationen und der GTZ gewohnt sind. Die Hauptaufgabe der Helfer muss sein, den Menschen in Ländern wie Afghanistan, Tansania oder Ghana zu zeigen, wie man gute Gesundheitsaufklärung macht, wie man Schulen baut und wie man Werkstätten einrichtet.

Zweitens würde ich gerne in Zukunft in Deutschland ein Friedenskorps aus jungen Leuten an der Arbeit sehen, das sich der Migranten, der Flüchtlinge, der Zuwanderer, der Spätaussiedler mit Freude und Engagement annimmt. Das könnte ein ganz neues Berufsbild werden: der Flüchtlings- beziehungsweise Migrantensteward, der den Menschen, den Familien, den Einzelpersonen, die zu uns kommen, das Leben und die Eingewöhnungsphase einfacher macht, und der dafür sorgt, dass die Verständigung schneller und leichter geht.

Diese Migrantenstewards müssten einen sechsmonatigen Intensivsprachkurs in zwei Sprachen absolvieren, damit sie noch einfacher mit den Menschen kommunizieren können. Englisch ist sowieso Voraussetzung, und es müsste zusätzlich unter folgenden Sprachen gewählt werden: Russisch, Französisch, Spanisch, Portugiesisch, Farsi/Dari, Kisuaheli, Arabisch, Tamilisch, Serbokroatisch, Chinesisch und Rumänisch. Da wir uns in Zukunft auf mehr Migranten einstellen müssen – genauer gesagt auf Einwanderer, um das verpönte Wort zu benutzen –, wird es sinnvoll sein, diesen neuen Berufszweig zu kreieren, auch, um zu verhindern, dass Ähnliches noch einmal passiert, was wir uns auf Grund gesellschaftlicher und politischer Versäumnisse mit den 2,6 Millionen in Deutschland lebenden Türken eingebrockt haben. Ich meine, es sollten zunächst nicht mehr als 20 000 Einwanderer pro Jahr sein, maximal jedoch 40 000, und sie sollten auch nicht in die so genannten »Zentralen Aufnahmestellen« kommen, sondern möglichst gleich an die Orte, wo sie mit den Deutschen zusammen arbeiten und leben.

Diese Migrantenstewards müssten einen ausgeprägten Korpsgeist haben. Ihre Arbeit ist genauso wichtig wie die der Helfer draußen in Asien, Afrika und Lateinamerika. Die Migrantenstewards müssen den Einwanderern unter anderem ganz klar vermitteln, dass es unterlässlich ist, die deutsche Sprache zu lernen, und dass es darüber keine Diskussion geben kann. Die Migranten und Flüchtlinge müssten vom ersten Tag an einen Sprachkurs besuchen und danach einen Integrationskurs, in dem sie über die Verfassungswirklichkeit in der Bundesrepublik Deutschland aufgeklärt werden.

Das Problem an der Sache ist, dass es immer noch viele wohlmeinende Multikulti-Ideologen gibt, die jeden Zwang und jede Verpflichtung, die wir den Menschen auferlegen, welche zu uns kommen, für Menschenrechtsverletzung halten. So stellte beispielsweise die Berliner *taz* am 30. Dezember 2004, kurz vor Inkrafttreten des neuen Zuwanderungsgesetzes, die Frage, ob der Staat Druck auf die Einwanderer ausüben dürfe, die deutsche Sprache zu lernen.

»Ob man mit der großen Keule die Integration unterstützt, bezweifle ich sehr«, sagt dazu Kenen Kolat, der Vizepräsident der türkischen Gemeinde in Deutschland, in derselben Ausgabe. Natürlich müsse man den Sprachunterricht durchsetzen, es gebe unter den Türken und Türkinnen in Deutschland hunderttausende, die überhaupt kein Deutsch könnten und die es auch gar nicht für nötig hielten, die Sprache zu lernen. Kolat erklärt, weshalb es seiner Meinung nach jedoch sinnlos ist, mit aufenthaltsrechtlichen Konsequenzen zu drohen: »Das kann man bei Türken sowieso nicht umsetzen. Das Assoziationsabkommen Ankaras mit der EU stellt die türkischen Staatsbürger weitgehend mit EU-Bürgern gleich, die nur bei schweren Straftaten ausgewiesen werden können.« Sanktionsdrohungen seien deshalb das falsche Signal. »Vielleicht werden sie dann aus Angst teilnehmen, aber so lernt man nicht.«

Das alles ist Ausdruck einer falschen Politik und einer falschen Einstellung: Wir werden in Deutschland nur dann mit den vielen Nationalitäten und Einwanderern glücklich werden, wenn sie die wichtigste Voraussetzung erfüllen: Sie müssen sich auf Deutsch verständigen können.

Ein solches Friedenskorps von Migrantenstewards wird das verbreitern und ergänzen, was durch private Initiativen in Deutschland schon seit langem geschieht, aber nicht ausreicht: Überall kümmern sich Bürgerinnen und Bürger um ausländische Mitbürger, ohne dazu in irgendeiner Weise verpflichtet zu sein oder dafür bezahlt zu werden. Die Stewards werden mandatiert sein müssen gegenüber den Bürokraten, denen sie zu Gunsten ihrer Mandanten auch mal in die Parade fahren dürfen. Sie werden über einen ungehinderten Zugang zu den Bürokratie-Instanzen verfügen müssen, zumal wenn etwas faul ist und stinkt. Sie werden aufpassen müssen, dass es unter den Migranten und Flüchtlingen keine Kriegs-, Hass- oder Rachepropaganda gibt. Wenn nationalistische oder fundamentalistische Gruppen Hass gegenüber anderen schüren, dann müssen die Migrantenstewards die Möglichkeit haben, das zu unterbinden.

Das Migrationskorps müsste eine Einrichtung der Kirchen und der Gewerkschaften sein, aber mit Bundesmitteln arbeiten, dürfte jedoch nicht staatlich organisiert sein, denn es wäre eine Serviceeinrichtung, und die Mitglieder dieser Einrichtung müssten sich auch mit einer manchmal seelenlosen und hartherzigen Bürokratie auseinander setzen können. Und das kann nur gelingen, wenn das Migrationskorps als nicht-staatlicher Dienst organisiert ist.

Die Stewards müssen richtig ausgebildet werden, denn Helfer, die noch wenig Erfahrung haben, machen häufig den Fehler, Flüchtlinge und Migranten für besonders liebreizende, dankbare und nette Menschen halten, und sie sind dann leicht enttäuscht, wenn das in der Realität nicht der Fall ist. Dieser Fehler rächt sich bei der Arbeit: Die Flüchtlinge und Migranten sind normale Menschen wie du und ich, unter ihnen gibt es Gauner und Schlitzohren, gute, sympathische und schräge, mit denen man lieber nicht viel zu tun haben will. Rührseligkeit ist da der falsche Ansatz, er führt nicht weiter. Ein Beispiel: In meiner Heimatgemeinde Troisdorf hatte ich bei der Ankunft von etwa zweihundert Somalis im Jahr 1996 mit einigen sehr engagierten Frauen zu tun, die sich um die Menschen kümmerten. Die Neuankömmlinge gehörten der Oberschicht ihres Landes an, sie hatten genug Geld, um das Land am Horn von Afrika verlassen zu können. Die Betreuerinnen erklärten, sie hätten die Somalis nach ihren Wünschen gefragt und versuchten nun, diese Wünsche bei der Gemeinde und im Rathaus durchzusetzen. Beispielsweise hatte die Gemeinde mehrere große Häuser gefunden, die den Somalis jedoch nicht gut genug waren. Sie erklärten, man wisse doch, dass sie nicht zusammenleben könnten, weil sie verschiedenen Clans angehörten. Da konnte ich es mir doch nicht verkneifen, bei einer Sitzung im Stadtparlament in Anwesenheit der Betreuerinnen und einiger Somalis Klartext zu reden: »Wenn ihr euch weiter bekämpfen wollt, dann könnte ihr gleich wieder nach Somalia zurückgehen. Hier in der Bundesrepublik bekommt ihr eine Bleibe, damit ihr ein für alle Mal damit aufhört! Wozu wollt ihr denn Bleiberecht und Asyl hier haben? Um weiter eure Stellvertreterkriege zwischen euren Stämmen auch hier auszutragen?« Da man mir weder Rassismus noch Ausländerfeindlichkeit nachsagen kann, wurde meine Argumentation akzeptiert.

Drittens ist es unerlässlich, dass die acht Millenniumsziele, welche die Mitgliedsstaaten der Vereinten Nationen der Welt am 8. September 2000 geschenkt haben, verwirklicht werden. Die Realität sieht leider so aus, dass kaum eine der großen Industrienationen diese Ziele wirklich ernst nimmt. Angesichts der sich anbahnenden globalen Tragödie müssen wir uns immer wieder fragen, ob wir mit unseren Konzepten zur Armutsbekämpfung wirklich auf dem richtigen Weg sind. Eigentlich müsste sich qualitativ und quantitativ an den Lebensbedingungen der Menschen längst etwas geändert haben. Doch inzwischen sind fast fünf Jahre vergangen, und es hat sich kaum etwas bewegt. »Wir alle haben wirklich frustrierende negative Erfahrungen gemacht«, sagte am 30. September 2004 im Bundestag Christian Ruck, der entwicklungspolitische Sprecher der CDU/CSU-Bundestagsfraktion. »Wir müssen uns aber immer vor Augen halten, dass bereits heute achthundert Millionen Menschen hungern und 24 000 Menschen, vor allem Kinder, täglich verhungern. Diese Zahl wird sich sogar bis zum Jahr 2050 möglicherweise verdreifachen.«

Christian Ruck bezeichnete in seiner Rede zu den Millenniumszielen im Deutschen Bundestag das Aktionsprogramm 2015 des Bundesministeriums für wirtschaftliche Zusammenarbeit als Musterbeispiel dafür, dass das Konzept in die falsche Richtung ziele. Das Aktionsprogramm 2015 war eine allgemeine Versicherung, dass die Regierung schon immer auf diesem Wege gewandelt sei. Es wurden bestimme Gelder in aller Hast für das Millenniumsprogramm umgeschichtet, aber es fehlt der Umsetzungsplan, der sukzessive für jedes Jahr bestimmte Ziele festlegt. »Es wurde 2001 mit großem Pressetamtam der Öffentlichkeit vorgestellt, aber die Umsetzung dieses Programms klemmt. Die Bundesregierung hat die Problematik unterschätzt, vor der man steht, wenn man Zielsetzung zu einem konkreten nationalen Arbeitsauftrag umformulieren will«, erklärte Ruck. Deswegen habe die Wochenzeitung *Die Zeit* das Aktionsgebräu der Bundesregierung auch als »Geschwafel« bezeichnet. Es komme einer Bankrotterklärung gleich, so Ruck, dass die Bundesregierung immer noch keinen Umsetzungsplan für das Aktionsprogramm 2015 vorgelegt habe. »Ich glaube, dass wir auf diesen Umsetzungsplan weiterhin vergebens warten werden.

Stattdessen versucht sich die Bundesregierung aus der Misere zu befreien, indem sie ihr Engagement mit olympiareifen Tricksereien hochjubelt.«

Im Jahr 2005, so erklärt das Ministerium für wirtschaftliche Zusammenarbeit, gehen rund 88 Prozent der Haushaltsmittel des BMZ in die Umsetzung des Millenniumsprogramms. Man kann allerdings unschwer erkennen, dass dies reiner Verlegenheits-Dezisionismus ist, weil einige dieser Budgettitel und damit der zur Verfügung stehenden Mittel nur auf die Millenniumsziele umgewidmet wurden. Die Kirchen haben der Leitung des BMZ daher schlicht »Etikettenschwindel« vorgeworfen.

Das erste Millenniumsziel lautet, die Zahl der Menschen, die mit weniger als einem US-Dollar pro Tag auskommen müssen, sowie die Zahl der Hungernden bis zum Jahr 2015 zu halbieren. Doch dieses hehre Ziel wird bisher nicht annähernd mit der Verve und der Unbedingtheit angegangen, die notwendig wären. Kein Land, auf das diese Verhältnisse zutreffen, wirkt irgendwie alarmiert, obwohl es ja einiges durchsetzen müsste. Im Gegenteil: Zwei Drittel der Menschen, die mit weniger als einem Dollar täglich auskommen müssen, leben in Indien und China, aber die Verhältnisse dort sind im Grunde genommen noch katastrophaler als in den Ländern Afrikas.

Das zweite Ziel ist noch nicht einmal am Horizont der Entwicklungspolitikdebatte aufgetaucht, geschweige denn angepackt: Bis zum Jahr 2015 soll sichergestellt sein, dass Kinder überall auf der Welt, Mädchen wie Jungen, eine Primarschulbildung vollständig abschließen können. Das fängt an in Afghanistan: Es gibt keinen spürbaren Termindruck, also lässt man alles schluren. Die zehn Millionen Euro, die Entwicklungsministerin Heidemarie Wieczorek-Zeul im April 2004 anlässlich ihres Kabulbesuchs für den Bau von Schulen in Afghanistan zugesagt hat, hätte sie besser den Grünhelmen gegeben, die in der Lage sind, für das Geld zehn Mal so viel Schulen zu entwickeln und zu bauen wie die GTZ: Eine Schule, die die »Grünhelme« bauen, kostet 45 000 Euro; eine Schule ähnlicher Größe, von der GTZ gebaut, kostet 400 000 Euro. Nach Adam Ries würden die »Grünhelme« in Afghanistan für die hundert Millionen Euro also 222 Schulen bauen, schlüsselfertig und für je achthundert Schülerinnen und Schüler.

Das dritte Millenniumsziel lautet: »Beseitigung der Ungleichbehandlung von Mädchen und Jungen auf der Primar- und Sekundar-Schulstufe möglichst bis 2005 und auf sämtlichen Bildungsebenen bis 2015.« Wie das bewerkstelligt und eingehalten werden soll, darüber schweigt sich die Resolution allerdings aus.

Punkt vier der Millenniumsziele lautet: »Zwischen 1990 und 2015 Reduzierung der Sterblichkeitsrate bei Kindern unter fünf Jahren um zwei Drittel.« Interessant: Hier hat man das große Ziel der Millenniumsversprechen noch einmal gesteigert. Aber wenn alles im Tempo der vergangenen Jahre weitergeht, dann wird rein gar nichts passieren. Kaum Fortschritte bei der Bekämpfung der Kindersterblichkeit hat es in den afrikanischen Staaten südlich der Sahara gegeben, also in den Ländern, die Bundespräsident Horst Köhler so besonders am Herzen liegen. Diese Länder haben die weltweit höchste Kindersterblichkeitsrate: Auf 10 000 Lebendgeburten kommen 171 Todesfälle. Wenn das Millenniumsziel erreicht werden soll, müsste sich diese Zahl bis 2015 auf 57 reduzieren.

Teilziel fünf fordert: »Zwischen 1990 und 2015 Reduzierung der Müttersterblichkeitsrate um drei Viertel.« Der Countdown findet wiederum in Afrika südlich der Sahara statt: Dort stagniert der Anteil der von Geburtshelfern begleiteten Geburten, und das Risiko für eine Frau, während der Entbindung zu sterben, ist 175 Mal höher als in einem Industrieland.

Ziel sechs lautet: »Bis 2015 Beendigung der steigenden Tendenz von HIV und beginnende Trendumkehr.« Die unvergleichliche Aids-Tragödie spielt sich vor allem in den Ländern der afrikanischen Subsahara-Region ab. Der Bundeskanzler hatte während seiner ersten Afrikareise versprochen, eine wegweisende Bundestagsdebatte zu dem von Armut und Elend geplagten Afrika durchzuführen. Auf diese Debatte warten wir leider bis heute. Auch das Auswärtige Amt, auf dessen Kooperation das Entwicklungsministerium ja angewiesen ist, lässt das BMZ im Regen stehen, beispielsweise in der Demokratischen Republik Kongo. »Für eine rasche und flexible Beteiligung an der Stabilisierung staatlicher Krisen zeigt sich die Bundesregierung oft zu schwerfällig, das BMZ alleine ist überfordert. Wenn es um schnelle Reaktionen geht, sind wir in unserer Politik oft nicht mehr handlungsfähig, weil wir kein Geld haben« – so Christian Ruck in der Bundestagssitzung am 30. September 2004.

Die Ziele sieben und acht – ökologische Nachhaltigkeit und Aufbau einer globalen Entwicklungspartnerschaft – sind viel zu allgemein formuliert. Alles, was mit der Modevokabel »Nachhaltigkeit« daherkommt, konnte man für die konkrete Arbeit schon immer vergessen. Dass wir einer globalen Entwicklungspartnerschaft auch abseits des teuren und viel zu elitären Weltwirtschaftsforums im Schweizerischen Davos entgegengehen, ist eine fast metaphysische Gewissheit, die nicht eigens in einem konkreten Programm wie den Millenniumszielen formuliert werden muss.

Mittlerweile hat sich der Widerstand gegen die unzureichende Politik der Bundesregierung und des Entwicklungsministeriums in Bezug auf die Millenniumsziele in einer Studie ausgedrückt, die von »Alliance 2015«, einem Verbund großer europäischer Nichtregierungsorganisationen in Auftrag gegeben und am 23. Mai 2005 von der Deutschen Welthungerhilfe und ihrem Generalsekretär Hans Joachim Preuß der deutschen Öffentlichkeit vorgestellt wurde. Die deutsche Entwicklungspolitik habe sich bisher nicht wirklich auf die Millenniumsziele konzentriert, hält die Studie fest und bestätigt damit auch die Kritikpunkte der »Aktion 2015«. Die deutsche Entwicklungshilfe sei nicht nur sträflich unterfinanziert, sie habe auch erhebliche Planungsschwächen. Die Unterstützung ziele nicht klar genug auf die ärmsten Regionen der Welt.

»Von den zehn Hauptempfängern der deutschen Hilfe zählt nur eines zu den ärmsten Ländern, und das ist Uganda. ... Deutschland ist im Entwicklungssektor wahrlich keine Lokomotive«, heißt es in der Verlautbarung der Deutschen Welthungerhilfe, die sich bisher mit Kritik an der Bundesregierung sehr zurückgehalten hatte. Man könne noch manches lernen von kleineren Ländern wie Dänemark und Irland. Dänemark beispielsweise verteile seine Hilfe auf einige wenige Länder. Dafür konzentriere es sich voll auf die Millenniumsziele.

Wie wenig sich die Regierung und das Ministerium des eigenen Versagens bewusst sind, zeigt die erste Reaktion: Die Kritik in der »Alliance 2015«-Studie sei unberechtigt, weil die »Armutsbekämpfung das überwölbende Ziel der deutschen Entwicklungspolitik« sei.

Die Entwicklungshilfe, aber auch die Hilfe der Nichtregierungsorganisationen muss sich ändern. Schon die Tatsache, dass Deutschland nicht in der Lage ist, mehr Soldaten zu UNO-Einsätzen nach Afrika zu schicken, zeigt latent die Unfähigkeit unserer weltweiten Politik. Brandbesuche von Kerstin Müller oder Joschka Fischer in Khartum oder Darfur nutzen nichts, wenn man sich nicht beherzt an einer militärischen Blauhelm-Operation in der Region beteiligt.

Wenn Helfer von staatlichen oder nichtstaatlichen Organisationen herausgehen, dann müssen sie auch in Ländern und Gebieten arbeiten, wo unsere Menschenrechte nicht mehr gelten. Sie müssen mehr Mut aufbringen und mehr Zivilcourage, als das in unserem ordentlichen Tarif- und Versicherungssystem vorgesehen ist. Sie müssen auf einen Teil der Versicherungsleistungen einfach verzichten und so agieren wie seinerzeit Albert Schweitzer, der Urlaubsregelungen und Sozialversicherungsleistungen schlichtweg nicht kannte. Aber gerade deshalb war seine jahrelange Tätigkeit in Lambarene so verdienstvoll.

Vorbilder und Beispiele

Heiner Geißler, der ehemalige Sozialminister unter Helmut Kohl und bis 1989 CDU-Generalsekretär, ist heute einer der stärksten Kämpfer für die Arbeiter und Bauern in den Staaten der Dritten Welt wie auch für die Arbeiter in den Industriestaaten. 157 Jahre nach der Veröffentlichung des *Kommunistischen Manifests* durch Marx und Engels warten in Deutschland zehntausende von Arbeitern – so Heiner Geißler in seinem Beitrag in der *ZEIT* vom 11. November 2004 – »auf den nächsten Schlag aus den Konzernetagen von General Motors, Aventis, Volkswagen, DaimlerChrysler, Karstadt und Continental, der sie in die Arbeitslosigkeit und anschließend mit Hilfe der Politik auf die unterste Sprosse der sozialen Stufenleiter befördert.« Die Arbeiter in den Industriestaaten und die Gewerkschaften, die angesichts der Massenarbeitslosigkeit mit dem Rücken zur Wand stehen, fühlen sich anonymen

Organisationen ausgeliefert, die von Menschen beherrscht werden, denen die Gier nach Geld die Hirne zerfrisst. »Die Menschen«, so Geißler, »leben und arbeiten in einer globalisierten Ökonomie, die eine Welt der Anarchie ist – ohne Regeln, ohne Gesetze, ohne soziale Übereinkünfte, eine Welt, in der Unternehmen, Großbanken und der ganze private Sektor unreguliert agieren können.«

Es gibt keinen Aufschrei mehr gegen diese massive Ungerechtigkeit, mit der große Konzerne kleinere Firmen mitsamt Inventar und Menschen aufkaufen, als wären es Sklavenschiffe im 18. Jahrhundert, um sie dann zum Zweck der Marktbereinigung oder auch zur Steigerung der Kapitalrendite und des Börsenwerts dichtzumachen und damit die wirtschaftliche Existenz von tausenden von Menschen mitsamt ihrer Familien zu vernichten.

Eine ganz andere und tröstliche Realität verkörpert Ruth Pfau, die als Ärztin in Pakistan und Afghanistan gegen Lepra und Tuberkulose kämpft. Diese Frau ist mir in allem, was ich mir mit diesem Buch als Ziel gesetzt habe, Vorbild und Ansporn. Sie lebt seit 45 Jahren in Pakistan, hat sich den Verhältnissen dort angepasst, ist an sie gewöhnt und so glücklich, dass sie nicht mehr fort möchte. Sie ist zehn Jahre älter als ich, hat den Krieg noch bewusst miterlebt und fragt uns und sich selbst in ihrem Buch *Das Herz hat seine Gründe*: »Haben nicht auch damals, als Deutschland in Schutt und Asche gelegen hat, Kriegsgefangene Baumrinde gegessen, weil sie etwas, irgendetwas im Magen haben wollten? Dass man daran sterben könnte, war den Männern in diesem Moment völlig egal. Und auch die Kinder, junge Frauen und alte Männer wollten nur eines – essen!«

Ruth Pfau hat sich immer Gefahren ausgesetzt, sie weiß, dass die technischen Lösungen, die der Westen anbietet, häufig falsch sind. Wer wie Ruth Pfau für die Menschenwürde kämpft, der geht Risiken ein und muss selbstverständlich bereit sein, diese zu akzeptieren. Manchmal ist das hart, und vielen in Pakistan, gerade den alten Patriarchen, passt es nicht, dass da eine Frau, noch dazu eine Christin, kommt und alte Strukturen aufbrechen will.

»Es ist gut«, sagt Ruth Pfau in dem oben zitierten Buch zu ihren Helfern und Krankenpflegern, »dass ihr begriffen habt, dass die europäische Sicht von geglückter Hilfe allein nicht immer die richtige ist!« Wenn beispielsweise ein leprakranker Mann nach einer Operation zwar wieder etwas sehen kann, allerdings nur schemenhaft, dann bedeutet das nach der Diktion der WHO, dass die Operation fehlgeschlagen ist. Wenn der Mann aber dadurch zumindest wieder in der Lage ist, allein auf die Toilette zu gehen, dann hat er einen Teil seiner Menschenwürde zurückerlangt. Aus Ruth Pfaus Sicht ist ein solches Operationsergebnis deshalb kein Misserfolg, denn, so ihr unerschütterliches Credo: »Menschenwürde zählt häufig mehr als Heilung.« Im Jahr 1997 wurde diese vorbildliche und mutige Frau für den Friedensnobelpreis nominiert, im Jahr 2004 erhielt sie die Goldmedaille des Albert-Schweitzer-Preises.

Auch einzelne Bundesländer leisten Vorbildliches und zeigen damit, dass die Konzentration auf nur *ein* Partnerland besonders effektiv sein kann. Eines der besten Beispiele hierfür ist die »Partnerschaft Rheinland-Pfalz/Ruanda«, die der damalige Ministerpräsidenten von Rheinland-Pfalz, Bernhard Vogel, im Jahr 1982 ins Leben rief. Die Idee war, die vielen kleinen wichtigen und wertvollen Initiativen, die zum Teil bereits vom Bundesland gefördert wurden, in einer »Graswurzelpartnerschaft« zu bündeln. Damals schien das ein tollkühnes Unternehmen, niemand hatte bislang einen so beherzten Entschluss gefasst. 1994, nach dem Völkermord in Ruanda, hätte man meinen können, das Modell sei erledigt. Doch weit gefehlt: In jeder Gemeinde von Rheinland-Pfalz, in der ich in den letzten Jahren Lesungen oder Vorträge gehalten habe, gibt es inzwischen eine gut funktionierende, weil lokal und regional angesiedelte Projektverbindung mit diesem Land im Herzen von Afrika. Im April 2004 war ich in Prüm, einem kleinen Ort, der nicht mal mit der Eisenbahn zu erreichen ist. Aber selbst hier gibt es eine lebhafte *jumelage*, einen partnerschaftlichen Austausch mit Ruanda. Wenige Tage vorher war der Bildungsminister der Republik Ruanda zu Besuch in Prüm gewesen.

Und das Eindrucksvolle an dieser Partnerschaft: Eigentlich brauchte es nur die zündende Idee. Die Durchführung selbst liegt bei den Gemeinden, den Schulen, den Krankenhäusern, den Universitäten. Das Land Rheinland-Pfalz hat mit einem Personalbedarf von zwei bis vier Personen ein Partnerschaftshaus in der Hauptstadt Kigali eingerichtet, eine Art Clearingstelle für alle, die aus den Gemeinden, Kreisen oder anderweitig aus Rheinland-Pfalz kommen. Dort kann sich jeder Informationen verschaffen über das Land, und es werden Bürokratiefragen in Bezug auf die einzelnen Partnerprojekte geklärt. *Rhenanie-Palatinat*, der französische Name für »Rheinland-Pfalz«, dürfte in Ruanda heute bekannter sein als *Allemagne*.

Das Bundesland Niedersachsen hatte unter dem seinerzeitigen Ministerpräsidenten Ernst Albrecht 1984 eine ähnliche Kooperation mit dem Sudan, dem größten Flächenstaat Afrikas. Ein Großteil der niedersächsischen Hilfe bezog sich damals auf Darfur, die Provinz im Westen des Sudan, die allein schon doppelt so groß ist wie Frankreich. Wie angesehen diese Verbindung im Sudan war, erlebte ich im Jahr 1986 persönlich: Zusammen mit Wolfgang Nierwetberg, der damals für die Deutsche Welthungerhilfe arbeitete und jetzt Vorsitzender von HELP ist, waren wir vom Tschad aus auf dem Weg in den Sudan. In El Geneina, der Hauptstadt von Westdarfur, fielen unsere Autos mit den deutschen Kennzeichen so auf, dass wir gleich vom Sultan empfangen und zum Essen eingeladen wurden. Irgendwann kam die Frage, *»whether Germany is a part of lower Saxony«* – ob Deutschland ein Teil von Niedersachsen sei? Erst nachdem wir das emphatisch bejahten, waren wir richtig akzeptiert.

Bis heute ist es mir nicht gelungen, ein weiteres Bundesland für eine solche konzentrierte, direkte Hilfe von Mensch zu Mensch, von Berufsgruppe zu Berufsgruppe, von Krankenhaus zu Krankenhaus, von Dorfgemeinde zu Dorfgemeinde und von Uni zu Uni zu gewinnen. Im Gegenteil: Unter Gerhard Schröder, der 1990 zum Ministerpräsidenten gewählt wurde, stellte Niedersachsen die Zusammenarbeit mit dem Sudan ein. Der amtierende Ministerpräsident Christian Wulff zögert, die Partnerschaft wieder aufzunehmen, da er keine Haushaltsmittel dafür zur Verfügung hat. Auch der ehemalige Ministerpräsident von Baden-Württemberg, Erwin Teufel, scheute diese erfolgreiche Idee wie der Teufel das Weihwasser, genau wie sein sächsischer Kollege Georg Milbradt.

Was wir tun können

Wird es möglich sein, dass wir in den nächsten entscheidenden dreißig Jahren das Auseinanderfallen und die Spaltung unserer Gesellschaft noch verhindern? Dafür müssen auf nationaler Ebene Tabuthemen angegangen werden, und zwar:

1. der wachsende Verteilungsstress zwischen den Generationen
2. die demografische Spaltung Deutschlands in wachsende und schrumpfende Bundesländer
3. das Auseinanderdriften der zugewanderten und der einheimische Bevölkerung
4. die Spaltung der Gesellschaft in zwei Teilgesellschaften mit und ohne Nachkommen.

Punkt eins ist nicht mehr wegzudiskutieren: Wir haben uns um den so genannten Generationenvertrag allenfalls in der öffentlichen Debatte gekümmert – Verteilungsstress zwischen den Generationen ist nun die Folge.

Der zweite Punkt ist ein ängstlich gehütetes Tabuthema: Niemand darf sagen, dass es eine Zwei-Tempo-Gesellschaft in Deutschland gibt, nämlich die der elf alten Bundesländer im Westen und die der fünf neuen im Osten. Niemand darf sagen, dass Ausländerhass bis hin zu Mord und Todschlag in bestimmten Regionen im Osten Deutschlands an der Tagesordnung ist. Niemand darf sagen, dass es praktisch ausländerfreie Zonen in ostdeutschen Städten und Gemeinden gibt. Und niemand darf sagen, dass noch nie und nirgends die NPD so triumphal und mit so viel Rückenwind auftreten konnte wie in Dresden und in Sachsen. Die beiden alten Bundesländer Baden-Württemberg und Bayern werden ihre Bevölkerungszahl in den nächsten zwanzig Jahren noch erheblich steigern, auf Kosten der ostdeutschen Bundesländer. Die entscheidende Altersgruppe der Zwanzig- bis Sechzigjährigen wird sich in den neuen Bundesländern bis zum Jahr 2050 halbieren. Der wirtschaftliche Aufholprozess, so empfinden das die jungen Leute, ist nicht zu leisten. Deshalb wandern sie aus, oder sie ziehen in die westlichen Bundesländer.

Das dritte große Thema der einheimischen Bevölkerung und ihres Verhältnisses zu den Einwanderern muss man sehr ernst nehmen. Es darf auf keinen Fall durch irgendeine nette Multikulti- und Regenbogenideologie verwischt werden. Aber genau das tun manche Menschen, zumal bei den Grünen. Sie tragen zwar selbst kaum etwas zur Umsetzung dieser Ideologie bei, wollen sie aber auch nicht beschädigt wissen.

Das vierte Thema, die Spaltung der Gesellschaft in zwei Teilgesellschaften, ist besonders brisant: Bei den Jahrgängen ab 1965 hat der hohe Anteil an Kinderlosen und an »Mallorcanern«, wie ich sie gerne nenne, bereits die sozialen Sicherungssysteme außer Kraft gesetzt. Herwig Birg zufolge entsteht hier ein neuer Typus von sozialer Ungerechtigkeit, und zwar die »Transferausbeutung der Familien« durch die laut Urteil des Bundesverfassungsgerichts vom 3. April 2001 verfassungswidrige Bevorzugung von Menschen ohne Nachkommen in der Renten-, Kranken- und Pflegeversicherung.

Und selbst, wenn wir durch einen »Ruck« wieder auf eine Geburtenrate von 1,6 bis 1,8 oder gar zwei Kindern pro Frau kämen, würde das für lange Zeit wenig ändern, denn es ist dreißig Jahre nach zwölf – demografisch ausgedrückt. Heute könnte selbst ein Anstieg der Geburtenrate auf die ideale Zahl von zwei Kindern je Frau die Alterung auf Jahrzehnte hinaus nicht mehr abwenden. Es gibt eben ein demografisches Moment mit irreversiblen Folgen. Wenn ein solcher Prozess ein Vierteljahrhundert lang in die falsche Richtung läuft, dann dauert es ein Dreivierteljahrhundert, um ihn zu stoppen. Wenn man das weiß, dann kann einem schon etwas schwindlig werden.

Wir werden uns an eine neue Gesellschaft gewöhnen müssen. Wir Europäer werden uns Afrika und den Afrikanern öffnen und ein gutes Zusammenleben mit ihnen versuchen müssen. Erst seit rund zweihundert Jahren werden Schwarzafrikaner als Menschen und nicht mehr wie Eigentum behandelt. Die britischen Evangelikalen unter William Wilberforce und viele andere stießen die entscheidende Bewegung an, die schließlich dazu führte, dass Sklaverei und Sklavenhandel im britischen Machtbereich Anfang 1808 verboten wurden. Es war die dramatische Zeit, in der Europa der Menschheit das größte und bislang unübertroffene Geschenk machte: die Französische Revolution mit der Deklaration der Menschenrechte, der Rechte der Frauen und der Emanzipation der Juden. In den Nordstaaten Amerikas waren es die Abolitionisten, denen es mit Unterstützung vor allem der Quäker gelang, die Sklaverei und den Sklavenhandel nach und nach bis zur Emanzipationserklärung Präsident Lincolns im Jahr 1863 abzuschaffen.

Mir scheint allerdings, dass die Bewegung damals nach dem ganz großen ersten Schritt stehen geblieben ist: Die vollständige Emanzipation der Schwarzafrikaner ist bis heute nicht erreicht. Der Kontinent wird von den Industrienationen ausschließlich unter Gesichtspunkten der Nützlichkeit für Industrieverbände, Banken und Börsenspekulanten gesehen. Der Grund, weshalb unsere Minister, unser Bundeskanzler und unser Außenminister kaum noch Besuche auf dem afrikanischen Kontinent machen, in dem sie sich endlich einmal gründlich umsehen müssten, liegt auf der Hand und wird auch offen ausgesprochen: Es gibt nicht genügend Geschäftleute und Wirtschaftsvertreter, die Interesse hätten, mitzufliegen.

Die Politik, die Gesellschaft, die Staaten und die Kirchen müssen verstärkte Anstrengungen unternehmen, um die Schwarzafrikaner in die Weltgemeinschaft zu integrieren. Das wird auch bedeuten, dass immer mehr Schwarzafrikaner auf Zeit oder auch für mehrere Generationen ein Bestandteil unserer Gesellschaft werden. Es wäre deshalb sehr vernünftig, wenn wir die Institute, die ich in diesem Buch vorgeschlagen habe, entsprechend effektiv realisieren würden. Das heißt, dass sich eine an Haupt und Gliedern veränderte Entwicklungspolitik in zwei afrikanischen Ländern mit der dortigen Regierung und der Gesellschaft zusammentut, damit diese Länder von uns lernen, wir aber zugleich auch Vorteile von einer solchen Patenschaft haben. Beispielsweise werden wir aus den Partnerländern die dringend benötigten Krankenschwestern und Altenpfleger bekommen, die notwendig sind, damit die vielen Altenheime in Deutschland vernünftig arbeiten können. Wir werden unsere Pfarreien mit Priestern und Pastoren aus Afrika füllen, die der Kontinent in einem unglaublichen Maße hervorbringt.

Wir werden in Deutschland weiterhin mit einer Vielzahl von Menschen aus Osteuropa und aus Asien zusammenleben, und es wird uns gelingen. Aber bei den Schwarzafrikanern steht uns diese Aufgabe noch bevor. Niemand hat sich ihrer bisher angenommen. Niemand hat einen Staatssekretär ernannt, der sich mit einem kleinen Stab von Leuten mitten im Busch im Südsudan um die Ausbildung, den Aufbau von Gesundheitseinrichtungen, die Einrichtung eines flächendeckenden Schulsystems, die Vorbereitungen zum Bau einer Eisenbahnlinie oder die Förderung einer Industrieproduktion kümmern würde. Hätte man im Sudan gemeinsam mit den Chefs der Sudanesischen Volksbefreiungsarmee SPLA diesen Prozess bereits vor zwanzig Jahren begonnen, wären wir dort jetzt schon weiter.

Alles endet wieder beim Wiederaufbau durch das Militär, nicht durch beherzte zivile Organisationen. Das Militär sollte jedoch nur Ultima Ratio sein. Ich würde beispielsweise einige Hilfsorganisationen mit der famosen Kirchengemeinde von St. Egidio in Trastevere in Rom zusammenbringen und im Sudan mit der Arbeit beginnen. Die Blauhelme, die die UN jetzt endlich in den Sudan geschickt hat, sind dort nur bedingt sinnvoll. Die Soldaten werden in teuren, großen Kasernen an drei Orten untergebracht und in Splendid Isolation gehalten. Sie werden nicht das Land verändern können, wie sollten sie auch? Dafür müssten sie ja erst ganze Stäbe in der unendlichen Landmasse des Südsudan einrichten. Meine Forderung: Lasst Grünhelme, also zivile Helfer, in die Dörfer!

Was wir brauchen, sind ein paar »Verrückte« vom Typ Hans Koschnick: religiös klar, wissend um den Schutzengel, den man bei solchen Einsätzen braucht, wissend, dass es gefährliche Situationen geben wird. Solche Koordinatoren müssen sich um die Dörfer, die Herden, die Wasserplätze, die Straßen und die Eisenbahn kümmern. Zivile Helfer wie die Grünhelme werden immer wichtiger werden: Sie müssen von den Staaten, in denen sie helfen, unterstützt werden durch gebührenfreie Visa, kostenlose Unterkunft und Treibstoff. Sie sollten ein bescheidenes Entgelt und eine Absicherung für ihre Zukunft bekommen, vernünftige Beträge, die es ihnen erlauben, sich nach dem Einsatz wieder problemlos in ihr »altes« Leben zu integrieren.

Wir dürfen uns nicht der hierzulande inzwischen leider üblichen Nörgelei überlassen. Wir müssen eine offene Gesellschaft werden für andere, auch für Farbige, aber uns zugleich kein Tabu mehr erlauben und genehmigen. Das bedeutet auch, dass wir uns unserer Vergangenheit nicht mehr in dem Sinne stellen, dass uns beispielsweise die israelische Regierung sagen kann, wie wir in Bezug auf die Palästinenser zu denken und zu handeln haben. Wir müssen eine Gesellschaft werden, die beherzt Fremde zu ihren Mitgliedern macht. Wir müssen eine Gesellschaft werden, die stark in verschiedene Länder der Dritten Welt ausgreift. Das werden wir nur schaffen, wenn es eine ganz neue Art der Zusammenarbeit zwischen staatlichen Institutionen und Geldgebern und einem Korps von radikalen Wiederaufbauhelfern gibt.

Ich will es noch einmal anhand eines Alltagsbeispiels verdeutlichen: Die Schwarzafrikaner, mit denen ich in der S-Bahn von Köln nach Troisdorf-Spich fahre, sind in der Regel immer noch isoliert und kommunizieren kaum außerhalb ihrer Gruppe. Entscheidend dafür ist das leidige Sprachproblem: Es reicht nicht, wenn jemand aus der Demokratischen Republik Kongo in Deutschland französisch spricht. Es reicht nicht, wenn der Angolaner aus Cunene portugiesisch spricht. Es reicht nicht, wenn der Flüchtling aus Somalia englisch oder italienisch spricht. Wir brauchen die Ausländer, auch die Schwarzafrikaner, als vollwertige Bürger Deutschlands, der Schweiz und Österreichs, und das wird nur gehen, wenn sie sofort beginnen, die Landessprache zu lernen. Die Beherrschung der deutschen Sprache wird die entscheidende Voraussetzung für jede Art von Integration werden. Wir müssen mit ausgebildeten, bezahlten und ehrenamtlichen Kräften eine Fülle an Sprach- und Integrationskursen abhalten, weil so etwas wie die *splendid isolated minority* der 2,6 Millionen Türken, die immer noch nicht wissen, ob sie eigentlich in Deutschland wohnen und leben wollen, auf keinen Fall noch einmal entstehen darf.

Ich bin wie immer Optimist. Wir leben in spannenderen und offeneren Zeiten denn je, aber wir müssen diese Offenheit auch nutzen. Optimismus ist vielleicht sogar das falsche Wort, es geht um etwas anderes: um Hoffnung. Václav Havel, dem ich seinerzeit in den spannenden Tagen des Jahres 1990 in Prag zwei Wochen lang bei der so genannten »samtenen Revolution« über die Schulter schauen durfte, hat uns 1996 gesagt: »Hoffnung ist eben nicht Optimismus. Es ist nicht die Überzeugung, dass etwas gut ausgeht, sondern die Gewissheit, dass etwas Sinn hat, ohne Rücksicht darauf, wie es ausgeht.«

Dank

Vieles an diesem Buch verdanke ich den langen, intensiven Gesprächen mit Reinhard Schlagintweit, dem ehemaligen Politischen Direktor im Auswärtigen Amt und heutigen Vorsitzenden von UNICEF Deutschland. Diese Gespräche liefen oft kontrovers, waren unserer Freundschaft bisher jedoch in keiner Weise abträglich.

Wie feige und kleinkariert wir Europäer uns in Fragen des Asyls, der Entwicklungspolitik und der humanitären Hilfe benehmen, habe ich jüngst wieder in Simbabwe feststellen können, als ich Pius Ncube, den mutigen, vergleichsweise jungen Erzbischof von Bulawayo, in seinem kleinen Zimmer erleben durfte. Menschen wie er beweisen einen unendlich viel größeren Mut, als wir ihn je aufzubringen vermögen – und als er in diesem Buch aufscheinen könnte. Mit Arnold Vaatz, dem mutigen CDU-Bundestagsabgeordneten, habe ich den Bischof Anfang Mai 2005 noch einmal besucht. Wir wollten ihm Mut machen, aber es kam umgekehrt: *Er* baute *uns* auf!

Ein weiterer der wenigen Parlamentarier, die sich schon einmal ohne diplomatische Privilegien auf die Reise in die Länder der Habenichtse gemacht haben und dadurch ein ungleich höheres Maß an Informiertheit haben als der Großteil unserer Volksvertreter, ist der SPD-Abgeordnete Ulrich Kasparick, der mit mir beispielsweise 2003 eine Tour nach Afghanistan unternahm. Ihm und den vielen Begegnungen und Aktionen mit ihm verdanke ich für dieses Buch eine Menge.

Roy Bennet, einen Abgeordneten des Parlaments von Simbabwe, konnte ich im April 2005 leider nicht mehr zu den Themen des Afrika-Kapitels befragen. Er sitzt seit sechs Monaten in einem schrecklichen Gefängnis, weil ein Minister der Regierung von Robert Mugabe ihn so provoziert hatte, dass er ihn ohrfeigte. Ich mache mir Sorgen um sein Leben: Er hat dreißig Kilo abgenommen; die Abgeordneten des Bundestags müssten mehr tun, als ihn in das Programm »Parlamentarier schützen Parlamentarier« aufzunehmen.

Vieles habe ich über die Jahre durch die Gespräche und Reisen mit dem langjährigen Entwicklungspolitiker und Abgeordneten Prof. Winfried Pinger gelernt, mit dem ich mich im Kongo und in Kisangani herumgetrieben habe.

Nicht unerwähnt lassen möchte ich die immer brennend anregende und wichtige Lektüre all dessen, was Prof. Franz Nuscheler geschrieben, entworfen und vorgetragen hat. Mit Immanuel Kant gesprochen: Franz Nuscheler hat mich immer auf dem Weg »zurechtgebracht«, wenn ich mal wieder abdriftete.

Viel an Erkenntnis zu den Themen Migration und Asyl verdanke ich meinen Stellvertretern im Vorstand der Grünhelme, Aiman Mazyek und Josef Grundner.

Aus Begegnungen mit tausenden von vietnamesischen Freunden in Deutschland und seit Anfang 2004 auch wieder in Vietnam, vor allem in Saigon und Ca Mau, habe ich eine Menge erfahren über das schwierige und produktive Wechselspiel von Inländern und Ausländern. Nie hat mein lebhafter Kontakt zu der Ärztin Edith Fischnaller aufgehört, die ich noch in humanitären Afrika-Diensten als Krankenschwester erleben durfte. Sie wurde aus produktiver Wut über die Missachtung des Berufs der Krankenschwester – Ärztin. Seit 2004 leitet sie als geborene Praktikerin klug und umsichtig die von mir 1979 gegründete Organisation »Cap Anamur«. Ihren Rat einzuholen, hat immer bedeutet: auf dem Boden der Realität verschiedener Länder und Menschen unterschiedlicher Herkunft zu bleiben.

An der Beständigkeit unserer Tochter Yvonne Neudeck, die seit Jahren bei HELP und nun bei den Johannitern arbeitet, konnte ich viele meiner radikalen Flausen zu Afrika und zur Entwicklungspolitik abarbeiten.

Ohne meine Frau Christel Neudeck schließlich wäre alles nicht möglich gewesen. Sie ist und bleibt meine beste und schonungsloseste Kritikerin.

Literatur

Ackermann, Lea (Hg.): *Solidarität mit Frauen in Not. 20 Jahre Solwodi e.V.*, Bad Honnef 2005

Albus, Michael, Peter Härtling u.a.: *Treibsand. Menschen auf der Flucht,* Düsseldorf 1992

Amery, Carl (Hg.): *Briefe an den Reichtum,* München 2005

Ayaan Hirsi Ali: *Ich klage an*, München 2005

Birg, Herwig: »Grundkurs Demographie«, in: *Frankfurter Allgemeine Zeitung*, 24.2.–3.3.2005

Brühl, Tanja u.a. (Hg.): *Unternehmen in der Weltpolitik. Politiknetzwerke, Unternehmensregeln und die Zukunft des Multilateralismus*, Bonn 2004

Buruma, Jan, und Margalit, Avishai: *Okzidentalismus. Der Westen in den Augen seiner Feinde*, München 2005

Camus, Albert: *Der Fall*, Reinbek 1968

Camus, Albert: *Die Pest*, Reinbek 1950

Enzensberger, Hans Magnus: *Die große Wanderung. 33 Markierungen. Über einige Besonderheiten bei der Menschenjagd*, Frankfurt 1992

ders.: *Aussichten auf den Bürgerkrieg*, Frankfurt 1993

Erler, Brigitte: *Tödliche Hilfe*, Freiburg 1986

Fanon, Frantz: *Die Verdammten dieser Erde*, Frankfurt 1984

Frank, Paul: *Entschlüsselte Botschaft. Ein Diplomat macht Inventur*, Stuttgart 1981

Gaus, Bettina: *Frontberichte. Die Macht der Medien in Zeiten des Krieges*, Frankfurt 2004

Geißler, Heiner: *Was würde Jesus dazu sagen?* Reinbek 2004

Grill, Bartholomäus: *Ach, Afrika. Berichte aus dem Inneren eines Kontinents*, Berlin 2003

Grosser, Alfred: *Wie anders ist Frankreich?* München 2005

Hill, Geoff: *What Happens after Mugabe? Can Zimbabwe rise from the Ashes?* Kapstadt 2005

Hochschild, Adam: *Bury the Chains. Prophets and Rebels in the Fight to free an Empire's Slaves*, Boston/New York 2005

ders.: *King Leopold's Ghost. A Story of Greed, Terror, and Heroism in Colonial Africa*, Boston 2002

Kelek, Necla: *Islam im Alltag. Islamische Religiosität und ihre Bedeutung in der Lebenswelt von Schülerinnen und Schülern türkischer Herkunft*, Münster 2002

dies.: *Die fremde Braut. Ein Bericht aus dem Inneren des türkischen Lebens in Deutschland*, Köln 2005

Kohlhammer, Siegfried: *Auf Kosten der Dritten Welt?* Göttingen 1993

Kristof, Nicholas D.: »Why Can't We Stop the Killing in Darfur?«, in: *International Herald Tribune*, 13. September 2004
Laak, Dirk van: *Imperiale Infrastruktur. Deutsche Planungen für eine Erschließung Afrikas*, Paderborn 2004
Lachmann, Günther: *Tödliche Toleranz. Die Muslime und unsere offene Gesellschaft*, München 2004 (mit einem Beitrag von Ayaan Hirsi Ali über die muslimischen Frauen)
Maull, Hans u.a. (Hg.): *Deutschland im Abseits? Rot-grüne Außenpolitik 1998 – 2003*, Baden-Baden 2003
Meldrum, Andrew: *Where we have HOPE. A Memoir of Zimbabwe*, London 2005
Menzel, Ulrich: *Das Ende der Dritten Welt und das Scheitern der großen Theorie*, Frankfurt 1997
Meredith, Martin: *Our Votes, our Guns. Robert Mugabe and the Tragedy of Zimbabwe*, New York 2002
Mujawayo, Esther, und Belhaddad, Souad: *Ein Leben mehr*, Wuppertal 2005
Neudeck, Rupert: *Die Menschenretter von Cap Anamur*, München 2002
ders.: *Jenseits von Kabul. Unterwegs in Afghanistan*, München 2003
ders.: *Asyl. Warum das Boot nicht voll ist*, Düsseldorf 1993
ders.: *Wie helfen wir Asien? Oder »Ein Schiff für Vietnam«*, Reinbek 1980 (mit Disput: Die Linke und Vietnam)
ders.: *Abenteuer Humanität. Mit der Cap Anamur unterwegs*, Münsterschwarzach 1998
Neudeck, Christel und Rupert: *Grünhelme. Einsatz an den Brennpunkten der Welt*, Stuttgart 2005
Niggli, Peter: *Nach der Globalisierung*, Zürich 2004
Nuscheler, Franz: *Entwicklungspolitik. Lern- und Arbeitsbuch*, Bonn 2004
Opitz, Peter J.: *Der globale Marsch. Flucht und Migration als Weltproblem*, München 1997
Pfau, Ruth: *Das Herz hat seine Gründe. Mein Weg*, Freiburg 2003
Prantl, Heribert: *Kein schöner Land*, München 2005
Rotberg, Robert I.: *State Failure and State Weakness in a Time of Terror*, Washington D.C. 2003
Schirrmacher, Frank: *Das Methusalem-Komplott*, München 2004
Schmalz-Jacobsen, Cornelia/Hansen, Georg: *Ethnische Minderheiten in der Bundesrepublik Deutschland. Ein Lexikon*, München 1995
Schmidt, Helmut: *Die Mächte der Zukunft*, Berlin 2004
Scholl-Latour, Peter: *Weltmacht im Treibsand. Bush gegen die Ayatollahs*, Berlin 2004
Schwelien, Michael: *Das Boot ist voll. Europa zwischen Nächstenliebe und Selbstschutz*, Hamburg 2004
Sommer, Theo: *Leben in Deutschland. Anatomie einer Nation*, Köln 2004
Thiongo, Ngugi wa: *Petals of Blood*, London 1994
Toynbee, Arnold: *Die Welt und der Westen*, Hamburg 1953

Register

Weitere Titel
aus dem
Diederichs-Programm

Uri Avnery

In den Feldern der Philister

Gebunden mit Schutzumschlag, 432 Seiten
ISBN 3-7205-2574-0

Palästina 1948: Tausende Soldaten kämpfen für die Unabhängigkeit des israelischen Staates. Einer von ihnen ist der heute berühmte Politiker und Journalist Uri Avnery. Als junger Soldat zieht er begeistert für sein Land ins Feld. Doch dann erlebt er, wie zahlreiche Araber aus ihren Dörfern vertrieben oder getötet werden. Schwer verwundet schildert er vom Lazarett aus die grausame Wahrheit des Krieges: Sein Bericht ist ein mutiges und bewegendes Zeugnis über die Geburtsstunde des Nahostkonflikts.

»Uri Avnery gebührt Respekt und Anerkennung.«
Joschka Fischer

Diederichs